영원에서
영원으로

영원에서 영원으로

1판 1쇄 발행 2012. 9. 21.
1판 27쇄 발행 2021. 12. 26.

지은이 불필스님

발행인 고세규
발행처 김영사
등록 1979년 5월 17일(제406-2003-036호)
주소 경기도 파주시 문발로 197(문발동) 우편번호 10881
전화 마케팅부 031)955-3100, 편집부 031)955-3200 | 팩스 031)955-3111

저작권자 ⓒ 불필스님, 2012
이 책은 저작권법에 의해 보호를 받는 저작물이므로
저자와 출판사의 허락 없이 내용의 일부를 인용하거나 발췌하는 것을 금합니다.

값은 뒤표지에 있습니다.
ISBN 978-89-349-5905-2 03810

홈페이지 www.gimmyoung.com   블로그 blog.naver.com/gybook
인스타그램 instagram.com/gimmyoung   이메일 bestbook@gimmyoung.com

좋은 독자가 좋은 책을 만듭니다.
김영사는 독자 여러분의 의견에 항상 귀 기울이고 있습니다.

영원에서
영원으로

불필스님 회고록

김영사

나 홀로 만고의 진리를 향해

하늘 넘치는 큰일들은 붉은 화롯불에 한 점의 눈송이요
바다를 덮는 큰 기틀이라도 밝은 햇볕에 한 방울 이슬일세
그 누가 잠깐의 꿈속 세상에 꿈을 꾸며 살다가 죽어가랴
만고의 진리를 향해 초연히 나 홀로 걸어가노라.

彌天大業紅爐雪　跨海雄基赫日露
誰人甘死片時夢　超然獨步萬古眞

_성철스님 출가시(出家詩), 1936년 25세

책을 펴내며

어디로 가고 있는가

입추를 지난 숲속의 옥류동 길을 걸으며 생각한다.
'나는 지금 어디로 가고 있는가.'
계곡의 맑고 찬 물은 유유히 흐르고
가지산 산봉우리에는 흰 구름이 높이 떠 있다.
잠시 더위를 피하고 심검당에 돌아오니 걱정이 앞선다.
만일 성철 큰스님이 계신다면 책을 내는 이 일에 대해 무어라 말씀하실까.
열반 전에 하시던 말씀이 떠오른다.

"니, 내가 가면 내 같은 사람 또 만날 줄 아느냐!"

그림자처럼 지나간 인연들을 기억 속에서 돌이켜보며

지난 동안거 결제 한 철 동안 손가락에 굳은살이 박이도록 글을 썼건만,

정작 내면 깊숙한 말은 쓰지 못한 것 같아 아쉬움이 남는다.

영원에서 영원으로 가는 대자유인의 길을 이끌어주신 성철 큰스님.

나는 지중한 인연으로 큰스님의 딸로 태어났지만 단 한 번도 아버지라 불러보지 못했다. 그리고 열여덟 살에 안정사 천제굴에서 뵌 순간부터 큰스님은 내게 아버지가 아니라 스승일 뿐이었다. 그럼에도 주변 분들은 나를 큰스님의 딸로서만 바라보는 듯하다.

나는 큰스님에게 가장 가까우면서도 가장 멀리 있어야 하는 존재였다. 그렇기에 큰스님의 영결식과 연화대 다비식에도 참석하지 못했고, 다비식 날 늦은 오후에야 금강굴 위 산등성이에서 사그라지는 다비장의 불꽃을 바라보며 절을 올릴 수 있었다. 과거, 현재, 미래를 다해 다시 만나 뵐 것을 약속하는 아홉 번의 절이었다.

평생 산속에서 선승으로 살아온 내가 책을 내는 일이 옳은가 싶어 여러 차례 출간 제안을 거절했었다. 하지만 큰스님 탄생 100주년을 맞이하여 큰스님의 법대로 석남사 대중들과 참되게 정진 수행해 온 바를 다른 사람들과 나누어달라는 청을 차마 물리치지 못

했다.

　돌아보니 큰스님께서는 도의 길뿐 아니라 어떻게 인생을 살아야 하는지, 그 지혜를 가르치신 듯하다. 이 모든 것을 인연이라 생각하고 이 책으로 큰스님의 가르침을 받아 한 사람이라도 영원한 진리의 삶을 살 수 있다면 감사할 뿐이다.

　졸고를 끝마칠 수 있도록 금강굴과 심검당을 오가며 격려와 성원을 아끼지 않았던 김영사 박은주 사장님을 비롯해 도와주신 모든 분들께 감사드린다.

　교복을 입고 찾아간 나에게 큰스님께서 던지신 한마디.

　"어두운 밤에 흰 눈을 보라."

　이 첫 물음을 떠올리면서 서문을 맺는다.

　　　　　　　　　불기 2556년 하안거 해제일에 석남사 심검당에서
　　　　　　　　　　　　　　　　　　　　　불필 삼가 쓰다

차례

나 홀로 만고의 진리를 향해 성철스님 출가시   4
어디로 가고 있는가 책을 펴내며   5

1장 인연 / 어디서 무엇이 되어 다시 만날까

나의 고향 묵곡리   13
아버지 성철스님을 처음 만나다   24
생명의 무상함을 느끼게 한 전쟁의 체험   33

2장 출가 / 영원한 행복과 일시적 행복

"영원한 행복이란 무엇일까?"   41
출가 전야   54
할머니의 성스러운 모정   65
가슴에 묻은 어머니의 꿈   78

3장 친필 법문 노트 / 자기가 본래 부처이거늘 그것을 모르니

- 수행자는 가난부터 배워야 89
- 큰스님께서 써주신 수행자 교과서 94
- 수도팔계, 희생에서 고행까지 108

4장 행자 시절 / 단발머리 행자들의 초발심

- 내일은 없다 115
- 상기가 나다 123
- "아만이 센 공양주야!" 134
- 토굴가와 순치황제 출가시 147
- 꿈속에서도 화두가 성성하면 154
- 깨달음의 노래 170
- 이성을 경계하라 177

5장 석남사 / 가지산 호랑이를 은사로 모시다

- 하필과 불필 187
- 정진도량으로 찾아가다 196
- 온 대중이 놀란 큰스님들의 법거량 205
- 100명이 함께하는 발우공양 217
- 3천 배 수행으로 친구의 불치병을 치유하다 225
- 절구통 수좌가 졸지 않는 비결 241
- 삼칠일 기도로 살려낸 은사 스님 246
- 어머니, 일휴스님이 되시다 252

6장 수행 / 영원한 대자유인의 길을 찾아서

10년의 침묵을 깨고 사자후를 토하시다   261
사력을 다한 심검당 3년 결사   273
용맹정진, 의자에 기대서도 안 된다   284
화합을 위한 소임살이   294
어른 스님들의 천진한 동심   307
가지산 여름 꽃에 취하다   315

7장 해인사 / 지혜와 자비의 도량에서

처음이자 마지막으로 받은 큰스님의 편지   327
출가 풍경   337
절하다 죽는 사람은 없다   343
가족이 함께하는 기도   357

8장 영원한 시간들

열반의 종소리   363
나의 원력은 움직이지 않을 것입니다   368
시공을 떠난 곳 겁외사   375
1997년 음력 3월 꽃피는 봄날   384
영원에서 영원으로   389
여기에 큰스님의 시비를 세웁니다   393

1장

인연

어디서 무엇이 되어
다시 만날까

나의 고향 묵곡리

　내가 태어난 산청군 단성면 묵곡리는 북에서 동으로 뻗은 지리산 영봉의 엄혜산에 둘러싸여 있고, 서에서 남으로는 진주 남강으로 흘러가는 경호강 굽이에 안겨 있다. 바로 그 경호강변에는 밤나무, 참나무, 소나무, 대나무, 버드나무가 큰 숲을 이루어 병풍처럼 마을을 둘러싸고 있었고, 동네사람들은 여름밤이면 강변 백사장에 모여 씨름을 하곤 했다.
　우리 마을에는 두 개의 봉우리가 솟아 있는데 하나는 동쪽의 문필봉(文筆峯)이고, 하나는 산봉우리에 자라같이 생긴 큰 바위가 머리를 남쪽으로 드리우고 동네를 지키듯 버티고 있어 '자라방 먼당(언덕배기의 넓은 곳이라는 뜻의 경상도 사투리)'이라 부르는 봉우리이다.
　강 건너에는 시퍼런 물줄기가 세차게 감돌면서 흐르는데 이곳을 우리는 '왕비소'라 불렀다. 옛날 한 선비 부부가 이곳에 움막을 지어놓고 낚시를 드리우며 살 때 낳은 딸이 왕비가 되었다 하여 붙여진 이름이다. 그 뒷산은 왕자의 태를 묻었다 해서 '안태봉'이라 하였고, 그 옆의 작은 섬은 세속의 인연을 끊은 선비가 비파를 뜯으며 여생을 보냈다 하여 '비파섬'이라 불렀다.

나는 조상 대대로 살아오던 묵곡리에서 왕비소, 안태봉, 비파섬의 설화를 들으며 천진무구한 유년 시절을 보냈다. 봄이면 친구들과 뒷동산에 올라가 진달래꽃을 꺾고 놀았다. 여름이면 계곡에서 흘러내리는 맑은 개울에서 물장난을 치고, 저녁을 먹고 나면 어른들 틈에 끼어 개울가 둑에 나가서 모깃불을 피워놓은 채 시원한 바람을 쐬고, 하늘에서 떨어지는 별똥별을 바라보며 하늘의 신비를 느끼고, 가을이면 밤나무 숲에 들어가 한 톨 한 톨 알밤을 줍곤 하던 일이 어느 놀이보다 재미있었다.

우리 집은 밤나무 숲으로 둘러싸여 있었는데, 집 앞의 넓은 밭 주변에는 할아버지가 가꿔놓은 복숭아나무, 배나무, 감나무도 많아 철따라 과일을 따먹으며 지냈다.

할아버지는 강변의 밤 숲에 목조 이층집을 짓고 할머니와 함께 사셨고, 어머니와 나는 이층집 옆 터를 넓게 잡은 집에서 살았는데 얼핏 보면 절처럼 보일 정도로 아름다운 한옥이었다.

아버지 성철스님은 할아버지에게 《천자문》과 《소학》 등을 배웠다고 들었는데, 나도 초등학교에 입학하기 전에 할아버지에게 《천자문》을 배웠다. 별장처럼 지은 할아버지의 집은 책으로 빼곡했으며, 할아버지가 계시는 이층에는 좋은 약초가 많아 마치 한약방인 듯했다. 할아버지가 《동의보감》을 보시고 약을 지어주시던 기억이 지금도 생생하다.

녹음이 짙을 무렵이면 꾀꼬리가 날아와 이 나무 저 나무로 날아다니며 노래를 했고, 뻐꾹새가 장단 맞추어 울어댔다. 겨울밤이면 호롱불 밑에서 할머니가 들려주시는 옛날이야기를 들으며 포근한 이불 속에서 잠들곤 했으니, 어쩌면 아버지의 부재를 느낄 수 없었던 것이 당연한지도 모른다. 아버지는 내가 어머니 태중에 있을 때 출가하셔서 나는 아버지의 얼굴을 모르고 자랐다.

여섯 살 때였다. 외갓집에 가서 사촌들과 함께 놀고 있을 때였는데 외숙모가 단감을 가져와 반쪽씩 나눠주었다. 아이들이 많으니까 그랬나 본데, 그것을 받고는 하루 종일 울었다. 나는 과일을 반쪽 먹을 사람이 아니라는 우스운 이유에서였다. 종일 울음을 그치지 않으니 외숙모가 단감을 한 소쿠리 내다주었는데도 서운함이 사라지지 않아 계속 울었던 기억이 난다. 아마도 할아버지 할머니에게 공주 대접을 받고 자란 탓이었을 것이다.

나의 어린 시절 성격은 꽤 남성적이었던 것 같다. 남자 사촌들과 어울려 자라면서 사촌들이 역기를 들어 올리는 것을 보고 나도 뒤

지지 않으려고 역기를 들었다. 식구들 가운데 키가 작은 사람이 없는데 나만 크지 않은 것을 보면 한참 자라날 때 역기를 들었기 때문인 듯하다. 아버지 큰스님이 보기에도 집안 식구들에 비해 내가 작게 느껴지셨는지 나중에 어느 날, "키가 작은 사람은 전생에 아만이 세서 그렇다!"고 하셨다.

이런 기억도 떠오른다. 초등학교 들어가던 헤에 나이 어린 막내 고모가 친구들과 쑥을 캐러 간다기에 쫓아갔는데 내가 나물 캐는 실력이 별로여서 바구니가 거의 비어 있었다. 집으로 돌아와 대문 앞에 이르렀을 때 나는 고모에게 소쿠리를 달라고 해 들고 들어가 "할머니 이거 내가 다 캤어요" 하고 자랑했다. 할머니는 기특하다고 하셨고, 그 후 고모는 다시는 나를 끼워주지 않았다.

어려서부터 나는 어른들에게 달 눈을 닮은 아이라는 이야기를 듣고 자랐다. 집에 관상을 보는 사람이 와서 내 얼굴을 보고, "저 애는 세속에 살 사주가 아니다"라고 했다는 이야기도 들었다.

1944년 일제강점기로 2차 세계대전이 치열하던 때 나는 단성초등학교(단성공립보통학교)에 입학했다. 입학하던 날, 선생님 앞에서 면접시험을 보았는데 체질 시험(신체검사)을 보고 나서 창씨개명한 자기 이름을 한자로 쓰도록 했다. 이름만 쓸 줄 알면 입학을 시켜 주었는데 나는 몸이 약하다는 이유로 합격하지 못했다. 하지만 사실은 할아버지께서 압력에도 굴하지 않고 창씨개명을 하지 않으신 탓이었다. 그래서 둘째 삼촌이 집으로 선생님들을 초청해서 대접을 한 후에야 학교에 들어갈 수 있었다.

1945년 8월 15일 해방이 되었다. 온 나라에 자유의 종소리가 방방곡곡 울려 퍼졌고, 학교에 가면 광복의 노래도 배우고 우리글을 배우게 되었다.

아마 언니의 갑작스러운 죽음이 아니었더라면 나의 행복한 어린 시절이 좀 더 길었을지도 모르겠다. 언니는 내가 아홉 살 때 세상을 떠났기 때문에, 언니가 아버지의 부재와 출가에 대해서 어떤 마음을 가지고 있었는지는 모르겠다.

언니는 할아버지의 훤한 인물을 닮아 이마도 반듯하고, 콧날도 오똑하고, 눈도 크고 아름다웠다. 키도 늘씬하게 커서 모두들 미인이라고 했고, 성격도 좋아 집안 식구들, 특히 할아버지 할머니의 총애를 한 몸에 받았다. 어른들은 어디를 가든 언니를 데리고 다녔고, 나는 언니가 사람들로부터 사랑받는 모습을 한 발자국 떨어져 멀리서 지켜보았다.

언니보다 활달하고 남성적인 성격이었던 내가 사내아이들과 놀다가 옷고름을 떨어뜨리고 집에 돌아오면, 여성적이고 참하던 언니가 말없이 달아주는 보호자 역할을 했다. 나는 아니다 싶으면 치고 나가는 성격이었는데, 언니는 어른들의 말씀을 잘 따르는 순종

적인 성격이었다.

그렇게 착하고 온순하던 언니가 6학년 때 경허스님의 〈참선곡(參禪曲)〉을 보고는 문경 대승사에 계시던 아버지 큰스님께 '출가하러 가겠다'는 편지를 보냈다고 한다. 그때 언니가 불교나 출가, 아버지에 대해 어떤 생각을 품고 있었는지는 모르겠지만 절에 가서 입을 것이라며 바지를 만들던 기억은 난다.

아버지 큰스님은 출가 이후 가족과의 모든 인연을 단절하셨던 때인지라 그 당시 원주를 보시던 청하 노스님께서 언니의 편지를 받아보고는 '큰 중이 되려면 학교를 마쳐야 하니 졸업하고 오라'는 답장을 보내셨다. 편지를 읽은 언니는 절에 가는 일을 포기하고 진주여중에 시험을 보아 합격했다. 묵곡리에서 진주여중에 들어간 사람이 처음이었을 만큼 언니는 총명했다.

언니가 열네 살이던 추석날이었다. 차례를 지내고 난 뒤, 예쁘게 옷을 차려입고 친구들과 놀러갔다 오더니 아프다며 자리에 누웠다. 그리곤 자기 손바닥을 한 번 쳐다본 후 엄마를 향해 이렇게 말하는 것이었다.

"엄마, 나를 믿는 모양이지? 나를 믿지 마."

그리고 사흘 후 언니는 거짓말처럼 저 세상으로 가고 말았다. 예쁜 중학교 교복을 맞춰놓고 한 번도 입어보지 못한 채 언니가 그렇게 가버리자, 할아버지 할머니의 슬픔은 물론이고 어머니의 비통

함이 이루 말할 수 없었다. 누구 하나 입을 열어 말을 하는 사람이 없을 만큼 집 안은 정적에 잠겨 있었다.

언니가 떠난 지 일주일 되던 날 어머니 꿈에 나타나 '교복을 입어보고 싶다'고 해서 묻힌 곳에서 교복을 태워주고, 통도사에서 사십구재를 지냈다.

당시 아버지가 스님이 되셔서 통도사 산내 암자인 백련암에서 정진하고 계셨기 때문에, 할머니가 그리로 정한 듯하다. 언니의 사십구재를 통도사에서 지냈으니 아버지도 언니의 죽음을 아셨을 것이다. 그러나 집안 식구의 일이나 지난 일에 대해서는 일체 함구했던 분이라, 출가하고 싶다던 열네 살 큰딸의 죽음에 심정이 어떠하셨을지는 알 길이 없다.

사십구재를 지낸 그날 밤, 고모의 꿈에 언니가 나타나 "나는 천상으로 갑니다. 나를 스님으로 만들어주었으면 안 죽었을 텐데" 하고는 불이 난 것처럼 환한 숲속으로 사라졌다고, 고모가 식구들에게 말해주었다.

할아버지의 말씀에 따르면 이 세상에서 제일 부자가 되는 이름이 석순이라고 해서, 집에서 부르는 언니의 이름은 도경이 아니라 석순이었다. 나에게는 '명을 받아 오래 살라'는 뜻에서 수경(壽卿)이라는 이름을 지어주셨다. 아무래도 언니는 세상에 남아 부자로 살기보다는 빨리 몸을 바꾸어 비구가 되어 오려고 그렇게 일찍 간 것 같다.

 너무 어린 나이라서 묘를 쓰지 못하고 화장을 한 언니는 한 줌의 재가 되어 우리 집 뒷산의 큰 나무 곁에 묻혔다.

 '한 줌의 흙으로 돌아간 언니는 어디서 와 어디로 간 것일까? 죽음이란 무엇이기에 보고 싶어도 영영 볼 수가 없고 불러도 대답이 없단 말인가? 도대체 사람이란 어떤 존재인가?'

 예닐곱 살 때부터 문득문득 스치고 지나갔던, '사람은 어디서 와서 어디로 가는가' 하는 의문이 언니의 죽음 이후 자주 떠오르면서 머릿속을 떠나지 않았다. 그토록 사랑하던 언니의 빈자리는 어린 나에게 삶의 허무함을 일찍 깨닫게 해주었다.

 언니가 죽고 난 후 마음 한구석이 늘 허전했다. 후에 안정사 천제굴로 아버지 큰스님을 만나러 갔을 때 아무 말없이 앉아 있는 내 모습을 본 큰스님께서 "무엇을 생각하노?" 하고 물으셨다. 어릴 때부터 '사람은 어디서 와서 어디로 가는가' 하고 항상 의문을 가졌던 나는 그 생각에 빠져 있었던 것 같다. 그때 큰스님께서 동생의 죽음을 애절하게 표현한 이은상 씨의 《무상》을 한번 읽어보라고 말씀하셨다. 그 뒤 여러 번 거듭해서 읽었는데 여기에 몇 구절을 옮겨본다.

 아니디아(무상)! 어허 천지가 무상하구나. 과연 무엇이 무상인고.

ⓒ 김민숙

"사람은 어디로부터 와서 어디로 가는가?"
해인사에서

아침 새 창머리에 와서 노래하는가 하면 석양이 마당에 비껴 저녁 그늘을 누이니 이것이 무상인가.

뜰 앞에 심은 복숭아 나뭇가지에 향기로운 꽃송이 피어나는 것을 보고 돌아서서 그 나무 아래 어지러이 날리는 낙엽 소리를 들으니 이것이 무상인가.

간밤에 읽다 두었던 책 중에서 손에 잡히는 대로 집어 드니 송운대사의 시집! 젖혀지는 대로 젖히고서 읽어 내려가매 그중의 한 구절.

저 산에 많은 무덤 바라를 보게
장안에 사람들은 나고 또 죽고
슬프다 장생술을 못 배우고서
솔 아래 한 줌 티끌 되고 마누나

이은상 씨가 동생이 죽고 난 뒤에 쓴 글인데, 삶과 죽음에 대한 심정이 잘 묘사돼 있어 읽으면서 위로받았던 기억이 난다.

언니가 세상을 떠나자 집안 식구들의 관심은 자연스레 나에게 집중되었다. 할아버지와 할머니는 손님만 오면 나를 가리키며 보기도 아까운 아이라고 하셨다. 그런 분위기에서 생활하다 보니 어디를 가도 내가 제일이라는 고집이 따라다녔다. 남의 집에 가서도 우리 집이라 착각하고 거리낌 없이 행동한 적이 많았는데, 크고 나서야 그것이 부끄러운 일이었다는 것을 알았다.

아버지 성철스님을 처음 만나다

　내가 열세 살이던 해의 정월이었다. 초등학교 6학년 때인 어느 날, 그저 상상속의 인물로 생각해 왔던 아버지 큰스님을 처음 만나게 되었다. 고향의 단성초등학교에서 서울 혜화초등학교로 전학한 뒤, 중학교 시험을 치르기 위해 열심히 공부하고 있을 때였다.

　삼촌이 '사람은 나면 서울로 보내고 말은 나서 제주로 보낸다'는 옛말을 인용해 가면서 할아버지를 설득해 서울로 유학을 간 것이지만, 이면에는 언니의 죽음으로 인한 가족들의 슬픔, 특히 어머니의 상처가 있었다. 흰 셔츠에 빨간 넥타이를 맸던 진주여중 교복만 보아도 마음이 찢기듯 아팠을 며느리에 대한 할아버지의 배려였다. 할아버지는 "진주는 인연이 아니다" 하시곤 나와 어머니를 서울로 보내주셨다. 초등학교 5학년이 시작될 무렵이었는데, 막내 삼촌(이근주)이 서울에서 대학을 다니고 있을 때였다.

숲속에 있던 집에서 나룻배를 타고 학교를 오가던 생활을 하다가 난생 처음으로 기차를 타고 올라가 본 서울은 놀라움 그 자체였다. 꽤 유명한 초등학교였던 혜화초등학교는 단성초등학교와는 비교가 안 될 정도로 수업 수준이 높았다.

수준 높은 공부를 따라가기 바빴으나 마음만은 홀가분했다. 할아버지와 할머니는 극진히 사랑해주셨지만, 정작 나는 스님 신분의 아버지에 대한 고민이 많았다. 겉으로 내색하지는 않았지만 내심으로는 그 사실 때문에 불편함이 있었던 것 같다.

'나에게는 왜 아버지가 없을까?' 하고 아버지의 부재를 처음 느낀 시기가 초등학교 입학 무렵이었던 것 같다. 아무도 내게 아버지의 출가 사실을 말해주지 않았지만, 세월이 흐르면서 자연스레 아버지가 스님이라는 사실을 알게 되었다.

태어나서 한 번도 '아버지'라는 이름을 불러보지 못했던 큰스님에 대한 나의 이미지는 '거지일까?' 하는 것이었다.

'세상을 등지고 가족을 버린 채 산속에서 무엇을 하는 사람인가?' 그렇게 생각하며 조금씩 미워하는 마음이 마음속에 쌓여가지 않았나 싶다. 그러나 한편으로는 한 번도 보지 못한 아버지를 그리워하는 마음도 있었을 것이다. 그러다가 아버지가 스님이라는 사실을 아무도 모르는 서울로 오니 큰 짐을 내려놓은 듯 마음이 가벼

웠던 것이다.

그렇게 서울 생활이 한창이던 때 묘엄스님이 찾아왔다.

"큰스님이 부산 묘관음사에 계시니 한번 찾아뵙자."

묘엄스님은 큰스님과 막역지우인 청담스님의 따님으로 일제강점기 때 정신대에 끌려가지 않기 위해 아버지를 찾아갔다가, 그곳에 함께 계시던 큰스님(성철스님)의 법문을 듣고 그 박식함에 놀라 '스님이 알고 있는 것을 다 가르쳐준다면 출가하겠다'는 약속을 받고 삭발한 분이다. 당시는 출가한 지 5년쯤 되던 때였는데, 나보다는 5년 선배였고 도경 언니와는 동갑이었다.

막내 삼촌이 '담임선생님께 학교를 며칠 쉬어도 좋다는 허락을 받을 테니 한번 가보자'고 했다. 전혀 예상치 못했던 일에 얼떨떨했지만 아버지는 어떤 모습일까 하는 호기심 반, 가족을 등지고 떠난 것에 대한 미움 반으로 삼촌을 따라나섰다. '그렇게 미워한 사람인데 이렇게 찾아가는 것은 또 무엇 때문인가? 이것이 천륜이란 것인가?' 하는 생각도 들었다.

묘엄스님은 "서울 대각사에 율사이신 자운스님이 계시니 먼저 인사드리고 가자"고 했다. 자운스님 또한 아버지 큰스님과 막역한 도반(道伴)인 분이었다. 나는 스님인 아버지가 미웠기 때문에 승복을 입은 묘엄스님에게도 호의적인 마음이 들지 않았다. 그래서 같은 차를 타고 가지 않고 따로 떨어져서 삼촌과 대각사로 갔다.

다음 날, 부산으로 가는 기차에서 앞에 앉아 있는 묘엄스님에게 내가 물었다고 한다.

"스님은 이 기차가 어떻게 움직이는지 알아요?"

산속에서 지내는 스님들은 세상일에 대해 아무것도 모른다고 생각했던 모양이다. 나는 전혀 기억하지 못하는데, 묘엄스님은 그 당돌한 아이가 잊히지 않았는지 내가 출가한 후 만났을 때 이렇게 말했다.

"아마 내가 아무것도 모르는 중으로 생각되었나 보지? 그렇게 묻더니 아예 기차는 화력으로 가는 거라고 설명까지 해주더라니까."

당시 큰스님들의 가르침을 받고 있던 묘엄스님에게는 내가 무척이나 철없어 보였을 것이다.

부산시 기장군 장안읍에 있는 묘관음사 입구에 도착하니 어느덧 해질 무렵이었다. 바다가 보이는 산기슭을 따라 한참 올라갔더니 우둘두둘 무섭게 생긴 스님이 보였다. 상상 속에 그려왔던 아버지의 모습은 아니었다. 나중에 알고 보니 아버지의 도반인 향곡스님이었다. 향곡스님은 아버지와 '봉암사 3년 결사'를 함께한 분이다. 그때 아버지 큰스님은 전쟁을 예감하고 봉암사를 떠나 향곡스님이 있는 묘관음사로 와 있던 중이었다.

향곡스님은 우리 일행을 맞이하고 나서 이렇게 말하셨다.

"철 수좌(아버지)는 '오늘 이상한 사람이 온다' 하고는 어디론가

해인사 백련암 장경각 앞에서 큰스님을 모시고.
큰스님 오른쪽 안경 쓰신 분이 나의 은사이신 인홍스님이고
맨 뒤에 서 있는 분이 묘엄스님이다.

사라졌어. 내가 잡아올 테니 잠깐 기다려라."

아버지 큰스님은 아마 우리가 올 것을 알고 어디론가 피해 계셨던 것 같다. 조금 있다가 향곡스님과 함께 다 떨어진 누더기를 걸친, 눈이 부리부리한 스님 한 분이 나타났다. 마음속으로 '저 분인가?' 하는 순간, 그분이 소리를 크게 질렀다.

"가라, 가!"

그 말을 듣는 순간 정말 한 치의 미련도 없이 삼촌의 손을 꼭 잡고 돌아서버렸다.

"집에 가자, 삼촌!"

태어나서 처음 만난 아버지가 보자마자 가라고 소리치고 안으로 들어가버리자, 나는 성난 얼굴을 하고 삼촌에게 집으로 가자고 졸랐다. 그러자 향곡스님이 내 손을 꼭 잡고 방으로 데리고 들어가서는 다정하게 "니는 내 딸 하자"고 하시며 서운하고 속상한 마음을 달래주셨다. 맛있는 음식과 과자를 내놓으며 달래자 순진한 나는 아버지에 대한 일을 곧 잊어버리고 말았다.

저녁 예불을 끝내고 돌아온 향곡스님이 물으셨다.

"그래, 니는 크면 뭐가 되고 싶노?"

"발명가가 되고 싶습니다."

어린 시절 내가 가장 존경했던 인물은 미국의 발명왕 에디슨이었다. 수많은 실패 끝에 전기를 발명하고 인류에게 큰 영향을 끼친 에디슨의 전기를 읽으며 나도 커서 그 같은 사람이 되어야지 하고 생각했다.

"그래? 그러면 니는 무엇을 발명하는 발명가가 되고 싶노?"

내가 대답했다.

"사람을 연구하는 발명가가 되고 싶습니다. '사람은 어디서 와서 어디로 가는가' 이 문제를 연구해 보고 싶습니다."

언니의 죽음 이후, 내 머릿속에서 늘 의문이 떠나지 않고 있었기에 나도 모르게 그런 말이 나왔던 것 같다. 내 말이 맹랑하게 들렸는지 향곡스님이 큰 소리로 웃으셨다.

"철 수좌보다 더 크게 되겠는 걸."

함께 공부하시던 선방 스님들이 '저 애가 무슨 소리를 하는고?' 하고 귀를 기울이는 기색이 역력했다. 함께 갔던 묘엄스님과 묘찬스님, 삼촌도 따라 웃었다.

그러나 "가라!"고 호통을 치셨던 아버지 큰스님은 끝내 얼굴을 보이지 않았다. 나는 그렇게 박대를 했어도 혹시 다시 찾지 않을까 하는 기대를 버리지는 못했던 듯하다.

그날 향곡스님께서 주신 용돈 천 원으로 필통을 샀는데, 중학교 때까지 오래오래 쓰며 간직했다. 삼촌은 그날 아버지 큰스님과 긴 대화를 나누었는데, 아버지는 '세상이 바뀔 것이다'라는 이야기를 하셨다고 한다. 아마 몇 달 후 일어날 한국전쟁을 예감하고 하신 말 같다.

　삼촌은 인물도 훤하고 생각도 깊은 분이었다. '돌아온다던 사람이 돌아오지 않고 도대체 산중에서 뭘 하는 건가?' 하는 약간의 반감을 가지고 형님을 찾아갔는데, 막상 만나고 와서는 "나도 출가할까?" 하는 소리를 했다. 형님의 사상을 부숴버리고 오겠다고 한 사람이 그런 말을 한 것을 보면, 아버지 큰스님에게는 사람을 감화시키는 힘이 있었던 것 같다.

　아버지 대신 보호자 노릇을 했던 삼촌은 늘 나를 데리고 다니면서 '호박'이라고 불렀다. "호박이 뭔데?" 하고 물으면, "못난 걸 호박이라고 하지" 하고 놀려댔다. 그래도 삼촌은 나를 친딸처럼 사랑해주었고, 나는 삼촌을 아버지처럼 의지하면서 지냈다. 혜화초등학교에 다닐 때, 수원에 있는 서울대 농대로 소풍을 갔는데 내가 도시락을 놓고 가자 그 먼 곳까지 쫓아와서 도시락을 전해주고 간 삼촌이다.

　묘관음사에서 하룻밤을 보내고 난 다음 날 아침, 절 아래를 내려다 보니 수평선이 끝이 없었다. 태어나 처음 보는 푸른 바다를 바라보면서 다짐했다.

　'아버지에 대한 그리움을 버리리라.'

　아버지 얼굴도 모르고 자란 딸에게 만나자마자 가라고 소리를 지르며 정이 떨어지게 한 사람이니 정말 미련이 남지 않았다. 아버지를 그리워했던 마음도, 미워했던 마음도, 묘관음사에서 있었던 일도 바다에 모두 흘려보내고 서울로 돌아왔다.

　지나고 생각해보니 참으로 다행이라고 생각된다. 그때 아버지가 다정하게 대했더라면 아버지에 대한 집착을 놓지 못했을 텐데, 매정하게 대했기 때문에 모든 것을 바다 속에 묻고 돌아설 수 있었던 것이다. 나는 돌아서면 잊어버리는 성격이다. 단념하면 그때부터는 뒤도 돌아보지 않는다. "가라, 가!" 하고 소리 질렀을 때 아버지에 대한 환상과 그리움, 혈육으로서의 인연을 한순간에 정리했다. 이 세상에 내 아버지 아니었던 사람이 어디 있고, 내 부모 안 된 사람이 어디 있겠는가.

생명의 무상함을 느끼게 한
전쟁의 체험

큰스님을 만나고 온 다음 해인 1950년 6월 25일 일요일, 서울이 갑자기 어수선한 분위기에 휩싸였다. 군인들이 탄 차들이 혜화동 로터리에서 미아리고개로 달려갔고, 사람들은 전쟁이 났다고 야단들이었다.

저녁 무렵 대포소리와 총소리가 점점 가까이 들려왔다. 두려움에 떨던 어머니와 나는 지하실에서 이불을 덮고 라디오에서 흘러나오는 뉴스에 귀를 기울이며 밤을 새웠다.

이승만 대통령이 떨리는 목소리로 "우리 아군이 평양으로 진격했다"고 말했는데, 아침이 되어 나가보니 길가에는 시체가 군데군데 널브러져 있고, 탱크 부대를 앞세운 인민군들이 혜화동 로터리를 지나갔다. 도로 옆에는 인민군들을 환영하는 인파가 모여들었다. 하룻밤 사이에 대한민국이 아닌 조선인민공화국으로 바뀌어 있었다.

며칠 뒤, 성균관대학교와 창경궁에서는 인민재판이 열렸다. 군중 심리를 악용한 재판은 한 시간 만에 끝났다. '이 사람은 이런 죄목이라서 악질분자다'라고 하면 아무것도 모르는 사람들이 손뼉을 쳤다. 그러면 한 사람 한 사람 소나무에 묶어놓고 사람들이 보는 앞에서 바로 총살했다. 눈앞에서 사람이 순식간에 죽어 나가는 참혹한 상황에서도 군중들은 손뼉을 치고 만세를 불렀다. 양심도 눈물도 없는 인민재판의 현장을 보면서 나는 충격에 휩싸였다.

며칠 지나 창경궁에서 또 인민재판이 열렸다. 수많은 사람들이 계속 죽어갔다. 무법천지, 누구도 내일을 모르는 상황이었다. 서울대학병원 뒤뜰에는 부상당해 입원했던 우리 군인들의 시체가 나뒹굴고 있었다.

학교에 가면 공부는 하지 않고 김일성 장군 노래만 부르게 했다. 의용군으로 끌려간 어린 중학생들은 키가 작아 땅에 총을 질질 끌고 가야 하는 형편이었다.

공포가 엄습하는 서울에 있을 수 없어서, 한 달 후 어머니와 나는 피난민 행렬에 끼어들었다. 서울에서 진주는 천릿길이다. 먼저 간 피난민들이 한강다리가 끊어진 줄도 모르고 차를 타고 가다 그대로 강에 떨어져 죽었다는 소문이 나돌았다. 300여 명이 일행이 되어 광나루를 거쳐 정처 없는 피난길에 나섰다. 종종 인민군들은 오른쪽에서, 우리 일행은 왼쪽에서 줄을 지어 가는 때도 있었다.

하늘에서 비행기 소리만 나면 인민군도 피난민도 길가의 콩밭이나 숲속에 엎드려 숨었다. 다리를 지나가다 폭격을 당해 죽는 사람들도 있었다. 인민군에게 거슬리는 말을 했다고 그 자리에서 총살당한 대학생들도 있었다.

우리는 빈집이나 강변에서 자기도 하고, 밥을 얻어먹기도 했다. 바람 앞의 촛불 같은 운명 속에서 자고 나면 또 어딘지 알 수 없는 곳을 향해 걸어가야 했다.

때로는 인민군들이 진을 치고 있는 곳으로 잘못 들어서기도 해서, '누구야?' 하고 쏘아보면 우리 일행은 모두 항복하듯 손을 든 채 지나갔다. 언제 어디에서 무슨 일이 일어날지 모르기 때문에 항상 자고 나면 '제발 오늘도 무사히……' 하고 마음속으로 기도했다.

열흘쯤 지나니 일행 중에서 행선지가 달라 헤어지기도 하고, 죽은 사람도 많았다. 여주를 거쳐 문경새재를 지나 도착한 곳이 낙동강 주변의 상주인 것 같았다. 길을 잘못 들어 산속으로 들어가니 바로 국군과 인민군이 낙동강을 사이에 두고 치열하게 싸우는 격전지였다. 누구의 시체인지 분별할 수 없는 수많은 생명들이 쓰러져 있었다.

서울에서 7월 말쯤 떠나 낙동강 왜관 다리에 다다른 것이 한 달여 만이었다. 훗날 전사(戰史)에서 다부동 전투로 기록된 역사적인 전쟁터에 와 있었던 것이다. 국군과 인민군이 대치하고 있던 낙동강변은 우리 일행뿐 아니라 사방에서 모여든 피난민들로 인산인해였다.

미군 정찰기가 피난민들을 보호하기 위해 낮게 떠서 상공을 돌았다. 인민군들은 공중에서 폭격하는 비행기를 제일 무서워했다. 우리 일행은 뗏목을 타고 강을 건너 왜관 쪽으로 넘어갔다. 그곳으로 가니 국군들이 인민군과 싸울 준비를 하면서 피난민들에게도 친절하게 대해주었다. 국군을 만난 나는 어린 마음에도 조금 마음이 놓였다.

전투 중인데도 어떤 장군이 나를 어리다고 지프차에 태워주었고, 어머니는 병사들의 트럭을 타고 뒤따라오셨다. 지프차를 타고 대구 근처에 도착하니 헌병이 서울에서 온 피난민이라며 숙소를 정해주었다.

피난을 오는 동안 물소리를 들으며 강변에서 잠을 자고 들판이나 산에서 별을 바라보며 하늘을 이불 삼아 지내다 보니, 지붕이 있는 숙소에서 자는 것이 오히려 갑갑하게 느껴졌다. 서울에서 함께 내려온 일행들이 모두 고향을 찾아 떠나간다는 소리를 들은 우리는 고향 진주로 가기로 결심했고, 다음 날 국회의원인 친척 이병

홍 씨를 찾아가니 마산행 열차를 태워주었다. 마산에 도착해서 백조악기를 경영하던 외갓집에 갔더니 외가 식구들은 그때서야 피난을 간다고 야단들이었다. 그러나 우리는 마산에서 3개월간 머물렀다. 그동안 걸어오면서 너무 지친 탓이었다. 추석 무렵, 인민군이 후퇴하기 시작하자 우리는 진주로 걸어갔다. 고향 가는 길은 험하고도 멀었다. 부산, 마산, 대구만 대한민국이고, 온 나라가 인민군 세상이었다.

4개월간의 전투는 치열하고 길었다. 진동고개에 이르니 시체들이 쌓여 있었는데, 우리 형제들의 주검이라고 생각하니 마음이 너무도 슬펐다.

진주 시내에 도착해 보니 도시가 잿더미로 변해 있었다. 아는 분을 만나 묵곡리 소식을 물으니 할아버지께서 돌아가셨다고 했다. 너무나 뜻밖의 소식에 큰 충격을 입었지만 어머니는 북받치는 슬픔을 누르면서 내게 장례용 흰옷을 입혀주었다. 옷을 입으면서 할아버지를 다시 뵐 수 없다는 생각에 많이도 울었다. 어린 나이에 전쟁터를 지나오면서 참았던 고통과 서러움이 한꺼번에 터져 나오는 눈물이었을 것이다.

그렇게 슬픈 마음으로 집에 도착했는데, 돌아가셨다던 할아버지께서 멀쩡히 살아 반겨주시는 것이었다. 새가 날아와 울기만 해도 우리 수경이가 죽었다는 소식을 전해 들은 것처럼 눈물지었다던 할아버지 할머니는 나를 보자마자 얼싸안고 기뻐하셨다. 피난길, 전쟁터에서 서로 죽은 줄만 알았던 가족들은 다시 만난 감격으로 울음바다를 이루었다.

우리 집이 반동이라고 감시당하고 있던 판에 인민군들이 몰려와 우리 집 소를 몰고 간다고 하니까 할아버지께서 "이놈들아! 이북 소 다 잡아먹고 이남 소 잡아먹으러 왔느냐?" 하고 고함치셨다고 한다. 그러자 인민군들이 할아버지를 향해 총을 겨누었는데, 할아버지가 자세 하나 흐트리지 않고 버티자 옆에 있던 친척분이 할아버지를 업고 도망쳤다고 한다. 그때 어디선가 총소리가 나자 동네에서는 할아버지가 그 총에 맞아 돌아가셨다는 소문이 났던 것이다.

정말로 무고한 사람들의 목숨이 쓰러져간 나날들이었다. 생명의 가치를 돌아볼 새도 없이 두려움 속에 하루하루가 어떻게 넘어가는지도 몰랐다. 열네 살의 어린 나이였지만, 생명의 덧없음을 뼛속까지 느꼈던 전쟁의 체험은 출가 전후에 삶과 죽음을 명상하는 데 밑거름이 되었던 듯싶다.

2장

출가

영원한 행복과 일시적 행복

"영원한 행복이란 무엇일까?"

서울이 수복되자 나는 학교를 다니기 위해 서울로 올라갔다. 그러나 1·4후퇴 때 국군이 다시 밀리자 할아버지께서는 빨리 내려오라고 재촉하셨다. 공부를 못 시켜도 좋으니 서울에는 다시 보내지 않겠다는 엄명을 내리셨다.

서울 생활을 청산하고 진주로 내려와 진주사범 병설중학교를 졸업하고, 1953년 봄에 진주사범학교에 입학했다. 진주사범은 서부 경남의 영재들이 모이는 전통 깊은 학교였다.

사범학교에 다니던 어느 날, 집으로 돌아와보니 자그마하고 단단한 체구의 스님 한 분이 기다리고 있었다. 처음 뵌 분에게 인사를 했더니, 그 스님이 나에게 말씀하셨다.

"큰스님께서 다녀가라신다. 그러니 방학이 되면 천제굴에 한번 와라."

얼마 전 종정을 지낸 해인사 방장 법전스님이셨다. 스님은 그때 안정사 천제굴(闡提窟)에서 아버지 큰스님을 모시며 정진하고 계셨는데, '그 아이한테 한번 다녀와보라'는 큰스님 말씀에 심부름을 오신 것이다.

진주 시내에서 숙모가 해주는 밥을 먹고 학교에 다닐 때였는데, 그날따라 집에 숙모도 없어서 식사를 제대로 대접 못해드렸던 기억이 난다. 법전스님이 다녀가신 뒤, 나는 '아버지가 나에게 아주 무관심이지만은 않으시네'라고 생각했지만, 불만은 여진처럼 남아 있었다.

여름방학이 시작되자 할머니께서 안정사에 한번 다녀오자고 운을 떼셨다. 내가 대답을 하지 않자 할머니는 애가 타시는 모양이었다. 초등학교 6학년 때 아버지를 만난 이후, 아버지라는 이름을 가슴에서 지우고 있었기 때문에 가고 싶은 마음이 별로 없었다.

사실 그때 나는 가장 친한 친구를 따라 교회를 다니던 중이었다. 아버지에 대한 반항심에서 비롯된 것이지만, 마음 깊은 곳에서는 종교인에 대한 궁금증이 일었다. '스님은 무엇을 하는 사람이며, 목사님은 또 어떤 사람인가?' 목사라는 성직자를 통해 스님이 무엇을 하는 사람인가를 알고 싶었는지도 모른다.

할머니께 교회에 나간다고 말씀드리자 "예수님도 부처님도 다

성현이시다" 하시며 선선히 허락하셨다. 그래도 아드님이 출가한 마당에 손녀가 교회에 나가는 것이 편하지는 않으셨을 것이다. '저리 놓아두면 큰일 나겠다' 싶으셨는지 아버지에게 알린 것 같았다. 할머니는 아버지 큰스님의 박대를 당하면서도 가끔 찾아가 웃이며 먹거리를 전하고 오셨다.

할머니의 거듭되는 청에 못 이기는 척하며 어느 날 할머니를 따라 안정사로 향했다. 이번에는 나보다 네 살 위인 막내 고모도 동행했다.

사실은 전에 아무도 모르게 아버지를 찾아가려 길을 나선 적이 한 번 있었다. 아버지 큰스님이 법전스님을 보내시기 한 해 전 여름방학 때, 친구와 함께 마산 외가댁에 다녀오던 길이었다. 아버지 큰스님이 마산 성주사에 계시다는 이야기를 들었던 터라, 마산까지 간 김에 성주사에 가서 아버지를 만나고 올까 갈등했었다. 그날 나는 '그렇게 나를 박대한 분을 왜 찾아간단 말인가' 하고 그냥 진주로 돌아오는 차를 탔다. 차 안에서 친구는 나의 손을 꼭 잡아주었다. 아무 말을 안했는데도 친구는 다 알고 있었던 것이다. 아버지를 잊었다고 하지만 어린 나이에 혈연의 정을 다 끊어낼 수는 없는 일이었다. 누구에게도 말하지 않고 수십 년 동안 마음속으로만 간직했던 이야기를 이제야 풀어놓는다.

묘관음사에 계시던 아버지 큰스님은 전쟁이 나자 남쪽으로 내려와 고성 문수암에서 청담스님과 잠시 머물다가 전쟁이 소강상태에 들어갈 즈음 통영의 안정사로 자리를 옮기셨다. 한반도의 남쪽, 푸른 바다가 바라보이는 벽방산에 위치한 안정사는 원효대사가 창건한 고찰이다. 아버지 큰스님은 안정사 위의 토굴에 초가집을 지어 '천제굴'이라는 이름을 붙이고 법전스님의 시봉을 받으며 지내셨다. '천제'(闡提)는 '부처가 될 수 없는 존재', '불성을 갖지 못한 존재'라는 뜻으로, 부처조차 될 수 없는 천한 사람이 되어야 도를 닦을 수 있다는 철학이 담겨 있는 이름이다.

할머니는 아버지 큰스님께 드릴 음식이며 과일을 머리에 이고 떠나셨다. 그 무거운 짐을 머리에 이고 산등성이를 넘는 할머니를 따라 걷고 있자니 '어머니란 이럴 수밖에 없는 존재인가' 하는 생각이 들었다.

길을 잘못 들어 헤매다가 날이 저물어 이름도 모르는 산기슭에서 하룻밤을 보냈는데, 아침에 눈을 떠보니 천제굴 옆이었다.

아침 일찍 천제굴 앞마당에서 만난 아버지는 여전히 불친절한 분이었다. 할머니가 이고 간 음식이며 과일을 내려놓자마자 나와 고모를 향해 "저 산 아래 어려운 사람들에게 나눠주고 와라" 하고 명하셨다. 인사를 하기도 전이었다.

산 밑에서 한뎃잠을 자며 한 고생이며 할머니의 정성 따위는 알아주지도 않고 들어오라는 말 한마디 없는 아버지가 못마땅했지만 어쩔 수 없었다. 고모와 함께 음식 보따리를 들고 산을 내려가 생면부지의 사람들에게 나누어주고 돌아왔다. 그때 불편하고 화난 마음이 얼굴에 그대로 드러났을 것이다.

"니, 스님께 인사드려야제."

그렇게 재촉하시는 할머니의 말씀에 따라 고개를 조금 숙여 인사를 했더니, 초가집 앞마당에 서 있던 큰스님의 첫 마디가 이러했다.

"니, 참 못됐네!"

순간 나는 마음속으로 '참, 잘 아시는구나' 하고 생각했다. 아버지에 대한 불만을 털어내지 못한 채 방에 마주앉자 거두절미하고 물으셨다.

"그래, 니는 무엇을 위해 사노?"

교회에 나간다는 할머니의 귀띔을 염두에 두고 도대체 저 애가 무슨 생각을 가지고 있는가 하는 마음에서 물으셨을 것이다.

"행복을 위해 삽니다."

큰스님의 그 시퍼렇고 뚝뚝한 눈길을 받으며 내가 대답했다.

"그래? 행복에는 영원한 행복과 일시적인 행복이 있는기라. 그라믄 니는 어떤 행복을 위해 살려고 하노?"

그때까지 나는 행복하게 살겠다는 생각은 했어도, 행복에 두 가지 길이 있는 줄은 몰랐다. 이 세상에서 얻을 수 있는 것을 다 가지고 사는 게 행복한 삶이라는 것이 행복에 대한 나의 생각이었다.

출가

큰스님께 여쭈었다.

"어떤 것이 영원한 행복이고, 어떤 것이 일시적 행복입니까?"

큰스님은 여느 때와 달리 큰 목소리가 아닌 조용한 목소리로 말씀하셨다.

"행복은 인격에 있지 물질에 있는기 아이야. 부유하더라도 인격이 부족하면 불행하고 궁핍하더라도 인격이 훌륭하면 행복한기야. 자기가 절대적 존재이며 무한한 능력을 가지고 있으니 그것을 계발해서 참으로 완전한 인격을 완성하자는 것이 부처님의 가르침인기라. 그러니 부처님처럼 도를 깨친 사람은 영원한 행복을 누리는 대자유인이고, 이 세상의 오욕락을 누리고 사는 것은 일시적 행복인기라."

오욕(五欲), 즉 인간이 추구하는 다섯 가지 욕망이란 먹고 싶은 욕구(식욕), 잠자고 싶은 욕구(수면욕), 이성과 접촉하고 싶은 욕구(성욕), 재물을 모으고 싶은 욕구(재욕), 이름을 떨치기를 바라는 욕구(명예욕, 권력욕)를 말하며, 이것을 얻어서 즐기는 것을 불교에서는 오욕락(五欲樂)이라 한다. 대체로 인간은 이것을 성취할 때 행복하다고 느끼는데, 이는 잠깐 누릴 수 있는 일시적인 행복이지 영원한 행복이 아니라는 말씀이었다.

'영원한 행복과 일시적 행복이 있다'고 하실 때, 나는 벌써 나의 생을 결정내버리고 말았다. 큰스님의 말씀을 듣는 순간, 바보가 아닌 이상 일시적 행복이 아닌 영원한 행복을 위해 살겠다고 마음속으로 정리하며 다시 여쭈었다. 스님들을 싫어하면서도 내면의 세계는 불연(佛緣)에 닿아 있었던 것이다.

"부처님처럼 도를 깨치는 공부는 어떻게 합니까?"

"화두를 들고 참선을 하면 도를 깨칠 수 있는기라."

단언하건대 나는 수많은 생을 큰스님의 회상(會上)에서 수행자로 살아왔을 것이다. 절에 와 살면서 가장 먼저 느낀 것이 '아, 내가 과거에 참선하던 중이었구나!' 하는 것이었다. 그렇지 않고서야 처음 화두니 참선이니 하는 소리를 들었는데도 조금도 낯설지 않고, '영원한 행복 추구'라는 한 말씀에 그토록 미워했던 마음이 봄눈 녹듯 사라지면서 그것에 내 인생을 걸었겠는가.

큰스님은 그 자리에서 나에게 '삼서근(麻三斤)'이라는 화두를 주셨다.

"옛날 중국에 동산이라는 큰스님이 있었어. 한 수좌가 동산스님에게 '스님, 어떤 것이 부처입니까?' 하고 물었제. 그러자 큰스님께서 '삼서근이니라' 하고 대답하셨는기라."

나를 비롯해 할머니와 고모가 조용히 아버지 큰스님의 말씀을 듣고 있었다.

"어째서 삼서근이라 했는고? 니는 오늘부터 그것을 자나 깨나 생각해보그라. 마음을 닦는 것이 불교인기라. 화두참선은 마음을 닦기 위해서 하는 것이제. '어째서 삼서근이라 했는고' 하는 질문을 계속해서 하다 보면 마음의 본래 모습을 알 수 있는기라. 밥을 먹을 때나 공부할 때나 길을 다닐 때나 무엇을 하는지 언제나 '어째서 부처를 물었는데 삼서근이라 했는고, 어째서?'라고 의심을 해라."

큰스님은 그렇게 화두에 대해 말하고 나서 몇 가지를 더 물어보셨다.

"어두운 밤에 흰 눈을 보라. 이게 무슨 말이고?"

"두 사람이 길을 가다가 앞 사람이 칼 소리가 난다 하니 수건을 주었다. 왜 수건을 주었느냐?"

그날 열 개를 물으셨는데, 마지막 물음이 남전스님의 유명한 '남전참묘(南泉斬猫)' 이야기였다.

"남전스님 문하의 승려들이 고양이에게 불성이 있느니 없느니 하면서 동쪽과 서쪽으로 파당을 나누어 싸우고 있었는기라. 그러자 남전스님이 고양이를 움켜잡고 그들에게 '너희들 중에서 누구든지 바른 말을 한마디 하면, 이 고양이를 살려주겠지만 그렇지 않으면 죽여버리겠다'고 했제. 승려들이 아무런 대답을 못하자, 남전스님이 들고 있던 칼로 가차 없이 고양이 목을 두 동강 냈는기라. 밖에 나가고 없던 제자 조주스님이 저녁나절에 돌아오자 남전스님이 사건의 전말을 들려주었제. 이 말을 들은 조주스님은 아무 대꾸 없이 신발을 벗어 머리 위에 이고 밖으로 걸어나갔어. 그러자 남전선사가 무릎을 치면서, '그때 만일 조주가 그곳에 있었더라면 고양이는 살았을 텐데!'라고 했제. 그래, 니라면 우찌 했겠노?"

꽤 수준 높은 선문답(禪問答)을 했던 것인데, 물으시는 대로 대답을 했다.

큰스님이 마지막 내 대답을 듣고는 "10년 걸망 지고 다닌 중보다 낫구나" 하시면서 처음으로 활짝 웃으셨다.

'이렇게 묻고 답하는 것이 도를 깨치는 공부인가?'

그렇게 생각하고 큰스님께 여쭈었다.

"이것(선문답)이 공부입니까?"

"아이다. 화두참선을 해서 마음을 깨치는 것이 공부인기라."

'마음을 깨치는 것이 공부인기라' 하는 그 말씀이 어쩌면 그렇게도 마음속으로 깊고 빠르게 들어오던지, 나는 그 공부에만 몰두하고 싶었다. 아마도 전생사(前生事)였을 것이다. 말씀을 듣는 순간 '내가 가야 할 길이 바로 이 길이다!' 했으니 말이다.

어렸을 때부터 나는 누가 강요하는 일에는 따라가지 않지만 스스로 결정한 일은 서슴없이 감행했다.

"학교에 가지 않고 참선공부만 하겠습니다."

사범학교 졸업을 세 학기 남겨둔 여름방학이었는데, 큰스님은 학교를 마저 마치라고 하셨다.

"아무리 작은 일이라도 끝을 맺지 않으면 큰 일도 성공하지 못하

젊은 시절 백련암에서 큰스님을 모시고. 큰스님은 '수도자가 살아가는 길은 공부밖에 없어야 한다'고 가르치셨다. 큰스님 오른편의 스님은 청량사에서 첫 철을 같이한 현각스님이다.

는기라."

함께 앉아 있던 고모는 큰스님께 감화를 받았는지 그 자리에서 이렇게 말했다.

"스님예, 지도 출가하겠십니더."

큰스님께서 고개를 흔드셨다.

"니는 몸이 약해 안 된다."

고모는 큰스님의 말씀에 출가를 포기하고 집으로 돌아왔다. 나중에 내가 출가하자 이렇게 불만을 털어놓았다.

"도인도 차가 있나뵈. 자기 딸은 허락해 주고 나는 하지 말라 하고……"

막내고모는 키도 크고 인물도 좋았는데 몸이 약한 편이었다. 나보다 네 살 위였는데, 조카에 치여 가족들의 관심을 받지 못했다. 어릴 때부터 고모는 항상 나에게 무언가를 해줘야만 하는 사람이었다. 그것이 나에게는 아버지의 부재로 얻은 덤이었을지 모르지만, 나이 어린 고모에게는 이만저만 속상한 일이 아니었을 것이다. 고모는 지금 출가(出家) 아닌 출가(出嫁)를 해서 잘 살고 있다. 훗날 내가 큰스님 생가 터에 접외사를 지을 때 건설부에서 일했던 고모부와 함께 와서 많이 도와주었다. 만약 그때 고모까지 출가했더라면 할아버지는 그 울분으로 몸져 누우셨을지도 모른다.

감히 말하건대 아버지를 두 번째 만난 그날 이후, 나에게 '성철

(性徹)'이라는 이름은 아버지가 아닌 영원한 대자유인이 되는 수승한 길을 열어준 온전한 스승으로 자리 잡았다.

훗날 큰스님은 나의 인생을 결정짓게 했던 '영원한 행복'에 대한 말씀을, 해인사 백일법문에서 대중을 향해 이렇게 설하셨다. 그때 갓 서른이 지난 나는 대중과 함께 앉아 법문을 들었다.

"우리가 살아가는 현실을 보면 모든 것이 다 상대유한으로 되어 있어서 모순에 모순으로서 투쟁의 세계이다. 이 투쟁의 세계에서 일시적으로 행복을 얻었다 해도 곧 끝이 있고 만다. 그렇지만 살아 있는 이상 일시적인 행복에만 만족할 수 없으니 당장 한 시간 후에 죽더라도 지금 이 순간 어떻게 하면 편안하게 살 수 있느냐 하는 것을 생각하는 것이 사람의 본능이니, 이것이 영원한 행복의 추구라고 볼 수 있다. 영원한 행복을 상대유한의 세계에서는 이룰 수가 없으니 절대무한의 세계를 구상하고 거기 가서 영원한 행복을 받도록 노력하자는 것이 종교의 근본 뜻이다.

(중략)

불교는 상대유한의 세계를 벗어난 절대무한의 세계를 자기의 마음속에서 찾는다. 내 마음속에 절대무한의 세계가 다 갖추어져 있는 것이지 내 마음 밖에, 이 현실 밖에 따로 있지 않다고 주장하는 것이 불교의 입장이다. 그러므로 누구든 불교를 믿으려면 자기에게 그러한 절대무한의 세계가 갖추어져 있다는 것, 내 마음이 부처라는 것을 믿는 것이 근본 조건이다. 내 마음속에 갖추어져 있는 영원한 생명과 무한한 능력을 계발하여 사용하기 전까지는 그것을 자세히 알 수 없는 것이지만 부처님이나 조사스님들의 말씀을 믿고 따라야 한다.

불교는 처음과 끝이 인간을 중심으로 해서 인간을 완성시키는 데 그 목적이 있는데, 그 인간이 절대적 존재라는 것이 부처님의 가르침이다. 자기가 절대적 존재이며 무한한 능력을 가지고 있으니 그것을 계발해서 참으로 완전한 인격을 완성하자는 것이 부처님의 가르침이다."

1954년 여름, 큰스님이 마흔셋, 내가 열여덟 살 때 가졌던 두 번째 만남은 나의 일생에서 가장 크고 잊을 수 없는 인연이다. 첫 만남에서처럼 차갑게 대하기만 하고 '영원한 행복'에 대한 말씀이 없었다면 내가 출가의 길을 걸을 수 있었을까? 그 인연을 어떻게 말로 풀어놓을 수 있겠는가.

'나'라는 이 존재가 수천 년, 수만 년에 걸쳐 윤회를 거듭해온 생명이라는 사실을 전제한다면 이해가 쉬워질 수 있을지 모르겠다.

출가 전야

나에게는 한 마디를 들으면 그대로 직관하고 행하는 단순함이 있다. 어렸을 때도 그랬고 지금도 마찬가지다.

"어째서 삼서근이라 했는고, 어째서?"

큰스님께 다녀온 이후 이 질문이 '영원한 행복'을 얻게 하는 열쇠라는 것을 믿어 의심치 않았고, 자나 깨나 이 물음에 빠져 있었다. 수업 시간에도 그랬다. 음악 시간이면 제일 뒷자리에 앉아 화두를 챙겼다. 체육 시간에 나무 밑에 앉아 화두에 빠져 있으면 친구들이 "무엇을 그렇게 생각해?" 하며 어깨를 툭 치고 지나갔다. 화두에 몰입해 있을수록 학교 공부가 필요 없다는 생각이 커졌다.

가장 먼저 나의 변화를 감지한 분은 할머니셨다. 천성이 총명한 데다 큰스님이 출가한 후 철철이 안거(安居) 때마다 절에 들어가 화두공부를 한 할머니이셨으니, 참선이 어떤 공부라는 것을 꿰뚫고 계셨을 터이고 나의 변화가 무엇을 의미하는지 간파하셨을 것이다. 더군다나 할머니는 내가 큰스님으로부터 화두를 받던 자리에서 모든 것을 지켜보셨고, 천제굴에 다녀오기 전에도 항상 생각에 잠겨 있는 내 모습을 남다르게 생각하고 계셨다.

언니가 죽고 난 후 나는 가족과 함께 있어도 늘 혼자 있는 것 같은 느낌이 들었다. 큰스님에게 다녀온 후에는 더욱 더 고독해지고 말이 없어졌는데, 할머니는 그때 이미 나의 출가를 예감하지 않으셨을까 싶다.

할아버지도 나의 변화를 눈치채고 천제굴에 다녀올 채비를 하셨다.

"지가 올리는 없고 내가 가서 봐야제."

손녀를 빌미 삼아, 10년 만에 돌아오겠다고 하고 20년이 가까워지도록 돌아오지 않는 아들을 찾아나선 것이다. 아버지 큰스님은 1936년 해인사로 출가한 뒤 한 번도 고향땅을 밟지 않았다. 할아버지께서도 워낙 고집이 세신 분이라 그때까지 아버지의 얼굴을 한 번도 보지 않은 채였다.

"도대체 어떤 사람이 되어 있어서, 하나 있는 손녀까지 데리고 가느냐고 담판을 지으러 가신기라."

나중에 할머니에게서 들은 이야기다. 할아버지는 그간 가슴에

켜켜이 쌓인 것이 얼마나 많으셨던지 20년 만에 아들을 만나자마자 "석가모니가 내 원수다!"라는 외마디 소리를 내뱉으셨다고 한다. 유학자인 당신께서 낮춰 보던 불교에 큰아들을 빼앗기고, 아들이 중이 되었다는 이유로 유림들에게 배척까지 당했으니, 쌓인 한이 얼마나 많았을까.

그러나 할아버지는 그만 훤칠한 대장부의 모습을 하고 있는 큰스님의 모습에 압도당해, 돌아올 때에는 더 이상 다른 말씀이 없으신 채 "정말 도인이더라!" 하고 감탄만 하셨다고 한다.

할아버지는 아들에 대해 얼어붙어 있던 마음이 큰스님과의 짧은 만남에서 봄눈 녹듯이 풀리셨던 것 같다. 큰스님은 20년 만의 만남을 뒤로 하고 돌아서는 할아버지께 "앞으로 건강하게 오래오래 사셔야 합니더" 하고 위로해 주셨다고 한다.

묵곡리로 돌아온 할아버지는 하인들과 함께 낫을 들고 경호강으로 가 물고기를 잡기 위해 쳐놓았던 그물을 손수 거두셨다. 큰스님이 출가했을 때 '석가모니는 불살생을 근본으로 한다니 나는 살생함으로써 내 아들을 빼앗아간 석가모니에게 복수한다'면서 쳤던 그 그물이었다.

사범학교 3학년 졸업반이 되자 출가에 대한 나의 생각은 더욱 구체화되었다. 사범학교 부속초등학교로 교생실습을 나갔는데, 그간 잘 들리던 화두에 문제가 생겼다. 1학기에 1학년을 담당하는 교생으로 학생들을 가르쳤는데, 학생들을 가르치다 보니 그동안 내가 수업을 받을 때에는 잘 들리던 화두가 들리지 않았다. 아이들을 가르친다는 부담감 때문에 화두가 자꾸 달아나는 것이었다.

'이게 아닌데' 하는 갈등 속에 있던 중 2학기에는 고향에 있는 단성초등학교에서 실습을 하게 되었다. 4학년 때까지 다닌 단성초등학교 교정은 여전히 아름다웠지만, 내 마음은 화두공부를 해야 한다는 일념으로 가득 차 있었다. 나는 교생실습을 그만두고 절에 들어가 화두공부만 해야겠다는 결심을 하고, 부산사범학교에 다니는 옥자(훗날의 백졸스님)에게 편지를 부쳤다.

"강의를 들을 때는 화두에 집중할 수 있었는데 가르치려고 하니 화두가 영 들리지 않는구나. 화두 말고 그 무엇이 중요한가. 시간을 헛되이 보내고 있다는 생각이 든다. 월명암으로 들어가 공부할 생각이다. 너도 와라."

남동생의 죽음을 겪으면서 삶의 허망함을 느끼던 백졸스님은 어머니와 함께 성철 큰스님을 뵙게 되었는데, 그 자리에서 죽지 않고 사는 영원한 대자유인의 길이 있음을 알고는 길을 찾던 차였다. 나처럼 교생으로 나가 있던 그는 내 편지를 받고는 곧바로 달려왔다.

사실 우리가 직접 대면하는 것은 월명암이 처음이었다. 큰스님을 친견하고 영원한 대자유인이 되는 공부를 해야겠다고 마음먹은 공통점을 가지고 있던 우리는, 각각 부산과 진주에서 살고 있었지만 큰스님을 통해 서로의 존재를 알고 있었다. 보지는 않았어도 마음속으로는 서로 도반처럼 생각하고 있었기에 나는 편지를 보낼 수 있었고 그도 편지를 받고 곧바로 달려올 수 있었다.

우리는 월명암에서 참선공부를 시작했다. 진주에서 가까운 월명암은 할머니가 자주 가서 정진했던 곳이었고, 당시에도 그곳에서 공부를 하고 계셨다. 나로서는 본격적으로 집을 나오기 전에 예행연습을 한 셈인데, 집에서 허락을 받지 않은 출가 예행연습이 순조로울 리 없었다.

학생을 가르치고 있어야 할 교생이 절에 들어앉자 학교는 물론 집에서 야단이 났던 모양이다. 교생이 없어졌다는 학교의 연락을 받고 삼촌이 찾으러 왔다.

"수경아, 고만 내려가자. 공부는 마쳐야 하지 않겠나?"

삼촌은 좋은 말로 나를 달랬다. 화두공부는 해야겠는데 집에서는 내려오라고 하니 마음에 혼란이 일었다. 캄캄한 밤중에 작은 연못가에 앉아 이 생각 저 생각 하고 있으려니 그렇게 고독할 수가 없었다. 마음을 어디에 두어야 할지 착잡했다.

'이 넓은 천지에 내가 설 곳이 어딘가?'

그렇게 깊은 생각에 빠져 있을 때, 꿈도 아닌데 큰스님이 뚜렷이 나타나서는 크고 깊은 눈으로 나를 쏘아보셨다. 큰스님의 눈빛을 대하자 화두공부만 하리라는 결심이 다시 바위처럼 단단해지며 '내가 서야 할 자리는 바로 여기구나' 하는 확신이 들었다.

다음 날 삼촌은 내려가고 나는 절에 남아 동안거(冬安居) 한철 동안 정진한 후, 학교로 돌아갔다. 걱정하시는 선생님께 "공부 잘하고 왔습니다" 하고 인사드렸더니 영문을 모르겠다는 얼굴로 쳐다보셨다.

나와 백졸스님은 월명암에서 정진을 끝내고 헤어지면서, 졸업하고 한 달 후 집을 나와 큰스님에게 가자고 약속을 했다. 학교를 마치면 당장 집을 나와 공부를 하고 싶었지만 졸업한 뒤 바로 집을 나오면 집안 어른들의 충격이 클 것이라고 생각했다.

스무 살이 되던 해 봄, 학교를 졸업하고 한 달 뒤에 교사 발령이 났다. 집에서는 교편을 잡으라고 했지만 마음은 이미 다른 곳에 가 있었다.

절에 가려는 낌새를 눈치 챈 어머니와 식구들은 "큰 중이 되려면 대학은 졸업해야 하지 않겠느냐? 대학을 마치고 간다고 하면 그때는 말리지 않겠다"면서 나를 잡으려고 애썼지만, 일시적인 행복이 아니라 영원한 행복의 길을 선택한 나에게 그러한 말이 귀에 들어올 리가 없었다.

떠나기 전날 저녁이었다. 누구보다 교편을 잡으라고 강권하는 삼촌에게 한 가지 제안을 했다. 아버지를 대신해 나를 돌보고 사랑해주었던 삼촌의 청을 그냥 뿌리칠 수만은 없었다.

"제 소원을 들어주면 집을 나가지 않을게요."

"그래? 알겠다."

삼촌은 가족회의를 소집했다. 할아버지와 할머니, 지아비를 부처님에게 빼앗기고 딸 하나만을 바라보고 살던 어머니, 모든 대소사에 아버지를 대신한 삼촌, 숙모 등 가족들이 모두 앉은 자리에서 내가 말했다.

"저는 오늘 죽을지 내일 죽을지 모릅니다. 누구든 제 죽음을 대신해 줄 수 있다면 절에 가지 않겠습니다."

잠시 좌중에 침묵이 흐른 후, 이윽고 할아버지의 탄식이 흘러나왔다.

"우리 집안이 망했구나!"

세상 누구에게도 굽혀본 적이 없던 할아버지의 눈에서 눈물이 주루룩 흘러내렸다. 아버지 큰스님이 생전에 '가야산 호랑이'라고 불린 것은 할아버지의 강한 기질을 물려받았기 때문이다. 한국전쟁 때 인민군이 총을 들이대도 눈 하나 깜짝하지 않았고, 일제 때에도 손녀딸의 이름을 개명시키지 않아 초등학교 입학시험에서 떨어지게 한 대쪽 같은 분이었다. 그런 할아버지께서 눈물을 보이시니 죄송하기 이를 데 없었다.

"할아버지, 걱정 마세요. 부처님은 6년 만에 도를 깨치셨지만 저는 더 열심히 공부해서 3년 만에 도를 깨치고 돌아오겠습니다."

오로지 화두를 깨쳐 영원한 대자유인이 되어야지, 오욕락을 쫓는 바보는 되지 않겠다는 생각으로 꽉 차 있을 때였다. 정말 나는 3년 안에 돌아올 생각이었고, 그럴 자신도 있었다. 그때는 영영 집을 떠나는 출가는 생각하지 않았다.

그때 아마 할아버지께서는 20년 전에 출가한 큰스님을 떠올리셨을 것이다. 10년 만에 돌아오겠다고 하면서 집을 나가셨던 큰스님. 할아버지는 마음속으로 핏줄은 못 속인다고 하셨을 테고, 내가 돌아올 것을 기대하지 않으셨을 것이다. 그나마 출가를 해서 도인이 되어 있는 큰스님을 만나고 오셨기에 손녀인 나의 가출에 충격이 덜하셨을 거라고 짐작해본다.

가족회의를 한 다음 날 아침, 할아버지께 마지막 하직 인사를 드리자 "절에 가면 버섯은 송이버섯 외에는 절대로 먹지 말그라. 산에는 독버섯이 많데이" 하고 당부하셨다. 내가 떠난 후 손녀가 보고 싶고 궁금하셨는지 할머니에게 "게장을 가지고 가서 그것을 먹으며 수경이 있는 데서 며칠 있다 오면 안 될까?" 하고 물으셨다고 한다. 절에 오시면 나물만 드실 게 뻔하니 입맛에 맞는 반찬을 하나 준비해서 내 곁에서 머물다 가고 싶으셨던 모양이다. 집을 나온 후 나는 40여 년간 고향을 찾지 않았고, 할아버지는 내가 떠난 지 3년 만에 돌아가셨다. 집을 떠나던 그 날이 할아버지를 뵌 마지막이었다.

집을 나온 후 나는 손녀를 믿고 떠나보내주신 할아버지께 두고두고 감사해 하며 지냈다. 내 손주, 내 자식이라는 틀에 갇히지 않고 폭넓게 주변을 정리하셨던 할아버지는 생각의 폭이 넓고 깊은 분이셨다.

할아버지의 이름은 이상언(李尙彥), 자(字)는 사문(士文)이요, 아호는 율은(栗隱), 관향은 합천이다.

조선조 말 국운이 기울어가던 1881년 동짓달 초하루 경남 산청군 단성면 묵곡리의 조상 대대로 이어오던 집에서 태어나 평생을 그곳에서 사셨다. 진양(晋陽) 강(姜) 씨인 할머니 강상봉을 아내로 맞아 슬하에 4남 3녀를 두었는데, 아버지 큰스님이 장남이었다.

할아버지는 평생 남에게 굽히는 일이 없었을 만큼 성정이 당당하시고 직설적이었다. 외모는 아버지보다 더 훤해 지팡이를 짚고 갓을 쓰고 길에 나서면 선풍도골(仙風道骨)의 모습이었다. 유림으로서 향교에 나가 좌정하면 향교가 다 훤해질 정도였다고 한다. 아버지 큰스님의 기골이 장대하면서 시원스러운 것은 할아버지를 닮으신 듯하다.

할아버지는 무서우면서도 한편으로는 자상한 면이 많으셨다. 우리 집 경내에는 밤나무 숲이 있었다. 동네 아이들이 몰래 밤나무에 올라가 밤을 따면 아무 말 않고 가만히 기다리고 계시다가, 아이들이 나무에서 내려오면 그제야 호통을 치셨다. 나무 위에 있을 때 야단을 치면 아이들이 나무에서 떨어질까 봐 그리 하신 것이다.

할아버지는 매우 주도면밀하고 세심한 분이었다. 집 우물가에 구기자나무를 심어 첫 새벽에 제일 먼저 우물물을 드셨고, 그 다음에는 우리에게 주셨다. 구기자나무 뿌리가 땅속 깊이 들어가 우물을 감싸면 좋은 성분이 물에 녹아드는데, 그 물을 새벽에 일찍 마시면 장수한다는 것을 아시고 실천한 것이다.

우리 집 주변 모래흙으로 된 땅 숲속에는 10년 이상 된 백도라지가 있었다. 할아버지는 인삼은 육년 근을 먹으면 몸에 좋다고 하시면서 오랫동안 재배하셨는데, 할아버지가 돌아가시자 봄이 되어도 밭에 꽃이 피지 않더니 결국 없어져버렸다고 한다. 예부터 인삼과 꿀벌은 영물이어서 주인을 알아본다는 속설이 있다.

워낙 강인한 성품이셨던 할아버지는 일제 때 관리들이 전쟁에 필요하다며 놋그릇 등을 모조리 거두어갈 때에도 우리 집은 숟가락 하나 건들지 못하게 했다. 할아버지가 떡하니 버티고 서 계시면 그 기세에 눌려 어쩌지 못했다고 한다.

그처럼 완고한 유학자이셨던 할아버지가 어떻게 큰아들의 출가를 받아들일 수 있었겠는가. 특히 고향 산청은 남명 조식 선생의 유풍이 이어져 내려오는, 보수적인 유교 전통이 강한 지역이었다.

당시만 해도 유학을 숭상하고 불교를 배척하던 조선의 정책과 전통 때문에 스님들이 대접받지 못하던 시절이어서 큰스님의 출가는 온 집안과 마을을 발칵 뒤집어놓은 대사건이었다.

완고하고 자존심이 강한 할아버지는 분하고 답답한 마음을 못 이겨 집 앞의 경호강을 가로지르는 그물을 치시고는 잡아온 물고기로 저녁마다 매운탕을 끓이게 하셨다. 그때 할머니는 밤이 되면 남은 물고기들을 물통에 담아 강물에 놓아주셨다고 한다. 할아버지보다 더한 아픔을 감추면서 할아버지의 꼿꼿한 성정에 맞춰 살아가야 했던 할머니의 마음은 산산이 헤지는 듯했을 것이다.

할머니의 성스러운 모정

　큰아들인 아버지의 출가로 인해 할머니는 한쪽 눈을 잃으셨다. 너무 어렸을 때라 나는 기억은 안 나지만, 아버지가 출가한 후 할머니가 의복이나 음식 등을 마련해서 아버지 큰스님이 계신 곳을 찾아다니는 것을 못마땅하게 여긴 할아버지가 어느 날 "찾아다니지 말라" 하고는 급기야 화롯불을 집어던지셨는데, 그만 할머니의 눈에 맞은 것이다. 그때 할머니는 왼쪽 눈을 실명하셨고 결국 의안이 되고 말았다.

　아버지가 출가하고 5년 후에 맞은 할아버지의 회갑 날, 이웃과 친지들이 모여 풍악을 울리며 하루 종일 잔치를 벌였다. 해가 질 무렵 가족들이 모여 기념사진을 찍게 되었는데, 그렇게 당당하던 할아버지께서 그만 눈물을 보이시고 말았다. 누구 하나 말하지는 않았어도, 그 눈물이 무엇을 의미하는지 다들 알고 있었다. 잔치마당은 울음바다가 되었고, 결국 회갑사진은 할아버지와 할머니만 찍게 되었다. 나중에 그때 찍은 사진을 볼 기회가 있었는데, 할머니의 눈을 바라보며 가슴이 아팠던 기억이 난다.

한쪽 눈을 잃고도 출가한 아들을 뒷바라지하느라 그 먼 곳들을 마다 않고 찾아다니셨던 할머니. 어머니라는 존재가 자비의 화신인 관세음보살에 비견되는 이유를 나는 할머니를 통해서 깨닫는다.

꽃다운 열아홉에 장남 큰스님을 낳으신 할머니는, 묵곡리의 이웃 마을인 하촌의 선비 집안 무남독녀로 태어나 외사촌들과 함께 집 안의 서당에서 한문, 예의범절, 서예 등을 배웠다고 한다. 성정이 총명하여 한 번 보고 들은 것은 잊어버리지 않았고, 자신이 아는 것을 다른 사람에게 가르치는 솜씨가 빼어나 주변에서 칭찬이 자자했으며, 동네에 혼사가 있을 때면 사돈지를 도맡아서 쓰셨다고 했다.

할머니는 묵곡리로 시집오던 날 가마에서 내린 뒤 '이 세상에서 제일가는 큰 인물을 낳겠다'는 원을 세웠다고 한다. 큰스님을 가진 할머니는 항상 바른 마음과 단정한 태도로 태교에 임해서 뒤틀어진 오이나 무를 먹지 않았고, 울퉁불퉁 못생긴 과일도 먹지 않았으며, 평상이나 마루에 앉을 때에도 모퉁이는 피했다. 행여나 나쁜 것을 보거나 듣게 될까 열 달 동안 대문 밖에 나가지 않고 집 안에

할아버지의 회갑 날, 큰 아드님 없이 치러진 잔치 끝에
할아버지 할머니 두 분만 사진을 찍으셨다.

서 지냈는데, 아침저녁으로 온갖 정성을 기울이며 세상에서 제일 가는 아들을 점지해 달라고 천지신명과 조상님께 기도를 드렸다.

이렇게 시작한 할머니의 정성은 생이 끝날 때까지 한결같이 계속되었다. 큰스님을 비롯해 슬하에 칠남매를 키웠지만, 자식들을 가르칠 때 언성을 높이거나 험한 말로 꾸짖는 법이 없었다. 늘 이치를 깨닫게 하는 대화로 자녀들을 대했고, 비록 어린 자식들이지만 그들의 인격을 믿어주셨다. 지금 생각해보면 타고난 교육자였다는 생각이 든다.

할머니는 어린 나에게 책을 많이 읽어주셨다. 《삼국유사》에 나오는 김춘추, 김유신에 대한 이야기를 자상하게 설명해 주시던 기억이 난다. 아마 처녀 시절의 할머니도 이러한 책들을 읽으며 큰 인물을 낳겠다는 소망을 품으셨던 듯하다.

큰스님이 어려서부터 책읽기를 즐겨한 것은 할머니의 영향이 컸을 것이다. 널리 알려진 사실이지만 큰스님은 어려서부터 책을 한 번 잡으면 하루 종일 놓지 않았다. 세 살 때 글을 익혀, 학식이 높았던 할아버지로부터 《천자문》, 《소학》, 《대학》을 배웠다. 다섯 살 때에는 집안 어른을 따라 백일장에 갔다가 장원을 하는 등 남달리 총명해 신동 소리를 들으며 자랐다. 큰 인물을 낳으리라 염원했던 할머니의 태교가 일찍 효험을 보였던 것 같다.

초등학교 때는 《서유기》, 《삼국지연의》 같은 중국의 4대 기서(奇

書)를 사서 집으로 돌아오는 길 산모퉁이 양지바른 곳에서 해 지는 줄 모르고 읽은 적도 있다고 한다. "내가 남에게서 배운 거라곤 소학교 6학년과 서당에서 배운《자치통감》이 전부다. 그것 말고는 혼자 공부해서 알았다"고 할 만큼 큰스님은 모든 것을 독학으로 배우고 깨달았다.

큰스님이 아홉 살 되던 해 서당의 선생님이 책을 덮으며 "타고난 천재성과 이미 갖추어진 환경이 있으니 더 가르칠 것이 없다"고 탄복했다. 할머니 말씀에 따르면 큰스님은 머리가 총명했으나 몸은 강건하지 않았다고 한다. 그래서 할머니가 달여주는 보약을 자주 먹었고, 요양 차 지리산 대원사에 자주 갔다. 지리산 동쪽 기슭의 울창한 숲과 아름다운 계곡에 자리한 대원사는 해인사 말사로, 묵곡리 생가에서 70리 떨어져 있었다.

큰스님이 불교를 알게 된 것은 스무 살이 넘어서였던 듯하다. 독서량이 엄청났지만 그 전까지는 사서삼경, 제자백가의 저서, 서양 철학서 등의 책을 보았을 뿐 불교 책은 전혀 보지 않았다는 것이다.

큰스님은 동서고금의 훌륭하다는 책을 아무리 읽어도 삶에 대한 근원적인 해답을 찾을 수 없어서 방황하다가, 어떤 스님에게서 영가스님의 〈증도가(證道歌)〉를 얻어 읽고는 '아, 이런 공부가 있었구나!' 하고 큰 충격을 받았다. 큰스님께서는 그때의 심정을 "캄캄한 밤중에 횃불을 만난 것 같고, 한밤중에 해가 뜬 것 같았다"고 하셨다.

내가 출가하려 할 때 큰스님은 감명 깊게 읽었던 그 〈증도가〉를 새겨주고는 "너희들은 미래의 영가스님이다"라고 하시면서 육환장(六環杖, 고리가 여섯 개 달린 큰 지팡이)을 짚은 영가스님의 모습을 실감나게 재연해 보이셨다.

영가스님은 중국 당나라 때의 스님으로 〈증도가〉는 영가스님이 조계의 6조 혜능대사로부터 선의 요체를 듣고 하룻밤 만에 깨달음을 얻어 그 심경을 담은 것이다.

큰스님께서는 어릴 때부터 '사람이 죽지 않고 영원토록 살 수는 없을까' 하는 생각을 했다고 한다. 아마 폭넓은 독서도 영원한 생명을 모색하기 위한 것이었을 것이고, 큰스님의 20대 시절 노트에 쓰여 있는 '영원에서 영원으로'라는 글귀도 같은 맥락에서 나온 것일 것이다.

영원의 문제를 풀기 위해 출가하신 큰스님에게 결정적인 역할을 한 책은 한용운 스님의 《채근담 강의》였다. 그 가운데 유독 마음으로 휘몰아 들어온 구절이 하나 있었다.

나에게 한 권의 책이 있으니
종이와 먹으로 만든 것이 아니다.
펼쳐 여니 한 자 글자도 없으나

항상 큰 광명을 비춘다.

이렇듯 자기 마음 가운데 있는 경(經)을 찾기 위한 발걸음이 대원사로 향하다가 출가까지 이어진 것이다.

옛 풍습에 따라 일찍 결혼해서 20대 초반에 큰딸 도경을 낳았지만 큰스님의 구도열은 더 깊어만 갔다. 큰스님은 대원사에서 대혜스님의 《서장(書狀)》과 당시 발간되던 〈불교〉라는 잡지를 바탕으로 본인 스스로 '무(無)'자 화두를 들었는데, 42일 만에 움직일 때나 고요할 때나 한결같이 화두가 잡히는 동정일여(動靜一如)의 경지에 이르렀다고 한다.

42일 만에 동정일여의 경지에 이르렀다는 것은 당시 큰스님께서 얼마나 치열하게 공부를 했는지 짐작하게 한다. 목숨을 내놓고 공부하지 않고는 거의 불가능한 일이다. 비록 속인의 신분이었지만 그렇게 용맹정진을 했으니 집에 돌아갈 생각이 나지 않았을 것이다.

처음에는 큰스님도 참선만 잘하면 그뿐, 승려가 될 생각은 없었다고 한다. 그런데 대원사 탑전에서 공부를 하는 동안 '한 속인이 훌륭하게 정진한다'는 소문이 해인사에 전해졌고, 김법린, 최범술 등 해인사의 큰스님들이 직접 찾아와 권유하면서 해인사까지 가게 되었다.

그 무렵 해인사에는 당대의 선지식(善知識)인 동산스님이 백련암에 머물고 계셨다. 큰스님을 본 동산스님은 한눈에 큰 그릇임을 알아보고 "참선을 잘 하려면 출가해야 한다"고 권했다. 형식보다는 도를 이루는 것이 중요하다고 여긴 큰스님은 여전히 출가 생각이 없었지만 동산스님의 법문을 듣고 결국 마음이 움직였다.

"여기 길이 있다. 아무도 그 비결을 말해주지 않는다. 그대 스스로 그 문을 열고 들어가기 전까지는. 그러나 그 길에는 문이 없다. 그리고 마침내 길 자체도 없다."

그러던 어느 날 동산스님께서 손수 '성철'이라는 법명을 적은 종이를 큰스님 옆에 두고 갔는데, 그 길로 백련암으로 동산스님을 찾아가 이야기를 나눈 뒤 출가를 결심했다. 1936년 3월의 일이었다.

큰스님이 이영주(李英柱)라는 속명을 버리고 '성철'이라는 승려로 다시 태어났을 때 묵곡리 집은 초상집 분위기였다. 할아버지는 답답함과 울분을 삭이지 못했고 할머니는 한쪽 눈을 잃는 고초까지 겪었다. 자식을 잉태했는데도 아랑곳 않고 집을 떠난 지아비에게 어머니가 느꼈을 배신감도 미루어 짐작할 만하다.

하지만 나는 할머니에게서 한 번도 큰스님의 출가에 대한 한탄이나 불만의 말씀을 들어본 적이 없다. 할머니는 손주인 우리들에게 너무나 다정했고, 겨울밤 호롱불 밑에서 염불을 하시거나 언문 책을 읽으시던 모습은 늘 따스했다. 아들에게 가져갈 음식을 준비하시던 정갈한 모습에서는 범접할 수 없는 성스러움마저 느껴졌다.

초등학교 다닐 때 내가 쓴 편지를 보시고는 할머니가 인사법, 편지 쓰는 법 등을 세세하게 가르쳐주시던 기억이 난다. 초등학교 4학년 때부터 집을 떠나 있었던 나는 방학이 되면 묵곡리 집으로 돌아와 할머니 방에서 지냈다. 나에게는 어머니보다 할머니가 더 가까웠다. 내가 농담으로 "할아버지를 닮았으면 좋았을 텐데 할머니를 닮아 우리가 못생겼어!"라고 하면 웃으시면서 "그렇지? 그래도 내 눈에는 너희들이 세상에서 제일 예쁘다"라고 말씀하곤 하셨다. 그런 할머니가 큰아들을 절로 보내고 할아버지의 화풀이를 몸소 다 받아내셨을 것을 떠올리면 큰 생채기가 난 것처럼 마음이 아프다.

세상 이치를 잘 아는 영민한 분이셨던 할머니는 아들이 출가하자 참선공부를 시작했고, 철마다 안거에 들어갈 만큼 공부에 열중하셨다. 일 년에 몇 달씩 절에 가서 수행하며 지내고 돌아오신 할머니 몸에서는 알지 못할 향기가 났다. 아버지 큰스님의 훤한 인물은 할아버지를, 명석한 머리는 할머니를 닮은 것 같다.

할머니는 몸이 약한 아들을 위해 계절 따라 약과 의복을 준비해서 큰스님이 공부하는 곳으로 찾아갔다. 그러나 큰스님은 얼굴 한 번 보여주지 않았다. 하는 수 없이 준비해 간 물건들을 절 앞 바위 위에 올려놓고 돌아와 한참 지난 뒤에 다시 가보고 바위 위가 깨끗하면 아들이 가져간 것으로 생각하고 마음이 놓여 발길을 돌렸다. 그러나 올려놓은 물건이 널브러져 있으면 어찌나 마음이 아픈지 앞이 캄캄하여 하늘과 땅이 분간되지 않았다고 한다.

한번은 큰스님이 계신 범어사 원효암으로 찾아갔더니 동화사 금당선원에 있다가 은혜사, 운부암을 거쳐 금강산으로 갔다는 말을 듣게 되었다. 큰스님이 금강산 마하연에서 정진했던 해가 1940년이었으니 출가한 지 4년쯤 지났을 때였다.

할머니가 천 리 길을 물어물어 온갖 고생을 감내하면서 금강산 마하연까지 찾아갔는데 큰스님은 "이렇게 먼 길을 왜 오셨소!" 하고 고함부터 치며 냉대가 이만저만이 아니었다. 할머니는 "아니, 난 니를 보러 오지 않았다! 하도 금강산이 좋다고 해서 금강산 구경하러 왔제!"라고 했다. 이 대답에 큰스님도 더 이상 말을 잇지 못하셨다고 한다.

그 상황에서 도대체 무슨 말을 더 할 수 있겠는가. 요즘처럼 교통편이 좋은 때도 아닌 일제강점기의 어려운 시절, 그 먼 길을 찾아온 어머니와 그분을 마주한 아들의 기막힌 심정은 당사자들만이 알 것이다.

급기야 할머니로 인해 대중공사(선방 전체 회의)가 열렸다. 먼 길을 오신 어머니를 모시고 금강산 구경을 시켜드리든지 아니면 마하연에서 퇴방하든지 둘 중 하나를 택하라는 대중공사의 준엄한

명이 떨어졌다. 부처님도 따라야 하는 대중의 뜻이 큰스님에게 내려진 것이다. 수행 공동체에서 대중의 뜻은 누구나 따라야 하는 법도이고 출가의 법규이다.

다음 날부터 큰스님은 점심 도시락을 준비하여 할머니를 모셨다. 개울이 나오면 손을 잡아 건너고, 험한 오르막길을 만나면 등에 업고 오르고, 넓고 평평한 바위가 보이면 앉아 함께 쉬기도 하면서 만폭동, 보덕암, 묘길상, 장안사, 삼불암, 표훈사, 정양사 등의 내금강과 신계사, 옥류동, 법기암, 구룡폭포, 상팔담, 만물상 등의 외금강을 두루 구경했다.

"아들 등에 업히기도 하고 떠밀리기도 하고 험한 곳에서 손과 팔을 잡혀 이끌리기도 하면서 보낸 일주일이 꿈인지 생시인지 분간이 서질 않았는기라. 그렇게 기쁠 수가 없었제. 하도 좋아서 극락세계가 따로 없다는 생각까지 했는기라."

몇 해 전, 당시 총무원장이셨던 고산스님을 모시고 사부대중(四部大衆, 비구와 비구니, 남자 신도와 여자 신도들을 이르는 말)과 함께 그림과 사진으로만 보았던 금강산에 가게 되었다. 금강산으로 접어드니 '이곳이 그 옛날 자운스님, 아버지 큰스님 등 선지식들께서 정진하시던 곳이구나' 하는 생각이 들어 감회가 깊었다.

차편으로 와도 힘든 이곳을 할머니가 그 멀리서 오셨다고 생각하니 만감이 교차했다. 그 시절 길을 떠나려면 많은 것을 준비해야 했는데, 그것들을 이고지고 저 멀리 지리산 자락에서 이곳까지 아들을 찾아오셨을 할머니의 일편단심 모성애에 가슴이 저려왔다.

불교에 귀의한 할머니는 해인사에서 자운스님으로부터 보살계를 받았다. 그때 받은 불명이 초연화(超然華)였다. 그 뒤로 할머니는 세속에서 불자로 반듯하게 사셨다. 계를 지키며 채식을 하고, 동안거와 하안거(夏安居)에는 진주 월명암, 정취암 등에서 열심히 정진하셨다.

정취암에서 정진하던 어느 날 밤에 스님들과 함께 포행(산책)을 하고 돌아오는데 대나무 숲에서 호랑이 눈 같은 큰 불빛 두 개가 보였다. 같이 갔던 보살들은 무서워 쳐다보지도 못하고 숨죽여 살금살금 기어갔는데, 담력이 센 할머니는 호랑이가 스님들의 길을 안내해 주는 것이니 조금도 무서워 말고 정진만 열심히 하라고 안심시켰다.

큰스님이 출가한 지 20년 후, 내가 집을 나온 이듬해에 할머니는 묵곡리 집에서 가족들과 국일암의 성원 노스님이 지켜보는 가운데 임종하셨다. 성원 노스님이 할머니가 돌아가시기 얼마 전에 "아직도 화두가 있습니까?" 하고 물으니 "성성하다" 하셨다고 한다. "내일 갈 것이니 죽기 전에 삭발을 부탁한다" 하시며 "다음 생에는 출가하여 불필의 상좌가 되겠다"고 하셨다는 말씀을 성원 노스님으로부터 전해 들었다.

> 천생 만생의 기나긴 인연
> 끝없이 흐르는 영겁의 세월 속에서
> 다시 환생하시어
> 부처님 제자 되어 생사 해탈의
> 영원한 대자유인이 되기를
> 굳게 원을 세우신 것입니다.
> 끝없는 열정과 정진으로 마지막까지
> 허망한 세상의 인연을 벗어나
> 성불의 원을 세우며
> 자랑스러운 성철스님의 어머니라는 자긍심과
> 흔들림 없는 신심으로 장한 모습을 남긴
> 나의 할머니, 아니 성철스님의 어머니 초연화 보살님!
> 할머니께 감사드립니다.

이 책을 쓰면서 할머니께 쓴 내 마음의 편지다.

가슴에 묻은 어머니의 꿈

나의 출가에 가장 당황하고 기가 막힌 사람은 어머니였다. 층층시하 시부모님이 계셨기에 남편이 집을 떠나도 말 한마디 못하고 답답하고 서러운 마음을 안으로만 삭였을 어머니. 나의 어머니 이덕명은 동글납작한 얼굴에 항상 옷매무새가 단정한 멋쟁이였다.

갓 시집왔을 때 얼마나 인물이 훤했는지 동네사람들이 붙인 별명이 '물 찬 제비'였다. 외가가 넉넉한 집안이어서 시집올 때 소 몇 마리와 노비를 함께 데리고 왔다고 한다. 어머니가 시집온 뒤에는 외삼촌이 백조악기를 운영했다.

어렸을 때 어머니는 외할머니 곁에서 귀 너머로 들은 한시를 줄줄 외울 만큼 총명했고, 한글을 익힌 후에는 읽은 소설을 친지들에게 이야기로 들려주곤 했다고 한다. 열일곱 살에 세 살 아래인 아버지와 혼례를 올리고 스물넷에 큰딸 도경을, 스물아홉에 나를 낳았다.

혼례를 치르던 날, 친척과 친구들 앞에서 노래를 부르는 풍속에 따라 아버지가 노래를 불렀다는데 그 가사가 이랬다.

> 달아달아 밝은 달아 이태백이 놀던 달아
> 저기저기 저 달 속에 계수나무 박혔으니
> 은도끼로 찍어내고 금도끼로 다듬어서
> 초가삼간 집을 짓고 양친부모 모셔다가
> 천년만년 살고지고 천년만년 살고지고

노래를 들은 어른들이 '이 세상에 살 사람이 아니다'라고 했다는데, 어른들의 예감이 틀리지 않아 어머니가 서른이 채 되지 않았을 때 아버지는 절로 떠나버렸다. 그리고 마흔이 안 되었을 때 큰딸이 먼저 저 세상으로 떠나 가슴에 묻어야 했다.

큰스님 열반 후, '이영주 서적기(書籍記)'가 발견되었는데 스물한 살에 직접 정리한 것이었다. 여기에 보면 《행복론》, 《순수이성비판》, 《실천이성비판》, 《역사철학》, 《장자남화경(莊子南華經)》, 《소학》, 《대학》, 《하이네 시집》, 《자본론》, 《유물론》과 신구약 성경 등 동서고금의 철학 서적 70여 권의 목록이 기록되어 있다. 몸은 세속에 있었지만 직접 읽은 서적들의 영향 때문에 마음은 영원에 머물러 있었을 큰스님의 내면을 평범한 어머니가 이해하기는 어려웠을 것이고, 어머니의 결혼 생활 역시 평탄할 수 없었을 것이다.

10년 만에 돌아오겠다는 말 한마디를 던져놓고 집을 떠나 돌아오지 않는 지아비에게 원수를 갚는 길은 "이 딸 하나를 반듯하게 잘 키워 이 세상에 제일가는 사람으로 만들어 그 앞에 당당히 내세우는 것이다"라고 했는데, 그 딸마저 자신의 꿈을 무참히 짓밟고 속세를 떠나버리고 말았다.

어렸을 때부터 비단옷을 해 입히고, 떠나오는 날까지 속옷까지 빨아 대령했던 어머니였다. 진주사범을 다닐 때에도 과외 선생이 남자라 마음이 안 놓여 공부하는 데까지 쫓아다니며 딸을 지킨 분이다. 그렇게 애지중지하며 키웠는데 마음 한번 제대로 주지 않은 채 곁을 떠나버린 딸에 대한 배신감은, 어쩌면 출가한 남편에 대한 배신감보다 더 컸을지도 모른다. 아내의 입장보다 어머니의 입장에 섰을 때 더 약해지는 것이 여자의 마음인 것이다.

어머니는 내 마음이 절에 가 있다는 것을 알아채고 몇 번이나 애원하듯 말했다.

"대학을 졸업하고 가면 그때는 고마 내가 안 말릴기라."

어머니는 혹시 딸이 대학을 다니는 동안 마음이 바뀔지도 모른다는 일말의 희망을 품고 있었을 것이다. 이와 반면에 할머니는 참선공부를 깊이 하셨기 때문에 출가의 길이 수승하다는 것을 알고 계신 분이었다. 어쩌면 할머니는 침묵과 무언을 통해 내 출가의 길을 응원하셨는지도 모른다.

할머니가 금강산에서 공부하고 있는 아버지 큰스님을 찾아가려고 길을 나설 때, 어머니는 할머니에게 편지 한 통을 내밀며 전해달라고 했다. 그 내용은 알 길이 없지만 아마도 원망과 회한이 가득하지 않았을까 싶다. 하지만 큰아들의 성격을 아는 할머니는 끝내 며느리의 편지를 전하지 못한 채 그냥 집으로 돌아왔다. 할머니로부터 직접 이야기를 들은 막내 고모는 나에게 이렇게 들려주었다.

"편지를 전하지 못하고 집엘 오는데, 집 가까이 오니까 미안한 마음 때문에 눈물이 왈칵 쏟아지고 발이 앞으로 나가질 않았다는 기라."

내가 대학 진학을 포기하자 어머니는 '오늘은 저 애가 또 무슨 말을 하려는가' 하고 불안한 마음으로 하루하루를 보내는 기색이 역력했다. 대학을 졸업하고 가라는 어머니의 청을 물리치고 결국 집을 떠나자, 외로움과 서러움을 삭이지 못한 어머니는 진주 월명암에 계시던 성원스님의 안내를 받아 파계사 성전암으로 큰스님을 찾아갔다고 한다. 큰스님과 담판을 지으려 했다는 것이다.

당시는 큰스님이 철조망을 두른 채 정진하던 때라 누구도 큰스님의 허락 없이는 들어갈 수 없었다. 하지만 거기까지 가서 물러날 수는 없었다. 당시 성전암에는 행자 세 명이 큰스님을 모시고 있었는데, 그중 한 사람이었던 동업행자(천제스님)에게 들은 이야기다.

"인기척이 나서 밖으로 나가보니 웬 젊은 부인이 스님 뵙기를 청해요. '큰스님께선 지금 아무도 안 만나주시니 그냥 돌아가주십시오'라고 했는데도 스님을 만나야 한다는 말만 반복해요. 해질 무렵이 되자 그분이 어딜 갔는지 사라졌어요. 당연히 돌아갔나 보다 하고 저녁 공양을 마쳤죠. 공양이 끝나고 큰스님이 시자실로 오셔서 막 말씀을 하시려고 하는데, 우당탕 문이 부서지는 소리가 나더니 낮에 보았던 그분이 들이닥치는 거예요."

바로 그때 큰스님이 크게 고함을 치셨다는 것이다.

"빨리 쫓아내! 뭐 하노? 빨리 쫓아내라니까!"

어머니는 아무 말도 하지 않은 채 큰스님을 쳐다만 보고 있었고, 시자들은 영문도 모른 채 어머니를 쫓아내려고 팔을 잡아당겼다. 그러자 어머니가 외마디 소리를 지르셨다.

"스님, 내가 할 말이 있어 왔소!"

사람이 얼마나 황소고집이기에 하루 종일 숨어 있다가 난데없이 나타났는지, 또 큰스님은 왜 그렇게 화가 났는지 모른 채 시자들은 어머니를 성전암에서 파계사까지 끌고 내려왔다. 그때서야 단념했는지 어머니가 "휴" 하고 한숨을 내쉬었다.

"행자님들, 내 다시 올라가지 않을 건게 인자 놓고 올라가보소."

천제스님은 당시의 일을 이렇게 전했다.

"성전암으로 올라와 큰스님께 '저 밑까지 쫓아버리고 왔습니다' 하고 보고했더니 아무 말씀 없으시기에 그냥 어떤 신도가 찾아왔다가 쫓겨난 줄 알았죠."

그분이 나의 어머니라는 사실을 천제스님이 알게 된 것은 몇 해가 지난 후였다. 할아버지가 운명하셨다는 소식이 성전암에 닿자 큰스님은 동업행자에게 문상을 다녀오라고 했다.

"상가에 도착해 문상을 하고 일어서려고 하는데, 소복을 입은 맏며느리가 어디서 많이 본 듯한 얼굴인 거예요. 어디에서 봤나 하고 한참 생각하다가 정신이 번쩍 들었어요. 몇 년 전 저녁 무렵에 억지로 쫓아낸 그 부인인 겁니다. 얼마나 무안하고 참담한지, 쥐구멍이라도 있으면 들어가고 싶었습니다."

어머니가 쫓겨날 것을 뻔히 알면서 큰스님을 찾아간 것은 '그렇게 도가 좋으면 혼자 가면 되지 왜 하나밖에 없는 딸까지 데려가느냐? 딸만이라도 돌려주면 이 세상 누구 못지않게 훌륭한 사람을 만들어볼 것이요' 하고 담판을 짓고 싶어서였다. 그런데 말 한 마디 꺼내보지 못하고 쫓겨나고 말았으니, 빈 걸음으로 돌아오던 그 심정은 또 어떠했을까.

어렸을 때부터 나는 어머니를 짐짓 냉담하게 대했다. 나에게 너무 집착하는 것이 부담스러워 매달리면 매달릴수록 멀리 달아났다. 방학 때 묵곡리 집에 돌아가도 할머니 방에서 지낼 정도로 어머니에게 곁을 내어주지 않은 나였다. 내가 출가한 이듬해에 할머니가 돌아가시고 또 몇 해 후에 할아버지가 세상을 떠났으니 어머니의 외로움과 서러움은 세월이 갈수록 더했을 것이다.

내가 공부한다고 집을 나가겠다고 했을 때, 내가 돌아올 것이라고 생각했던 사람은 숙모뿐이었다. 숙모는 상심해 있는 어머니에게 "저 애는 고집이 세서 중노릇 못하고 돌아올 테니까 걱정하지 마세요" 하고 위로했다고 한다.

3년 안에 도를 깨치고 돌아오겠다는 말을 믿고 있던 어머니는 10년을 기다려도 딸이 돌아오지 않자 석남사로 나를 찾아왔다. 한창 공부에 열을 올리고 있던 나는 10년 만에 만난 어머니를 더욱 냉정하게 대했다. '그동안 어떻게 지내셨느냐'는 말 한마디는 물론, 따스한 눈길 한번 건네지 않았다. 큰스님이 나에게 그랬듯이 인정에 끌리면 부모를 지옥으로 인도하는 것이라는 판단으로 어머니를 지나가는 행인처럼 대한 것이다.

"세속은 윤회의 길이요 출가는 해탈의 길이니, 해탈을 위하여 세속을 단연히 끊어버려야 한다"는 큰스님의 말씀을 뼛속 깊이 새기고 공부할 때였다. 아마 지금 어머니가 찾아오셨더라도 그러했을 것이다. 인연을 끊어내지 않고는 생사해탈을 하여 영원한 자유를 얻을 수 없기 때문이다.

어머니는 "독사보다 더 지독하다!" 하시면서 끝내 발길을 돌리고 마셨다.

그러나 어머니 역시 불가의 인연을 어찌할 수 없었는지 다시 석남사에 오셔서는 나의 은사 스님이신 인홍스님의 법문을 듣고 출가하셨다.

비록 일찍 세상을 떠났지만 출가를 꿈꾸었던 언니, 평생 화두를 여의지 않은 채 임종을 앞두고 삭발한 후 세상을 떠나신 할머니, 완고한 유학자였으나 돌아가실 때는 "이놈들아, 나는 성철스님에게로 간다"고 말씀하시면서 눈을 감으신 할아버지, 오십 대 중반에 세속의 모든 것을 버리고 출가한 어머니. 이러니 '우리 집안은 전부 전생의 스님들이 온 것 같다'는 내 생각을 누가 틀리다고 하겠는가.

영원에서

영원으로

3장

친필 법문 노트

자기가 본래 부처이거늘
그것을 모르니

수행자는 가난부터 배워야

"졸업하고 한 달 후 부산역에서 만나자."

월명암에서 헤어지면서 백졸스님과 그렇게 약속했던 나는 집을 나온 뒤 부산역에서 그를 만나 함께 대구행 기차에 올랐다. 파계사 성전암에 계신 아버지 큰스님을 찾아가기 위해서였다.

신심이 깊었던 백졸스님의 어머니는 딸이 공부하러 가는 것을 지지해 주었던 터라 역까지 전송을 나오셨다. '공부 잘해라' 하시면서 우리를 격려해 주었던 어머니는 그 후에도 우리가 공부하는 곳을 찾아와 필요한 것을 챙겨주고 가셨다.

기차 안에서 내가 물었다.

"아버지께는 뭐라고 말씀드리고 집을 나왔어?"

"의대 시험을 준비하기 위해서 절에 들어가 공부할 작정이라고 했지."

그의 아버지는 그 말을 철석같이 믿고 어두운 산속을 다니려면 필요하다며 손전등까지 사서 가방에 넣어주었다고 했다. 공부를 더 해서 의사가 되고 싶고 시인도 되고 싶었던 백졸스님은, '큰스님께서 한 길로만 가면 참 좋은 게 있다고 하시는데 그렇게 좋다는 데가 어디인가' 그것이 궁금했다고 했다. 그리고 화두를 풀면 진정으로 행복할 수 있겠다는 결론이 내려지자 조금의 망설임도 없이 집을 나왔다는 것이다. 그는 결의에 차서 말했다.

"큰스님께서 화두를 놓치면 살아 있어도 송장과 같다고 하셨잖아. 살아 있으면서 송장 노릇 하면 마이너스 인생이라고 생각해. 마이너스 인생으로 살 수는 없지."

당시 천제굴을 떠나 경북 달성군 파계사 성전암으로 거처를 옮기신 큰스님은 성전암에서 10년 동안 머물면서 한 번도 문 밖으로 나오지 않고 치열하게 용맹정진하셨다. 큰스님의 개인사에서는 물론 한국불교사에서도 이 '동구불출(洞口不出, 일주문 밖으로 나가지 않고 정진하는 금족의 수행) 10년'의 의미는 깊다. 10년이라는 오랜 기간 동안 철조망을 쳐놓고 외부 사람들은 만나지 않은 채 수많은 경전과 조사어록(祖師語錄)을 살펴봄은 물론, 수학과 과학 등 다른 학문도 연구하셨다. 경전을 읽고 참선하면서 한국불교의 앞날을 준비한 것이다.

'동구불출 10년'은 훗날 김용사에서의 사자후 법문과 해인사에서의 백일법문을 위한 준비 기간이기도 했는데, 큰스님은 김용사 법문과 해인사 백일법문을 통해 훗날 '성철불교'라 불리게 된 독보적인 불교 이론과 실천 논리를 확립했다. 대중들에게 큰스님의 논리정연함과 해박함을 각인시킨 김용사 법문은 이후 '운달산 법문'이라는 이름으로 유명해졌고, 현재 백일법문은 불교의 정수를 고스란히 담아낸 결정체로 평가받고 있다. 바깥에서는 대처승과 비구승의 투쟁인 불교정화운동이 한창이던 때, 시류를 멀리하고 한국불교의 내적 정화를 위해 몰두한 정진의 산물이었다.

성전암에 도착해 큰스님에게 삼배를 올리고 말씀을 드렸다.
"참선공부를 하기 위해 집을 나왔습니다."
"급할수록 돌아가라!"
큰스님과 내가 닮은 점이 있다면 필요 없는 말은 안 하고 필요한 말은 요약해서 한다는 것이다. 집을 나왔다는데도 큰스님은 그 말씀뿐이었다.
그때는 '급할수록 돌아가라'는 말이 무엇을 의미하는지 깨닫지 못했다. 부처님께서 6년 만에 깨친 도를 3년 안에 깨쳐야 한다고 생각했으니, 얼마나 마음이 급했겠는가. 나는 한번 결정한 일은 집중해서 몰아붙이는 성격이다. 머뭇대지 않고 돌진하는 이른바 급행열차다. 그러한 성격, 3년 만에 끝내리라는 급한 마음이 없었다면 그토록 아끼고 사랑하는 사람들을 한순간에 등지지는 못했을 것이다.

큰스님께서는 나의 그러한 마음을 알고 급할수록 돌아가라고 하신 것이었다. 큰스님은 젊은 우리에게 시간이 필요함을 아셨을 것이다. 일을 성취하는 데 시간이 필요한 것이 어디 도(道)의 길뿐이겠는가. 수많은 각고의 시간과 정성, 고도의 극기와 자제가 필요한 것이 인생의 길 아닌가. 그 앞에 우리는 천둥벌거숭이 어린아이에 불과했을 터이니 그렇게 단 한마디로 잘라 말씀하셨을 것이다.

큰스님은 우리에게 출가하라는 말씀을 하지 않으셨다. "수행자는 가난부터 배우고 하심(下心)해야 한다"고 말씀하시면서 "저 마을에 내려가 탁발부터 해보거라" 명하셨다.

이미 큰스님의 말씀은 우리에게 법이었다. 당장 아랫마을로 내려간 우리는 한 집에 들어가 "밥 좀 주세요" 하고 청했고 그 집 며느리가 한상 차려다주었는데, 잘 먹고 돌아와 큰스님께 말씀드렸더니, "쯧쯧, 아직 멀었구나" 하며 혀를 차셨다.

남에게 빌어먹는 일은 하심이 되지 않으면 안 된다. 비구라는 말이 '빌어먹는 자'라는 뜻이듯, 수행자는 평생 동안 내 것을 소유하지 않고 빌어먹으면서 공부만 하는 사람이어야 한다. 큰스님께서는 수행자의 기본은 하심과 무소유이며, 그래야 공부할 수 있다는 것을 깨우치게 하고 싶으셨던 듯하다.

하루 빨리 공부하고 싶었던 우리는 훌륭한 스님들이 태백산 홍제사에서 정진한다는 이야기를 듣고 그리로 가기로 결정했다. 안정사 천제굴에서 큰스님을 극진히 모셨던 법전스님은 이렇게 조언해 주었다.

"홍제사에서는 잡곡만 먹고 지내는데 그곳으로 바로 가면 적응이 안 될 것이니, 해인사 말사인 청량사에서 한 철 나고 그리로 가는 것이 좋겠다."

그 말씀을 듣고 해인사에서 조금 떨어져 있는 매화산 자락의 청량사로 갔다.

큰스님께서 써주신 수행자 교과서

청량사로 떠나는 우리에게 큰스님께서 노트 한 권을 내놓으며 둘이 함께 보라고 하셨다. 큰스님께서 직접 쓰신 법문 노트였다. 처음 발심(發心)하여 출가한 수행자들이 굳은 신심으로 열심히 수행하기를 바라는 마음에서 써주신 것으로, 수행에 대한 지침이 담겨 있었다.

큰스님께서는 부처님처럼 영원한 대자유인이 되겠다고 집을 나온 스무 살 예비 수행자들을 어떻게 공부를 시킬까 생각하셨을 것이다. 더구나 정식으로 출가한 것도 아니고 짧은 기간에 공부를 마치고 집으로 돌아갈 생각인 어린 구도자들이었으니, 불교의 기초를 가르치고 신심을 키워줄 방법을 여러모로 궁리하셨을 것이다.

나는 이 노트를 생명처럼 품에 지니고 다니며 보고 또 보면서 모두 외워버렸다. 법문 노트는 그대로 경전이요 귀한 생명수 같은 것이었다.

수도자에게 주는 글, 납자에게 주는 열 가지 당부〔納子十偈〕, 수도팔계(修道八戒) 등의 법문은 나에게 피가 되고 살이 되었고, 법문 노트는 서릿발처럼 신심을 솟구치게 하고 도의 길에서 절대 물러서지 않게 하는 교과서가 되었다.

우리는 이 법문 노트 앞에 그 어떤 이름도 붙일 수 없다는 뜻으로 '백비(百非)'라고 써놓았다.

법문 노트의 글들을 읽은 나는 신심이 북받쳐올라 목숨을 내놓고 공부하고 싶은 간절한 마음뿐 아무것도 눈에 들어오지 않았다. 특히 옛 스님들이 공부한 이야기를 읽으면서는 어서 빨리 그분들처럼 공부해서 도를 깨쳐야 되겠다는 일념뿐이었다.

'이렇게 공부하면 영원한 대자유인이 되겠구나!'

얼마나 신심이 났는지 우리는 '병이 나도 병원에 가지 말고 법당에 가서 부처님께 절하고 감로수를 얻어먹자'고 약속했다.

지금 읽어봐도 큰스님의 법문은 명철하면서도 현대적인 언어로 쓰여 있어 귀에 쏙쏙 들어온다. 1950년대, 그러니까 큰스님의 연세 사십 대 중반에 작성하신 것인데 어쩌면 그렇게 내용이 일목요연하고, 문장 또한 군더더기 하나 없이 논리정연한지 놀라움을 금할 수 없다.

단정하게 써내려간 큰스님의 법문 노트는 다음과 같은 머리말로 시작되었다.

호화코 부귀코야 맹상군만 하련마는
백 년이 못하여서 무덤 위에 밭을 가니
하물며 여남은 장부야 일러 무삼하리오

과연 그렇다. 생자필멸은 우주의 철칙이라. 대해거산(大海巨山)도 필경은 파멸하거든 하물며 그 사이에 끼어 사는 구구한 미물들이랴! 천하에 없는 부귀영화를 누리는 영웅호걸이라도 결국은 죽음을 못 면해서 소나무 밑에서 티끌이 되나니, 모든 부귀영화는 일장춘몽에 불과하지 않는가. 그러므로 '낙양성 십 리 허에 높고 낮은 저 무덤에 영웅호걸이 몇몇이며 절세가인이 몇몇이냐'라고 노래함도 이 소식을 전하여 주는 것이다.
초로인생(草露人生), 초로인생, 풀잎의 이슬 같은 인생!
들판의 저 화초는 겨울에는 죽었다가 봄이 오면은 다시 꽃이 피건마는, 오직 이 인간은 한 번 죽으면 아주 가서 몇 천 년의 세월이 바뀌어도 다시 돌아오는 이 없으니, 우주는 인생의 분묘라 함은 이를 두고 이름이라. 참으로 영원한 비극이 아닐 수 없는 것이다.

만고영웅 진시황은 천하를 통일한 후에 아방궁을 크게 짓고 밤을 새워가며 천하 풍류를 다하여 이 설움을 씻어보려고 노력하였건마는 순식간에 여산(驪山)의 한 줌 흙이 되고 말았으니, 이러한 발악은 교수대에 오르는 죄수의 가무(歌舞)에 불과한 것이다.

그러면 인생은 영원한 비극에서만 그치고 말 것인가? 어떠한 일루(一縷)의 희망이 있는가? 다음을 자세히 읽어보라.

큰스님은 사람이 영원히 사는 것임을 보여주는 많은 실례를 들어가면서 다음과 같이 법문을 써놓으셨다.

부처님께서 도를 깨치시고 처음으로 외치시되 "기이하고 기이하다. 모든 중생이 다, 항상 있어 없어지지 않는[常住不滅] 불성(佛性)을 가지고 있구나! 그것을 모르고 헛되이 헤매며 한없이 고생만 하니, 참으로 안타깝고 안타깝다"고 하셨다.

이 말씀이 허망한 우리 인간에게 영원불멸의 생명체가 있음을 선언한 첫 소식이다. 그리하여 암흑 속에 잠겼던 모든 생명이 영원한 구원의 길을 얻게 되었으니, 그 은혜를 무엇으로 갚으랴. 억만 겁이 다하도록 예배드리며 공양 올리고 찬탄하자.

영원히 빛나는 이 생명체도, 도를 닦아 그 광명을 발하기 전에는 항상 어두움에 가리어서 전후가 캄캄하다. 그리하여 몸을 바꾸게 되면 전생(前生)일은 아주 잊어버리고 말아서, 참다운 생명이 연속하여 없어지지 않는 줄을 모른다.

도를 깨치면 봉사가 눈뜬 때와 같아서 영원히 어둡지 않아, 천번 만번 몸을 바꾸어도 항상 밝아 있다. 눈뜨기 전에는 몸 바꿀 때 아주 죽는 줄 알았지마는, 눈뜬 후에는 항상 밝아 있으므로 몸 바꾸는 것이 산 사람 옷 바꿔 입는 것과 조금도 다름이 없는 것이다.

눈뜨기 전에는 항상 업(業)에 끄달려 고(苦)만 받고 조금도 자유가 없지마는 눈을 뜨면 대자유와 대지혜로써 영원한 행복을 누리게 되는 것이다.

이것을 우리의 실생활에서 보면, 아무리 총명과 지혜가 있는 사람이라도 도를 깨치기 전에는 잠이 아주 들어서는 정신이 캄캄하여 죽은 사람과 같이 아무것도 모른다. 그러나 도를 깨친 사람은 항상 밝아 있기 때문에 아무리 깊이 잠을 자도 캄캄하고 어두운 일이 절대 없다.

이것이 명(明)과 암(暗)을 초월한 절대적 광명이며, 곧 불성의 자체이다.

그러므로 참으로 도를 깨쳤나를 시험하려면 잠을 자보면 스스로 알게 되는 것이다. 천하 없이 크게 깨친 것 같고 모든 불법 다 안 것 같아도, 잠잘 때 캄캄하면 참으로 바로 깨친 것이 아니다. 그러므로 예로부터 큰 도인들이 여기에 대해서 가장 주의하였던 것이다.

　상주불멸하는 법성을 깨치고 보면, 그 힘은 상상할 수도 없이 커서 비단 세속의 학자들만 설명할 수 없는 것이 아니다. 부처님께서 "내가 말하는 법성은 깨치고 보면 다 알 수 있을 것이니, 이 것은 시방세계의 모든 부처님이 일시에 나서서 천만 년이 다하도록 그 법성을 설명하려 하여도 털끝 하나만치도 설명하지 못할 만큼 신기하다. 시방허공(十方虛空)이 넓지마는 법성의 넓이에 비교하면 법성은 크나큰 바다와 같고 시방허공은 바다 가운데 조그마한 거품 같다. 허공이 억천만 년 동안 무너지지 않고 그대로 있지만 법성의 생명에 비교하면 '눈 깜짝할 사이에 불과하다'"고 하시니, 이것이 시방세계의 모든 부처님의 설명이다. 이러한 거룩한 법을 닦게 되는 우리의 행복이란 어디다 비유할 수 있겠는가?

　그러므로 고인(古人)은 이 법문 한마디 들으려고 전신을 불살랐으니, 이 몸을 천만 번 불살라 부처님께 올려도 그 은혜는 천만 분의 일도 갚지 못할 것이다. 오직 부지런히 공부하여 어서 빨리 도를 깨칠 때, 비로소 부처님과 도인 스님들의 은혜를 일시에 갚는 때이니 힘쓰고 힘쓰라!

　다음은 참선궁행(參禪窮行, 참선 정진을 실천하는 것)에 대한 법문 내용이다.

부처님께서 아난에게 말씀하셨다.

"설사 억천만겁 동안 나의 깊고 묘한 법문을 다 외운다 하더라도 단 하루 동안 도를 닦아 마음을 밝힘만 못하느니라."

또 말씀하셨다.

"내가 아난과 같이 멀고 먼 전생부터 같이 도에 들어왔는데, 아난은 항상 글을 좋아하여 글 배우는 데만 힘썼기 때문에 여태껏 성불하지 못하였다. 나는 그와 반대로 참선에만 힘써 도를 닦았기 때문에 벌써 성불하였다."

노자도 말씀하였다.

"배움의 길은 날마다 더하고, 도의 길은 날마다 덜어간다. 덜고 또 덜어 아주 덜 것이 없는 곳에 이르면 참다운 자유를 얻는다."

옛 도인이 말씀하였다.

"마음은 본래 깨끗하여 명경(明鏡)과 같이 밝다. 그런데 망상의 티끌이 쌓이고 쌓여 그 밝음을 잃고 캄캄하고 어두워서 생사의 고를 받게 된다. 모든 망상의 먼지를 다 털어버리면 본래 깨끗한 밝음이 드러나 영원히 어두움을 벗어나서 대자유의 길로 들어가게 되는 것이다. 학문을 힘쓰는 것은 명경에 먼지를 자꾸 더하는 것이어서 생사고(生死苦)를 더 깊게 한다. 오직 참선하여야 먼지를 털게 되어 나중에는 생사고를 벗어나게 된다."

또 말씀하였다.

"학문으로써 얻은 지혜는 한정이 있어서 배운 그 범위 밖은 모른다. 그러나 참선하여 마음을 깨치면 그 지혜는 한이 없어, 그 지혜의 빛은 햇빛과 같고 학문으로 얻은 지혜의 빛은 반딧불과 같아서 도저히 비유도 안 된다."

육조대사(六祖大師)는 나무장수로서 글자는 한 자도 몰랐다. 그러나 도를 깨친 까닭에 그 법문은 부처님과 다름없고, 천하 없이 학문이 많은 사람도 절대로 따를 수 없었다.

천태(天台)스님이 도를 수행하다 크게 깨치니, 그 스승인 남악(南岳)스님이 칭찬하며 말했다.

"대장경을 다 외우는 아무리 큰 지식을 가진 사람이라도 너의 한없는 법문은 당하지 못할 것이다."

과연 그래서 천고에 큰 도인이 되었다.

역(易)선사는 고봉(高峯)선사의 법제자이다. 출가해서 심경(心經)을 배우는데, 3일 동안 한 자도 기억하지 못하였다. 그 스승이 대단히 슬퍼하니, 누가 보고 "이 사람은 전생부터 참선하던 사람일 것이다"라고 하여 참선을 시키니, 과연 남보다 뛰어나게 잘하였다. 그리하여 크게 깨쳐 그 당시 유명한 고봉선사의 제자가 되어 크게 법을 폈다. 99세에 입적하시어 화장을 하니, 연기는 조금도 나지 않고 사리가 무수히 쏟아져서 사람들을 더 한층 놀라게 하였다.

부처님께서 말씀하셨다.

"시방세계에 가득 차는 음식, 의복, 금은보화로써 시방세계의 부처님께 공양 올리고 천만년 예배를 드리면 그 공덕이 클 것이다. 그러나 이 많은 공덕도 고(苦) 받는 중생을 잠깐 도와준 공덕에 비하면 천만분의 일, 억만 분의 일도 못 된다."

참으로 지당한 말씀이다. 부처님 제자로서 자기 생활을 위하여 부처님의 본의(本意)를 어기고 부처님 앞에만 '공양 올리라' 한다면, 이는 불문(佛門)의 대역(大逆)이니 절대로 용서치 못할 것이다. 중생을 돕는 법공양을 버리면 광대무변한 부처님의 대자비는 어느 곳에서 찾겠는가? 탄식하고 탄식하지 않을 수 없다.

그러나 이렇게 큰 법공양도 화두만 참구하는 자성공양(自性供養)에 비교하면 또 억만 분의 일도 못 된다. 참으로 자성공양을 하는 사람 앞에서는 백천 제불이라도 칭찬은 감히 꿈에도 꾸지 못하고, 오히려 삼천 리 밖으로 물러서지 않을 수 없는 것이다.

영명(永明)선사가 말씀하였다.

"널리 세상에 참선을 권하노니, 설사 듣고 믿지 않더라도 성불의 종자는 심었고, 공부를 하다가 성취를 못하여도 인간과 천상의 복보다는 훨씬 많다."

이러한 말씀들은 내 말이 아니라 시방제불과 조사들이 함께 말씀하신 것이다.

위법망구(爲法忘軀, 진리를 위해 몸을 잊는다), 진리를 위해 육신을 생각지 않고 공부했던 옛 스님들의 이야기를 큰스님께서는 많은 분들을 예로 들어 써놓으셨다. 여기에 몇 분만 추려 적어본다. 나에게는 이분들의 공부 이야기가 참으로 감명 깊게 다가왔다.

혜가대사 慧可大師

달마대사(達磨大師)가 처음으로 법을 전하려고 중국에 가서 소림사(少林寺) 토굴 속에 들어가 9년 동안 아무 말도 하지 않고 앉아만 있었다. 그때 신광(神光)이란 중이 있어 학식이 뛰어나 천하에 당할 사람이 없었다. 학문으로는 대도를 알 수 없는 줄을 알고 달마를 찾아가서 법을 가르쳐달라고 간청하였으나 돌아보지도 않았다. 섣달 한창 추운 계절인데, 하루는 뜰 밑에 서서 밤을 지내니 마침 눈이 와서 허리까지 묻혔다. 그래도 신광은 조금도 어려워하지 않고 그대로 섰으니 달마대사가 '안 되었다'는 생각이 들었던지 돌아보며 꾸짖었다.

"이 법은 참으로 무서운 결심을 하지 않으면 도저히 성취하지 못하는 것이니, 너 같은 보잘것없는 신심으로 무엇을 하겠느냐? 썩 물러가라!"

신광은 그 말을 듣자 칼을 들어 팔을 끊고는 달마대사에게 바치고 도를 구하는 결심을 표시했다. 달마대사는 그제서야 머물기를 승낙하고 법을 가르치니, 신광이 바로 나중에 법을 이은 유명한 2조 혜가대사이시다.

왕화상 王和尙

혜통(慧通)스님은 신라 사람이다. 그 당시 선무외(善無畏)화상이 인도에서 중국으로 들어와 법을 편다는 말을 듣고, 수륙만리를 멀지 않게 생각하고 신라에서 중국으로 선무외화상을 찾아갔다. 가서 제자로 받아줄 것을 간곡히 청하였으나 시종 거절하였다.

하루는 큰 쇠화로에 숯불을 가득 담아 그것을 이고 무외스님의 방 옆에 가서 서 있었다. 화로가 달아서 머리가 익어 터지니 소리가 크게 났다. 무외스님이 놀라서 나와 보고는 급히 화로를 내려놓고 물었다.

"왜 이러느냐?"

혜통스님이 대답했다.

"제가 법을 배우러 천리만리를 멀다 않고 왔습니다. 만약 법을 가르쳐주지 않으신다면 몸이 불에 타서 재가 되어 날아가면 갔지 죽은 송장으로는 절대로 나갈 수 없습니다."

무외스님이 그 기개를 인정하여 터진 곳을 손으로 만져 합치고 법을 가르쳐주기로 승낙하였다. 그리하여 혜통스님은 크게 깨쳐서 신라로 돌아와 많은 사람을 교화하였다. 그 후 머리가 나은 곳에 큰 흉터가 졌는데, 왕(王)자 모양이 되어 있어서 세상 사람들이 왕화상(王和尙)이라고 불렀다.

포모시자 布毛侍者

초현통(招賢通)선사는 당나라 때 사람이다. 젊었을 때 육관대사(六官大使) 벼슬을 하다가 홀연히 지상의 허망을 깨달아 벼슬을 버리고 집을 나섰다. 그 당시 나무 위에 새집처럼 집을 짓고 사는 이가 있었으니, 유명한 조과(鳥窠)선사이다. 찾아가 "법을 배우겠습니다" 하니 스님은 절대로 듣지 않았다. 그래도 남아서 모든 시봉(侍奉)을 하며 날마다 가르침을 지성으로 빌었다.

오늘이나 내일이나 법을 가르쳐줄까 기다리다가, 세월은 흘러서 16년이나 되었다. 그러나 조과선사는 한 말도 일러주지 않았다. 그때는 하도 기가 막혀서 그만 가려고 하니, 그제야 조과스님이 물었다.

"어디로 가려고 하느냐?"

"다른 곳으로 불법을 배우러 가렵니다."

"불법 같으면 나에게 조금은 있다."

하며 포모(布毛, 실오라기)를 들고 확 부니, 그것을 보고 초현스님이 확철히 깨쳤다. 그 후로도 오랫동안 시봉하다가 나중에 세간에 나아가 큰 도인이 되었으니, 그를 세상에서는 포모시자라 불렀다.

자명선사 慈明禪師

자명선사는 임제종의 대표적인 도인이다. 분양(汾陽)화상 밑에서 지내면서 추운 겨울에도 밤낮으로 정진하였는데, 밤이 되어 졸리면 송곳으로 허벅지를 찌르며 탄식하였다.

"고인은 도를 위하여 먹지도 아니하고 자지도 않았거늘, 나는 도대체 어떤 놈이기에 게으르고 방종하여 살아서는 시절에 보탬이 없고 죽어서는 후세에 이름 없으니 너는 무엇 하는 놈이냐?"

이렇게 정성을 다하여 공부하더니, 후에 크게 깨쳐 분양선사의 도풍을 크게 떨쳤다.

불등선사 佛燈禪師

불등선사는 불감(佛鑑)스님 밑에서 지낼 때에 하도 공부가 되지 않아서, 크게 분심을 내었다.

"만약 내가 금생에 철저히 깨치지 못하면 맹세코 자리에 눕지 않겠다."

이렇게 작정하고, 49일간을 조금도 앉지 않고 선 채로 공부하여 마침내 크게 깨쳤다.

도안선사 道安禪師

도안선사는 중국의 진(晉)나라 때 사람이니, 천고에 드문 천재였으나 도를 깨치려고 홀로 20년 간 방에 들어앉아서 죽을힘을 다하여 공부한 끝에 마침내 깨쳤다.

이암선사 伊庵禪師

이암권(伊庵權)선사는 공부할 적에, 해가 지면 눈물을 흘리며 "오늘도 또 이렇게 헛되이 보냈구나!" 하며 울지 않는 날이 없었다. 그리하여 누구와도 절대로 말을 건네지 않고 지내며 정진하였다.

그 밖에 공부하는 데 필요한 이야기가 많이 있지만 지면 관계로 생략하고 친필 노트 마지막에 있는 수도팔계, 즉 수행자가 지켜야 할 여덟 가지 원칙을 원문 그대로 옮겨본다. 성철 큰스님께서 우리에게 하고 싶었던 말씀이 그대로 담겨 있다.

수도팔계, 희생에서 고행까지

수도팔계 修道八戒

억천만겁토록 생사고를 헤매다가 어려운 일 가운데 어려운 일인 사람 몸을 받고 부처님 법을 만났으니 이 몸을 금생에 제도하지 못하면 다시 어느 생을 기다려 제도할 것인가. 철석같은 의지 서릿발같은 결심으로 혼자서 만 사람이나 되는 적을 상대하듯, 차라리 목숨을 버릴지언정 마침내 물러나지 않으리라.

1. 희생(犧牲)

작은 것을 버리고 큰 것을 취하지 않으면 큰 것을 성취하지 못한다. 오직 영원한 자유를 위해서 일시(一時) 소소한 영화는 완전히 버려야만 한다. 그러므로 일시 환몽(幻夢)인 부모처자, 부귀영화 등 일체를 희생하여 전연 돌보지 않고 오직 수도에만 전력해야 한다.

2. 절속(絕俗)

생사의 근본은 음행에 있나니 이는 제불(諸佛)의 통설이다. 음행을 끊지 못하면 성도(成道)는 못한다. 첫째 체력을 고갈하고, 둘째 정신을 파멸하고, 셋째 항상 애욕에 사로잡혀 무한한 번민과 고뇌가 끊어지지 않고, 넷째 생산 양육에 몰두케 되고, 다섯째 사후 수애(隨愛) 수생(受生)해서 끊임없이 윤회에 빠지게 되나니, 이상으로써 수도의 근본적 방해물임을 알 것이니 오직 끊어야 한다.

3. 고독(孤獨)

수도에는 인정이 원수다. 서로 돕고 서로 생각하는 것이 좋은 것 같지만 이것이 생사윤회의 출발이니 일체의 선인악업(善因惡業)을 다 버리고, 영원의 자유와 더불어 독행독보(獨行獨步)해야 한다. 일반에 있어서 일대 낙오자가 되어 참으로 고독한 사람이 되지 않고는 무상대도(無上大道)는 성취하지 못한다. 그러니 일반인과는 삼팔선을 그어놓고 살아야 한다. 삼팔선을 터놓고 일반인과 더불어 타협할 때 벌써 엄벙덤벙 허송세월하다가 아주 죽어버리는 때를 보내는 것을 각오해야 한다.

4. 천대(賤待)

남에게 대접받을 때가 망하는 때이니 일시의 대접에 팔려 영원한 활로를 잃게 되기 때문이다. 천대받고 괄시받는 때만이 참으로 살아나가는 때다. 나를 좋아하고 따르는 사람은 나를 제일 방해하는 마군(魔軍)이다. 중상모략 온갖 침해로써 나를 적대하는 사람보다 더 큰 은인은 없다. 모든 공부 방해인을 제거해 주고 많은 인내심을 북돋아주어 도를 일취월장케 해주니 그보다 더 큰 은혜가 어디 있을까. 진정으로 합장예배해도 그 은혜는 다 못 갚을 것이거늘 하물며 원한을 품는단 말인가. 고인은 일부러 도적질도 안했는가. 이것이 공부인의 진실 방편이다.

5. 하심(下心)

내 못난 줄 알 때에 비로소 철나는 때이다. 나이 팔십이 넘어도 내 잘난 것이 있으면 아직 철이 안 난 것이다. 무엇을 안다고 그렇게 잘난 척 날뛰는지 참으로 이해 못할 일이다. 내 못난 줄 알고 내 모르는 줄 알고서 일체를 부처님처럼 섬기게 될 때 참으로 도가 높아지는 것이다. 가장 낮은 곳은 자연히 큰 바다가 되지 않는가. 이런 곳이 아니면 광대무변한 도는 들이지 못하는 법이다. 남의 존경과 대접은 총알과 같이 피하고 독사같이 멀리해야 한다. 그리고 누가 무엇을 묻든지 '나는 아무것도 모릅니다'라고 해야 한다.

6. 전념(專念)

한 몸으로 두 길은 못 간다. 영원한 자유는 화두를 바로 깨쳐 자성을 보는 데(見性) 있다. 그 외에는 모두 사로(邪路)다. 몇 백 년 동안 밥 이야기를 해도 배부르지 않는다. 오직 실지로 밥을 먹어야 한다. 그러므로 팔만법보(八萬法寶)도 여기 와서는 마장(魔障)이니 그 외 일체 언어문자리오. 오직 화두만 참구할 뿐이다.

7. 노력(努力)

모든 성공의 대소(大小)는 노력의 여하에 정비례한다. 적은 노력으로 큰 결과를 바라면 미친 사람이다. 영원한 자유는 보통의 노력으로 성취하지 못한다. 고인들은 불언불면(不言不眠), 말하지 않고 잠자지 않고 사력을 다한 부단불휴(不斷不休, 끊어지지 않고 쉬지 않는)의 노력으로 성도했다.

8. 고행(苦行)

모든 타락과 실패는 해태(懈怠)에서 온다. 그리고 신도의 돈은 중을 죽이는 설비상(雪砒霜)이다. 고인이 일일부작 일일불식(一日不作 一日不食, 하루 일하지 않으면 하루 먹지 않는다)의 철칙을 세움도 여기에 있다. 이 철칙을 위반하면 불타께서 선언한바 적국(賊國)에 참가케 되어 성도는 고사하고 지옥만 더 깊어지는 것이다. 땀 흘리며 먹고살아야 한다. 남의 밥 먹고 내 일을 하려는 썩은 정신으로는 만사 불성(不成)이다. 그러므로 부처님의 정법이 두타제일(頭陀第一)인 가섭존자에게 가지 않았는가. 오직 영원한 대자유를 위해 모든 고로(苦勞)를 참고 이겨야 한다.

4장

행자 시절

단발머리 행자들의
초발심

내일은 없다

나는 지금도 청량사 시절의 초발심을 뚜렷하게 기억하고 있다. 초발심일 때가 바로 깨달음의 자리라는 말은 그냥 생긴 것이 아니다. 초발심 때처럼 쭉 밀고 나가면 깨치지 못할 사람이 없을 것이다.

그 시절 나는 상식으로는 거의 불가능할 정도로 나 자신에게 엄격한 생활을 했다. 일반인과는 '삼팔선'처럼 명확히 선을 긋고 항시 '내일이 없다'는 절박한 생각으로 100일 동안 거의 눕지 않았다. 큰스님의 법문 노트가 나의 스승이었고 수행 지침서였다. 거기에서 한 치의 오차도 범하지 않으려고 노력했다.

전쟁과 불교계 내부의 정화 운동(비구승과 대처승 간의 대립으로 인한 불교계의 자정 운동) 직후였던 그때의 청량사는 낡고 볼품없었다. 지금은 많이 변했지만 당시는 서쪽에 자그마한 대웅전이 있었고,

중앙에 요사채를 겸한 작은 선방, 동쪽에 방앗간 정도뿐이었다.

선방 대중으로는 장일스님, 묘찬스님, 현각, 현묵, 혜근, 지수, 원명, 벽해스님과 도의 행자 그리고 삭발하지 않은 단발머리 행자인 나와 옥자(훗날의 백졸스님)가 있었다.

선방에서는 안거에 들어가면 안거 기간에 각자가 맡을 소임을 정하는 용상방(龍象榜)을 짠다. 주지 겸 선방의 입승을 보셨던 장일스님을 필두로 각자가 소임을 정하여 대중이 자급자족하였다. 이때의 하안거 대중의 소임을 정리해 보면 다음과 같다.

입승(立繩)은 선원 대중의 규율과 기강을 세우고 수행 정진을 지도하며, 병법(秉法)과 부전(副殿)은 예불과 불전 의식을 담당한다.

주지는 절의 행정과 재산권을 대표하여 사무를 총괄하며, 공양주는 부처님께 올리는 마지(밥)와 대중들의 공양을 담당한다.

채공(菜供)은 반찬과 국을 담당하고, 원주(院主)는 사찰의 살림살이를 담당한다.

별좌(別座)는 후원(부엌) 살림을 관리하며, 다각(茶角)은 차 담당, 지객(知客)은 절에 오는 손님들을 안내하는 일을 담당한다.

나는 마호(磨糊)였는데, 대중 스님들이 옷에 먹이는 풀을 쑤는 소임이었다. 풀을 한 번도 쑤어본 적이 없던 나는 재료로 받은 밀가루를 큰 물통에 확 풀어버렸는데 풀도 죽도 되지 않아 스님들이 야단이었다. 처음 하는 일은 선배들에게 물어서 해야 하는데 묻지도 않고 했기 때문에 문제가 벌어진 것이다. 나에게는 종종 그런 일들이 생기곤 했다. 누구한테 무엇을 묻지 않고 자란 습관 때문에 그랬던 것 같다. 결국 나는 첫 안거를 소임 없이 지냈다.

예비 수행자인 행자로서의 첫 수행이 시작되었다. 용상방을 싸고 대중들은 본격적인 정진에 들어갔다. 굳이 묵언을 다짐하지는 않았지만, 열심히 정진하다 보면 자연히 묵언 수행이 되었다. 큰스님의 법문 노트를 몇 번씩이나 읽고 신심이 하늘 끝까지 뻗쳐 있던 백졸스님과 나는 함께 약속했다.

"우리 두 번 자지 말자."

스무 살의 청량사 시절, 내 머릿속에 정리된 법문 노트의 개요는 이러했다.

'노력 없는 성공은 없다. 이 육체를 이겨내는 정도만큼 성공이 커지는 것이다. 오직 영원한 대자유를 위해 모든 고통과 수고를 참고 이겨야 한다. 정진은 필사의 노력이 필수이니 등한하고 방일하면 미래겁이 다해도 대도를 성취하지 못한다. 네 시간 이상 자지 말 것. 벙어리같이 지내며 잡담하지 말 것.'

그리고 뼈를 깎는 노력으로 공부했던 옛 선사들의 삶이 머릿속에 입력되어 나의 모델이 되어 있었다. 졸리우면 스님들의 머리맡에 누웠다가 눈을 떠보면 30분이 채 지나지 않았다. 우리는 서로 깨우는 법도 없었다. 일어나보면 한 사람은 벌써 밖에 나가고 없는 시간이 계속되었다. 밤에는 대웅전 앞마당을 거닐기도 하고, 거닐다가 다리가 아프고 피곤하면 대웅전 기둥 한 모퉁이에 기대어 잠깐 쉬었다.

한밤중이면 산속의 짐승들이 얼마나 소리를 크게 내어 울어대는지 처음에는 얼굴이 새파래져 법당으로 들어올 때가 많았다. 백졸스님은 무서움이 없었지만 나는 무서움을 많이 탔다. 그 대신 잠이 없었던 나는 시계가 없어도 항상 일어나고 싶은 시간에 일어났다.

하루는 이렇게 짐승들을 무서워하면 산중에서 어떻게 공부하겠나 싶어 일부러 깊은 밤중에 짐승들의 울음소리가 들리는 곳으로 올라가보았다. 아무것도 없었다. 아무것도 아닌데 혼자 무서워했구나 싶었고, 그 후로는 무서움을 타지 않게 되었다.

사실 우리가 두려워할 것은 어떤 것도 없다. 각자의 업으로 그렇게 느낄 뿐이다. 두려움 때문에 막히고, 막히기 때문에 자유롭지 못한 것이다. 세상의 모든 일은 본래부터 한 물건도 실체가 없음을 깨우쳐야 자유로울 수 있다.

큰스님은 이렇게 말씀하셨다.

"일체의 불행과 불안도 본래 없으니 오로지 우리의 생각에만 있을 뿐이다."

하루 종일 자지 않고 정진에 애쓰다가 앉으면 졸음이 왔다. 그러면 우리는 좌복(坐服, 참선이나 절을 할 때 쓰는 방석) 하나만 들고 청량산 뒷산으로 포행을 나갔다. 우리는 참선이 시작되고 끝나는 입선(入禪)과 방선(放禪)에 구애받지 않고 정진했으며, 청량산이 그대로 우리의 선방이었다.

걸으며 참선을 하는 행선(行禪)을 하다가 너무 피곤하면 한 사람씩 번갈아 소나무에 기대어 잠깐 눈을 붙였다. 10분 정도 지나면 나무 지팡이로 탁! 탁! 쳐서 깨웠다. 묵언을 했기 때문에 그렇게 신호를 주었던 것이다. 아주 피로할 때라도 10분 정도만 쉬고 나면 온몸이 가뿐했다. 경험해 보지 않은 사람은 그 가뿐함을 모를 것이다.

큰스님은 "천하를 속여도 자신은 속이지 못한다. 제 공부의 정도는 자기가 가장 잘 안다"고 하셨다. 가장 중요한 것은 생사 발심이다. 오늘 죽을지 내일 죽을지 모르는데 어떻게 잠이 오는가. 그냥 절이 좋아 절집에 사는 것과 출가의 목표를 생사 해탈에 둔 것 사이에는 엄청난 차이가 있다. 이래도 좋고 저래도 좋으면 왜 스님이 되었는지 그 자체도 잊어버린다.

산으로 포행을 하며 정진하다가 내려오면 몹시 배가 고팠다. 보리쌀을 삶아놓은 바구니가 눈에 띄면 부끄러운 줄도 모르고 상추쌈을 싸서 먹었다. 절 사정이 어려울 때라 꽁보리밥도 얼마나 고마웠는지 모른다.

다행히 나는 어려서부터 잠자는 것, 먹는 것에 대한 집착이 그리 크지 않았던 것 같다. 잠도 일어나고 싶을 때 일어났고, 오래 누워 있지를 못했다. 반찬도 김치 하나 있으면 족했다. 산해진미가 있어도 김치에 손이 가장 먼저 갔다. 김치에 밥을 너무 맛있게 먹었던 탓에, 곁에 있는 사람이 '같이 밥을 먹고 싶다'고 하는 말을 많이 들었다. 지금도 담백한 동치미를 좋아해서 그것만 있으면 족하다.

지금까지 기억에 남는 에피소드가 있다. 늘 다니던 포행 길에 씨를 받기 위해 남겨놓은 고소밭이 있었는데, 고소를 먹지 못했던 행자 시절이라 냄새가 역하다는 생각만 하고 모두 칼로 베어버렸다. 백졸스님과 나는 그럴 때면 눈빛만 봐도 통하는데, 그 날도 약속이나 한 것처럼 고소를 베어버리고는 고소 냄새가 나는 칼마저 도랑에 던져버렸다.

나중에 그 사실을 알게 된 주지 스님께서 우리를 호되게 나무라셨다.

"씨를 거두어놔야 봄에 씨를 뿌리는데, 그냥 몽땅 베어버렸단 말이냐?"

냄새가 싫어서 베어버린 것일 뿐, 뒷일까지 계산하는 나이도 성정도 아니던 시절이었다. 지금은 나도 고소를 좋아한다. 행자 시절에는 냄새가 역하다고 생각했지만 한두 번 먹다 보니 그 독특한 향과 맛에 반해버렸다.

하루는 스님들과 함께 고추밭을 매었다. 그런데 우리가 지나간 자리의 고추들이 모두 부러져버렸다. 밭을 매본 경험이 없어 엉덩이로 고추를 깔고 앉아버렸기 때문이다. 이번에도 주지 스님의 걱정을 들었다. 그러나 처음 하는 일이라는 것을 참작하셨음인지 그리 크게 꾸중하지는 않으셨다.

일하는 데는 서툴렀지만, 노상 주지 스님의 꾸중만 듣는 행자는 아니었다. 밤에 잠을 쫓기 위해 대웅전 앞마당을 거닐고 있으면 주지 장일스님께서 기특하다고 하시며 사탕을 살짝 입에 넣어주셨다. 당시는 사탕이 귀하던 시절이라 장일스님이 아주 자비스럽게 느껴졌다.

집을 떠나오던 날 할아버지가 해주신 말씀이 떠올라 곤경을 면한 일도 있었다. 해제 무렵 한 스님이 산에서 버섯을 따가지고 와서 반찬을 만들어 저녁 공양 시간에 먹었다. '송이 외에는 어떤 버섯도 먹지 말라'는 할아버지의 말씀을 기억하고 있던 나와 백졸스님은 그것을 먹지 않았는데, 버섯을 맛있게 먹었던 스님들과 마을 일꾼들이 쓰러지는 것을 보고서야 독버섯이라는 것을 알았다. 나와 백졸스님은 7일 동안이나 스님들을 간호해야 했고 그분들이 몸을 추스를 무렵에야 청량사를 떠날 수 있었다.

청량사 시절 우리가 얼마나 열심히 정진했는지, 지금 석남사 선원에서 유나(維那) 소임을 맡고 있는 현묵스님이 그때를 회상하면서 한 말이 있다.

"출가도 하지 않은 가시나들이 와서 어찌나 열심히 하는지 출가한 우리들이 부끄럽더라구. 그래서 현각스님과 함께 안거를 마치자마자 제주도로 갔지. 아주 멀찌감치 아무도 없는 외진 곳에 가서 도만 닦을 생각이었다니까."

상기가 나다

　청량사 시절, 하루 평균 30분밖에 자지 않고 화두라는 고삐를 놓지 않으려고 죽을힘을 다해 정진했더니 100일이 지나면서 모든 망상이 다 떨어졌다. 처음에는 대상도 없는 헛된 생각이 여름 하늘의 뜬구름처럼 왔다 갔다 했지만, 나중에는 일상생활에서 화두를 놓을래야 놓을 수 없는 그야말로 화두일념이 되었다. 그때 내가 깨달은 것은 자신이 하고 싶은 것을 하면 피로나 괴로움이 없다는 것이었다.

　이렇게 정진하다 보니 안거를 마치는 해제(解制) 무렵에 잇몸이 붓고 이가 솟아올랐다. 또 말을 하지 않고 지내다 보니 생각이 들어도 곧바로 말이 나오지 않았다. 그럼에도 불구하고 이런 것에 개의치 않고 정진을 계속했다.

무더운 여름철이라 비가 많이 왔고, 특히 해제 무렵에 많이 내렸지만 비를 피하려 추녀 밑으로 들어가지는 않았다. 추녀 밑은 스님들의 생활공간이자 조용한 쉼터이기도 한데, 공부를 빨리 마쳐야 한다는 급한 마음으로 정진을 하다 보니 '휴식'의 필요성을 느낄 새가 없었다.

큰스님께서는 법문 노트에 수도생활(의식주)의 근본정신으로 12두타행(12고행)을 이렇게 적어주셨다.

성하고 새 것은 누가 주더라도 받지 않는다.
여벌 옷은 쌓아두지 않는다.
누구든지 청해서 주는 것은 받지 않고 오직 얻어서만 먹는다.
가난한 집이나 부잣집이나 가리지 않고 차례로 얻어먹는다.
한 번 앉아 먹고 두 번 먹지 않는다.
조금 얻더라도 그것으로 만족하고 더 구걸하지 않는다.
오후에는 과즙과 꿀물도 먹지 않는다.
산이나 들이나 인가와 먼 고적한 곳에서 살고 사람들과 섞이지 않는다.
항상 묘 터에서 사람의 뼈들을 보며 정진하여 무상을 깊이 느껴 발심을 돕는다.
집 안에서 살지 않고 항상 나무 밑에서 공부한다.

나무 밑도 반 집 안 같아서 오히려 애착이 생기는 고로 아무것도 덮이지 않는 곳에 산다.

타락은 게으른 데서 오므로 항상 앉아서 눕지 않고 용맹정진한다.

부처님의 정법이 어째서 두타행 제일 가섭존자에게로 전해졌겠는가. 그것은 다름이 아니라 부처님의 가장 깊고 깊은 진리는 가장 많이 노력하는 사람이 아니면 절대로 받아들일 수 없기 때문이다. 그러므로 두타행 있는 곳에 정법이 있는 것이니 철석같은 굳은 결심으로써 어떠한 어려운 일이라도 능히 이겨나가야 한다.

12두타행을 다 행하지는 못하더라도 근본정신만은 절대로 잊어서는 안 되니 잊는다면 이는 수도인이 아니요 부처님 말씀과 같이 불문의 대적(大賊)이다. 의복은 항상 떨어진 것으로 몸 가릴 정도면 족하니 세상 사람과 같이 잘 먹고 잘 입으려면 출가할 필요가 어디 있는가? 의식은 영양 부족이 안 될 정도, 거처는 바람과 비를 가려 병나지 않을 정도로 취해야지 조금이라도 사치한 것은 절대로 못쓴다.

깊이 인과를 믿어 시주의 물건은 비상(砒霜)과 같이 생각해야 한다. 하루 먹은 밥 세 발우는 근본을 따지고 보면 시주의 피땀인지라 시주의 피 세 그릇을 먹고 사는 것이 아닌가. 그러므로 금생에 도를 깨치지 못하면 한 방울 물이라도 다 갚아야 되나니 어찌 무섭지 않으랴.

힘닿는 곳까지는 자기가 노력해서 생활할 결심을 해야지 무단히 남에게 의지할 생각만 가지면 그것이 곧 지옥이다. 오직 영원한 대자유를 위하여 노력에 또 노력하며 시주물은 비상같이 무서워하고 화살 같이 피할 것이다.

우리에게는 법문 노트가 스승이었으니 저 말씀 그대로 생활하려고 최선을 다해 노력했다. 폭풍이 지나가고 있던 어느 날, 마당가의 큰 감나무 가지가 부러지고 채 익지 않은 감도 다 떨어질 만큼 사납게 비바람이 몰아쳤지만 상관하지 않은 채 비를 다 맞으며 행선을 했다. 눕지 않고 늘 좌선하는 장좌불와(長坐不臥) 수행은 아니었지만 그것 이상으로 애쓴 정진이었다. 뒤는 돌아보지 않고 앞만 보았던 청량사에서의 하루하루였다.

요즈음, 동안거와 하안거 결제 때 석남사 심검당에서 정진하고 있으면 종종 젊은 수좌들이 찾아와 '어떻게 공부해야 합니까?' 하고 묻는다. 그럴 때마다 나는 청량사 초발심 시절을 떠올리며 이렇게 말한다.

"누구든지 사력을 다해서 정진해 봐야 한다. 방선을 알리는 죽비 소리에도 끄달리지 말고 한 번은 열심히 해봐야 자기 공부가 된다.

ⓒ 김민숙

해마다 안거를 나고 있는 심검당 선방에서.
"견성할 때까지 평생 좌복에 앉아 있다 죽는 사람이 가장 행복한 사람이다."
생전의 성철 큰스님께서 자주 하셨던 말씀이다.
심검당에서 살다 조용히 가고 싶다.

자기 공부가 된 상태에서 정진해야만 공부인이라 할 수 있다."

참선자는 화두가 생명이다. 모든 주변의 상황에 흔들리지 않고, 내가 부처라는 큰 믿음〔大信心〕, 부처인데 못난 중생으로 살고 있는 것에 대한 분한 마음〔大奮心〕, 화두에 대한 큰 의심〔大疑心〕으로 정진하다 보면 화두일념(話頭一念)이 된다. 대신심, 대분심, 대의심 가운데 하나라도 결여되면 참선자라 할 수 없다. 이 세 가지 마음을 가지고 철저히 공부하겠다는 마음을 '발심'이라고 한다.

어떤 것이든 쉽게 이루어지는 것은 없다. 하물며 깨달음의 길이야 두말할 필요가 있겠는가. 첫 철에 죽을힘을 다해 노력했기 때문에 오늘의 내가 있다고 생각할 만큼 첫 철의 정진은 여한 없이 최선을 다한 것이었다.

해제 무렵이 되자 급기야 병이 났다. 이른바 상기가 난 것이다. 참선을 하는 수행자에게 가장 무서운 병 둘이 있으니, 기가 머리 위로 치솟아 생기는 두통인 상기병(上氣病)과 냉병(冷病)이 그것이다. 여름에 바위에 앉아 좌선을 하다 보면 종종 냉병에 걸린다. 바위가 겉은 따뜻해도 오래 앉아 있으면 냉한 기운이 몸속에 들어와 여간해서는 고치기 어렵다. 그러나 냉병은 상기병에 비하면 아무것도 아니다.

나는 이 세상에서 제일 고통스러운 병이 상기병인 줄 안다. 몸 전체가 불덩어리인데, 그것이 몸이 아파서 열이 나는 것과는 전혀 달라 가슴이 답답하고 머리가 터질 듯한 고통을 도저히 설명할 길이 없다. 열이 펄펄 끓는 속에서 화두를 놓을래야 놓을 수가 없는 그 고통은 당해보지 않은 사람은 모른다.

100일 동안 잠을 자지 않고 공부하면 상기가 오르지 않을 수 없다. 그런데도 급할수록 돌아가라는 큰스님의 말씀이 귀에 들어오지 않았다. '내일이 없는' 우리한테 왜 돌아가라고 하는가 하는 생각뿐이었다.

청량사에서 하안거를 보내고 큰스님이 계시는 성전암으로 가서 상기를 하소연했다.

"머리가 너무 아파서 공부할 수가 없습니다."

"그래서 내가 급할수록 돌아가라 안 그랬나."

큰스님께서 상기 내리는 방법을 가르쳐주셨다.

"氣海丹田 腰脚足心(기해단전 요각족심)"

이 글을 써주시면서 이렇게 일러주셨다.

"좌복에 앉아 온몸의 기운을, 높은 절벽의 폭포에서 물이 떨어지는 것처럼 하고 족심(足心)에 생각을 두면 열이 내릴기라."

그대로 열심히 따라하다 보니 '어째서' 하는 간절함이 수긋해지면서 열이 내리기 시작했다. 큰스님의 그 말씀은 두고두고 정진하는 데 큰 도움이 되었다.

이 이야기가 알려지자 상기 때문에 고생하던 비구 스님 몇 사람이 나에게 찾아와 자세히 묻고 갔다. 지금도 변함없이 상기 때문에 고생하는 이들이 많은 것이다. 상기 때문에 고생하는 내 상좌들에게도 이 방법을 일러주어 병을 다스리게 했는데, 큰스님께서 손수 써주신 '氣海丹田 腰脚足心'이라는 글귀를 아직도 지니고 있다.

상기가 나아질 즈음, 큰스님께서는 "태백산 홍제사로 인홍스님을 찾아가라"고 하시며 다음 수행처를 정해주셨다. 홍제사로 가는 길에 경북 문경시 운달산의 김용사에 들렀다. 정진이 칼칼하기로 소문난 월혜 노스님을 찾아뵙고 싶어서였다. 인홍스님의 상좌였던 묘영스님이 우리를 안내했다.

월혜 노스님은 상좌인 묘전스님을 비롯한 대중들과 함께 계셨는데, 내가 인사를 드리자 "진주 학생인가?" 하고 반가움을 드러내셨다. 내가 머리를 깎지 않은 채 절에 들어와 공부하고 있다는 소문이 돈 것 같았다.

월혜 노스님은 몸이 바싹 마르신 가운데서도 기품과 위의가 서려 있었다. 마흔두 살 때 안동의 한 포교당에서 청담스님의 법문을 듣고 사흘 만에 출가를 감행한 분이다. 밤을 새워가며 만류하는 판사 아들의 손을 뿌리치고 윤필암으로 가서 삭발을 했다고 한다. 부러울 것 없는 단란한 생활을 단칼에 끊어내고 출가하신 스님이니 그 정진이 얼마나 매서웠겠는가. 판사 아들이 결혼한 뒤 윤필암을 찾아오겠다는 편지를 보냈지만 단호히 거절할 만큼 속세와의 인연을 끊고 정진에만 몰두해서, 얼마 지나지 않아 제방납자(諸方衲子)들의 귀감이 되셨다.

월혜 노스님은 고봉스님, 효봉스님, 성철스님, 자운스님 등 당대의 걸출한 스님들을 친견하면서 공부를 물었는데, 이때 성철 큰스님을 뵙고 법(法)을 들은 뒤 존경하게 되었다고 한다. 월혜 노스님은 늦깎이로 출가하셨지만 나의 은사 스님인 인홍스님만큼이나 성철스님의 법을 철저히 받아들여 그 법대로 사신 분이다. 자신의 상좌들에게는 칼날처럼 예리하게 정진을 독려했고, 다른 사람들에게는 말할 수 없이 큰 자비행을 베푸셨다.

폐가 나빴던 탓에 꼬챙이처럼 말라 보이던 월혜 노스님은 우리가 찾아뵌 지 일주일 만에 돌아가시고 말았다. 예순둘의 나이였다. 떠나신 다음 날 유언에 따라 관도 조문객도 없이 산중의 대중 스님들이 지켜보는 가운데 장작 위에서 그대로 화장했다. "널도 사지 말 것이며, 돗자리에 말아서 그대로 화장해라" 한 것이 월혜 노스님의 유언이었다고 한다.

육신은 활활 타는 불꽃 속에서 연꽃처럼 타올랐다. 붉은 불빛이 하늘로 치솟고 노스님의 법신(法身)은 생과 사의 모습을 무언의 법문으로 남긴 채 떠나셨다.

생사란 바다의 파도와 같다. 바다에서 끝없이 파도가 일어났다스러졌다 하듯이 우리도 그렇게 태어났다 죽었다 하는 것을 되풀이한다. 그러나 바다 자체는 늘어나지도 않고 줄어들지도 않는다. 우리의 삶과 죽음도 마찬가지다. 삶과 죽음이 하나임을 깨친 것을 생사를 해탈했다고 한다. 생사를 해탈, 초월했으니 일체에 걸림이 없고, 일체에 걸림이 없으니 대자유를 성취한다. 이런 사람을 일러 도인이라고 한다. 도인은 생사를 초월했기 때문에 영원에서 영원을 산다. 영원한 대자유인인 것이다.

죽음 자체도 무소유처럼 보였던 월혜 노스님의 떠나시는 모습은 그 자체로 나에게 큰 교훈이 되었다. 그 무엇에도 걸림이 없는 마지막 모습을 보면서 도를 공부하는 사람은 저렇게 세상을 마무리해야 하는 것이 아닐까 생각했다. 출가한 이후 많은 스님들의 다비식을 보아왔지만 월혜 노스님처럼 조촐하고 검소한 다비식은 아직까지 본 적이 없다.

"저렇게 월혜 노스님처럼 생사 발심해서 이름 없는 도인으로 청정 검소하게 살다가 긴 침묵 속으로 돌아가리라."

젊은 날 예기치 않게, 진정한 수행자로 살다간 노스님의 다비식을 보게 된 것은 수행자는 어떻게 살다가 어떻게 떠나야 하는가 하는 문제에 대해 깊이 생각해보는 계기가 되었다.

누가 기다리는 자이고 누가 가는 자이겠는가. 몸뚱이는 저렇게 불꽃 속에 한 줌의 재가 되어 사라지는 것인데, 부귀영화의 오욕락이 쓸데 있는가. 죽음이 멀게만 느껴지는 젊은 나이에 본 그날의 다비식 모습이 아직도 마음속에 생생한 감동으로 남아 있다.

　이제 내 나이 일흔여섯이니 어떻게 가야 할지 생각하지 않을 수 없다. 생활해 온 자체가 가는 모습에 그대로 드러나던 월혜 노스님처럼 가고 싶다는 생각을 하고 있다. 복이 있으면 그분처럼 조촐하게 가게 될 것이고, 인연에 따르게 되면 남들 가는 것처럼 야단스럽게 가게 될 것이다.

"아만이 센 공양주야!"

    태백산 홍제사는 정말 깊고 깊은 산중에 묻혀 있었다. 묘영스님을 따라 홍제사로 걸어가는데 군데군데 화전민이 일궈놓은 밭이 보였다. 초가을의 따가운 햇살이 남아 있었지만 나무 그늘이 깊은 산골이라 더운 줄 모르고 걷다 쉬다 하면서 갔는데, 저녁볕이 서산에 걸릴 즈음 경북 봉화군 소천면에 있는 홍제사에 도착했다.

    인홍스님께서 우리를 반갑게 맞아주셨다. 그즈음 인홍스님은 이미 모든 큰스님들이 수행력과 지도력을 인정하는 비구니계의 중진이셨다. 호랑이 같은 인상에 아주 기품 있는 모습이어서 한눈에 보기에도 훌륭한 스님이라는 느낌이 들었다.

    우리가 옷도 신발도 다 떨어진 것을 보시고 먼저 갈아입을 옷과 목욕물을 준비해 주셨다. 화두를 드는 것 말고는 일체 다른 것에 관심이 없었던데다가 12두타행대로 살고자 했던 우리의 행색은 거지 중의 상거지나 다름없었을 것이다. 머리는 짧게 잘랐는데, 지금 행자들이 주로 하는 쇼트커트는 우리가 처음이었을 것이다. 그때 우리는 성불하고 나서 머리를 깎겠다는 야무진 결의를 하고 있었다.

목욕을 하고 마당에 나와 있는데 멀리서 몇몇 스님들이 걸망에 산초를 가득 담아 지고 절로 돌아오는 모습이 보였다. 편안하고 평화로워 보여 스님들에게 마음이 끌렸다.

홍제사의 수장인 인홍스님이 쉰 살을 넘기지 않고 일대사를 해결하겠다는 비장한 각오를 하고 계셨기 때문에, 동안거가 시작되자 모든 대중 스님들 또한 정진에 대한 열의가 대단했다. 그해 겨울 동안거에는 인홍스님의 도반인 성우스님, 혜춘스님, 그리고 상좌 철마스님, 법희스님, 손상좌 현각스님 그리고 우리가 정진했다. 인홍스님은 말씀이나 행동에서 함부로 하는 것이 없으셨다.

홍제사는 법당이 따로 없고 요사채를 법당으로 쓰는 인법당 하나가 전부였다. 참선을 하는 큰방(선방) 옆에는 조실방과 지대방이 함께 있었다. 사정이 그러했지만 나는 나 혼자만의 공간을 가지고 싶었다. 죽기를 각오하고 일주일만 먹지도 않고 자지도 않고 정진하면 깨칠 수 있으리라는 자신감이 있었다.

한 물건이 있으니 천지가 생기기 전에도 항상 있었고, 천지가 다 없어진 후에도 항상 있다. 천지가 천 번 생기고 만 번 부셔져도 이 물건은 털끝만치도 변동 없이 항상 있다.

크기로 말하면 가없는 허공의 몇 억만 배가 되어 헤아릴 수 없이 크다. 그래서 이 물건의 크기를 큰 바다에 비유하면 시방의 넓고 넓은 허공은 바다 가운데 있는 조그마한 물거품 같다.

또 일월(日月)보다 몇 억만 배나 더 밝은 광명으로 항상 시방세계(十方世界)를 비추고 있다. 밝음과 어두움을 벗어난 이 절대적인 광명은 항상 우주 만물을 비추고 있는 것이다.

이 물건은 모든 명상(名相)과 분별(分別)을 떠난 절대적인 것이다. 절대라는 이름도 붙일 수 없지마는 부득이해서 절대라는 것이다.

한 물건이란 이름도 지을 수 없는 것을 어쩔 수 없이 한 물건이란 이름으로 표현하니, 한 물건이란 이름을 붙일 때 벌써 거짓말이 되고 마는 것이다.

그러므로 시방의 모든 부처님이 일시에 나타나서 억천만겁이 다하도록 설명하려 해도 이 물건을 털끝만치도 설명하지 못하는 것이다. 자기가 깨쳐서 쓸 따름이요, 남에게 설명도 못하고 전할 수도 없다. 이 물건을 깨친 사람은 부처라 하여, 생사고를 영원히 벗어나서 미래가 다하도록 자유자재한 것이다.

이 물건을 깨치지 못한 중생들은 항상 생사바다에 헤매어 사생 육도(四生六途)에 윤회하면서 억천만겁토록 고생을 하게 되는 것이다. 아무리 작은 중생이라도 다 이 물건을 가지고 있다. 깨친 부처나 깨치지 못한 조그마한 벌레까지도 똑같이 가지고 있다. 다른 것은, 이 물건을 깨쳤느냐 못 깨쳤느냐에 있다.

석가와 달마도 이 물건은 눈을 뜨고도 보지 못하고, 입을 열어 설명하지도 못한다. 이 물건을 보려고 하면 석가도 눈이 멀고 달마도 눈이 먼다. 또 이 물건을 설명하려고 하면 부처와 조사가 다 벙어리가 되는 것이다. 오직 깨쳐서 자유자재하게 쓸 따름이다. 그러므로 고인(古人)이 말씀하기를, "대장경은 모두 고름 닦아 버린 헌 종이"라고 하셨다.

그러나 나는 말하노니, "팔만대장경으로 사람을 살리려는 것은 비상(砒霜)으로 사람을 살리려는 것과 같다"고 하겠다. 경전 가운데 소승과 대승이 있으니, 대승경에서는 말하기를 "설사 비상을 사람에게 먹일지언정 소승경법(小乘經法)으로써 사람을 가르치지 말라"고 하였다. 그러나 대승경 역시 비상인 줄 왜 몰랐을까. 알면서도 부득이한 것이다. 그러니 여기에서 크게 정신 차려야 한다.

오직 한 물건만 믿는 것을 바른 신심(信心)이라 한다. 석가도 쓸 데 없고 달마도 쓸 데 없다. 팔만장경이란 다 무슨 잔소리인가? 오로지 이 한 물건만 믿고 이것 깨치는 공부만 할 따름이요, 그 외에는 전부 외도며 마구니들이다.

다른 사람들이 다 염불 공덕으로 죽어 극락세계에 가서 말할 수 없는 쾌락을 받는데, 나는 이 한 물건 찾는 공부를 하다가 잘못되어 지옥에 떨어져 억천만겁토록 무한한 고통을 받더라도, 조금도 후회하는 생각이 없어야 한다.

'어떠한 일이 있더라도 오직 이 공부를 성취하고야 만다!'

이러한 결심이 아니고는 이 공부는 도저히 성취하지 못한다. 고인이 말씀하시기를, "사람을 죽이면서도 눈 한 번 깜짝이지 않는 사람이라야 공부를 성취한다"고 하였다.

나는 말하노니, "청상과부가 외동아들이 벼락을 맞아죽어도 눈썹 하나 까딱이지 않을 만한 무서운 생각이 아니면 절대로 이 공부 할 생각을 하지 말아라"고 하겠다.

천 근을 들려면 천 근을 들 힘이 필요하고, 만 근을 들려면 만 근을 들 힘이 필요하다. 열 근도 못 들 힘을 가지고 천 근 만 근을 들려면, 그것은 어리석은 사람이 아니면 미친 사람일 것이다. 힘이 부족하면 하루바삐 힘을 길러야 한다.

자기를 낳아준 가장 은혜 깊은 부모가 굶어서 길바닥에 엎어져 죽더라도 눈 한 번 거들떠보지 않는 무서운 마음, 이것이 고인의 결심이다.

제왕이 스승으로 모시려 하여도 목을 베이면 베었지 절대로 마음을 움직이지 않는 것이 고인의 지조이다.

사해(四海)의 부귀는 풀잎 끝의 이슬방울이요, 만승의 천자는 진흙 위의 똥덩이라는 이런 생각, 이런 안목을 지닌 사람이라야 꿈결 같은 세상 영화를 벗어나 영원불멸한 행복의 길로 들어갈 수 있는 것이다. 털끝만한 이해(利害)로써 칼부림이 나는, 소위 지금의 공부인(工夫人)과는 하늘과 땅인 것이다.

다 떨어진 헌 누더기로 거품 같은 이 몸을 가리고 심산 토굴에서 감자나 심어먹고 사는, 최저의 생활로 최대의 노력을 해야 한다. 오직 대도를 성취하기 위하여 자나 깨나 죽을힘을 다해서 공부해야 한다. 대를 위해서 소를 희생하지 않으면 대는 도저히 성취하지 못한다.

사람 몸 얻기도 어렵고, 불법 만나기도 어렵다. 모든 불보살(佛菩薩)은 중생들이 항상 죄짓는 것을 보고 잠시도 눈물 마를 때가 없다고 한다.

중생이란 알고도 죄짓고 모르고도 죄짓는다. 항상 말할 수 없이 많이 지은 죄보(罪報)로 사생육도에 돌아다니며, 말할 수 없는 고생을 하게 된다. 따라서 사람 몸 얻기란 사막에서 풀잎 얻는 것과 같다. 설사 사람 몸 얻게 된다 하더라도 워낙 죄업이 지중해서 불법 만나기란 더 어렵고 어렵다. 과거에 수많은 부처님이 출현

하시어 한량없는 중생을 제도했건만, 아직껏 생사고를 면치 못한 것을 보면 불법 만나기가 어려운지 알 것이다.

이렇게 얻기 어려운 사람 몸을 얻어 더 한층 만나기 어려운 불법을 만났으니, 생명을 떼어놓고 공부하여 속히 이 한 물건을 깨쳐야 한다.

사람의 생명은 허망해서 믿을 수 없나니, 어른도 죽고, 아이도 죽고, 병든 사람도 죽고, 멀쩡한 사람도 죽는다. 어느 때 어떻게 죽을는지 알 수 없는 것이 사람의 생명이니 어찌 공부하지 않고 게으름만 피우리오?

이 물건을 깨치기 전에 만약 죽게 된다면, 또 짐승이 될지, 새가 될지, 지옥으로 떨어질지 어느 때 다시 사람 몸 받아서 불법을 만나게 될지, 불법을 만나도 최상 최고의 길인 이 한 물건 찾는 공부를 하게 되는지, 참으로 발 뻗고 통곡할 일이다.

이다지도 얻기 어려운 이 몸을 금생에 제도하지 않으면 다시 어느 생에 공부하며 이 몸을 건지리오. 제일도 노력, 제이 제삼도 노력, 노력 없는 성공이란 있을 수 없는 것이다. 무슨 일이든지 노력한 그만큼 성공하는 법이니, 노력하고 노력할지어다.

이 글 '한 물건'뿐만 아니라 큰스님의 법문 노트에 적혀 있던 말씀을 전부 외우며 신심을 다지던 초발심 때이니 이 한 물건 깨치는 데 목숨을 내놓는다 한들 아까울 것이 없었다. 인간이 할 수 있는 최선의 노력을 다해보고 싶었다. 죽지 않으면 산다는 자신이 생겼다.

"일주일만 먹지도 않고 자지도 않으며 한번 해보겠습니다."

이러한 나의 열망을 인홍스님께서 이해해 주셨다. 마침 창고로 사용하던 빈 방이 있어서 그곳을 치우고 들어앉았다. 초발심으로 내일이 없다는 사력(死力)을 다한 정진이었다. 화두일념의 용맹정진을 해서 마치고 말겠다는 생각으로 단단히 마음먹고 시작했는데 이틀 만에 끝나고 말았다. 그 일을 생각하면 지금도 안타깝다. 정말 그때 일주일만 흔들리지 않고 정진했더라면 하는 아쉬움이 항상 남는다. 이틀 만에 정진을 그만둔 것은 용맹정진의 경험이 있었던 철마스님이 저렇게 하다간 큰 병을 얻어 평생 정진하지 못 한다며 인홍스님을 설득해 말렸기 때문이다.

태백산에는 유난히 눈이 많이 내려서 길이 끊기는 날이 많았는데, 그런 날이면 홍제사는 속세와는 완전히 단절된 별천지가 되곤 했다.

선방 대중들은 장좌불와인 채로 정진했다. 밤 11시에서 새벽 3시가 잠자는 시간이었지만 모두들 공부에 열중했다.

밤이면 상 위에 촛불을 켜놓고 주장자로 경책을 했다. 졸음 때문에 자세가 흐트러지면 맞은편에 앉은 스님이 큰 죽비로 어깻죽지를 내려쳤다. 그 소리에 맞는 사람뿐만 아니라 방 안의 모든 스님들이 정신을 차리곤 했다.

정말 견디기 힘들 정도로 졸음이 쏟아지면 조용히 밖으로 나와 눈 속에서 행선을 했다. 태백산은 눈이 오면 무릎까지 쌓였다. 하루 종일 자지 않고 눈 속에 서서 살아야지 했다. 그야말로 눈이 좌복이 되었던 것이다. 달빛 아래 쌓인 흰 눈빛은 선문답이라도 하듯 희고도 밝았다. 마음의 눈을 여는 그런 느낌이 들었다.

"어두운 밤에 흰 눈을 보라!"

바로 자성을 바로 보는 것이 아닌가.

흰 눈이 무릎까지 쑥쑥 빠지는데 추운 줄도 모르고 거닐다가 배가 고프면 눈 속에 묻혀 있는 시금치나 생감자를 툭툭 털어서 먹곤 했다. 온힘을 다해 정진을 하다 보면 허기가 졌다.

홍제사 골짜기는 온통 일념 정진으로 싸여 있었다. 눈이 와 길이 끊기면 여기가 부처님께서 영축산에서 설법하신 영산회상(靈山會上)이 아닌가 하는 생각이 들만큼 아름답고 장엄한 곳이었다. 홍제사 위 도솔암에 계신 일타스님이 법문을 하러 내려오셔도 듣지 않고 밖으로 나가 걸으면서 정진했다. 화두 말고는 어떤 것도 마음에 들어오지 않았기 때문이다.

당시 절집 생활은 최저의 생활이었다. 김 한 장도 몇 조각씩 나누어 먹었고, 절 앞마당의 한 그루 사과나무가 과일을 제공해 주는 유일한 나무였다. 그러니 한 사람이 사과 한 개를 다 먹는 것은 상상할 수도 없었다. 인홍스님이 멀리 나가서 화주(化主, 인가에 다니면서 사람들로 하여금 법연을 맺게 하고, 시주를 받아 절의 양식을 대는 것)를 받아온 쌀을 10리 길을 져다 먹었다.

스님들 모두가 나서서 살림을 했던 시절, 우리는 강릉에서 온 계원 행자님과 한 철 공양주를 맡았다. 한 번도 밥을 지어보지 않은 나는 걱정이 태산 같았다. 쌀을 씻을 때면 쌀보다는 좁쌀이 더 많아 물 위에 그대로 떠올랐다. 부엌 살림살이를 책임지던 원주(院主) 인성 노스님이 보다 못해 "너는 불만 때면 된다"고 하셨다. 다행이다 싶었다.

그러나 부엌에만 들어가면 나는 문제를 일으켰다. 불을 때고 있으면 방 안에 앉아 있을 때보다 어쩐 일인지 화두가 더 잘되었다. 그래서 한없이 화두에 빠져 불을 때고 있던 어느 날 "공양주" 하고 부르는 소리가 들렸다. 내가 공양주라는 사실을 잊고 불을 때고 있었기 때문에 대답을 하지 못했는데 인성 노스님이 다시 불렀다.

"아만이 센 공양주야!"

그때 퍼뜩 '아! 여기가 우리 집이 아니구나!' 하는 생각이 들었다. 그리고 보니 집에서는 일 때문에 나를 부르는 사람도, 일을 시키는 사람도 없었다. 그날 내 집이 아니라는 사실을 깨닫고부터는 대답도 잘하고, 모르는 것은 여쭈어보기 시작했다.

후에 인성 노스님이 석남사에 오셨을 때 나의 달라진 모습을 보고는, "그 고집이 이제는 자비로 변했구나" 하면서 웃으셨다.

한 달씩 돌아가면서 하기로 하고 시작한 공양주 생활인데 일주일을 남겨놓고 병이 나고 말았다. 백졸스님은 사흘 만에 병이 났고, 강릉여고를 졸업하고 와서 큰스님들 법문도 잘 따라하던 계원 행자님도 나가떨어졌다. 셋이서 한 철을 살기로 했지만 한 달을 채우지 못했으니 셋 다 공양주 낙제생이었던 셈이다.

나는 지금도 밥을 짓고 반찬을 하는 것에는 서툴다. 하지만 예나 지금이나 청소 하나는 잘해서 어디에 가든 주변이 어지럽혀진 모양은 못 본다.

밥을 짓는 데는 실패한 공양주였지만 행자의 신분으로 모든 대중 스님들 앞에서 법문을 한 추억도 있다. 정월 초하루 날이었다. 잠시 정진을 멈추고 아침으로 떡국을 먹은 뒤, 모든 스님들이 모여 '성불도(成佛圖) 놀이'를 했다.

성불도 놀이는 성불을 목표 지점으로 정해놓고 주사위를 던져 성불에 이르는 각 단계에 올라가기도 하고 내려가기도 하는 놀이다. 명절 기분이 나는 가운데 놀이가 시작되었는데, 무심코 던진 것이 곧바로 수행의 높은 단계인 경절문으로 들어가 나는 세 번 만에 주불(主佛)이 되었다.

곧 법당에 법상이 차려지고 더벅머리 행자인 내가 법상에 올라가 앉았다. 인홍스님을 비롯하여 법문을 하러 오셨던 일타스님, 모든 대중 스님들이 가사 장삼을 수하고 법상을 향해 삼배를 했다. 일타스님께서 부처님께 법을 청하는 청법(請法)을 하셨다. 나는 겁도 없이 법상에 올려놓은 주장자를 높이 쳐들어보인 뒤 묵묵히 앉아 있다가 죽비를 세 번 치고는 법상에서 내려왔다.

내 마음속에 남아 있는 스물한 살 행자 시절의 풍경화이다. 출가 시기에는 선후가 있으나 공부를 이루는 데는 선후가 없다. 누가 간절히 목숨을 내놓고 공부하느냐에 따라 성불의 선후가 정해질 뿐이다.

홍제사 위로 개울물을 따라 한 시간쯤 올라가면 도솔암이 있다. 세상으로부터 깊이 숨어 살았던 옛 도인 한산과 습득이 살던 곳이 아닐까 싶을 정도로 세상과 절연된 깊은 곳에 위치한 암자다.

일타스님께서는 달마대사처럼 머리를 기른 채 정진하다가 가끔 홍제사에 내려와 법문을 해주곤 하셨다. 일타스님은 6년 결사를 결심하고 도솔암에 들어와 절 밖을 나가지 않으며 장좌불와를 하고 계셨는데, 오후에는 밥조차 드시지 않았다. 오대산 적멸보궁에서 7일 동안 3천 배 기도를 한 후, 중노릇 잘하고, 속세의 업장을 녹이고, 법에 결정심(決定心)을 갖겠다는 세 가지 서원을 세우고는 오른손 네 손가락 열두 마디를 연지연향(燃指燃香)하고 태백산으로 들어오신 분이었다.

훗날 일타스님은 태백산에서의 6년을 일평생과도 바꿀 수 없는 참된 공부를 한 시기였다고 토로하셨다. 그 후 일타스님은 해인사 지족암에 계시면서 속가의 인연 있는 제자들이 찾아와 출가의 길을 물으면 나에게 보내셨다.

토굴가와 순치황제 출가시

나는 홍제사에서 한 철을 보내고 봄 햇살에 눈이 녹아 길이 드러나자 하안거 할 곳을 찾아나섰다. 하안거와 동안거 사이를 산철이라고 하는데 그 사이에 전국을 다니며 수행하는 것을 만행이라고 한다.

백졸스님과 나는 선재동자가 선지식을 찾아가는 심정으로 대승사의 말사인 문경 윤필암으로 떠났다. 아버지 성철 큰스님이 공부하셨던 곳을 다니며 정진해 보고 싶었던 것이다. 성철 큰스님은 출가한 지 10년 후인 1945년에 대승사에서 하안거를 나시고, 대승사 산내 암자인 묘적암에서 그해 동안거를 나셨다. 그때 청담스님, 자운스님 등과 함께 정진하셨다고 한다.

청담스님과 성철스님은 세상에 둘도 없는 평생 도반으로 잘 알려져 있다. 묘엄스님은 당신이 구술한 《회색고무신》에서 청담스님과 성철스님에 대해 이렇게 말씀하셨다.

"성철스님께서 저를 앞에 앉히시고는 '너의 아버지와 나의 사이는 물을 부어도 새지 않는다. 그러니 나를 믿어라' 하셨습니다. 생전 처음 보는 사람을 믿어라 하니 피식 웃음이 나오더군요. 그래서 '살아보면서 겪어봐 가면서 믿겠습니다' 했지요. 그러자 성철스님이 '그래, 왜 그러느냐?'라고 되물으시더군요. '생전 처음 보는 사람을 어떻게 믿어요. 아버지도 못 믿는데' 라고 대답을 하자 모두들 웃으시더군요. 성철스님은 종단 일에 직접 참석을 하거나 활동은 안 하셨지만 참 중은 그래야 마땅하다는 정신을 심어주신 분이라고 생각합니다. 그리고 청담스님은 몸소 실천을 하면서 자신의 원력을 보여주셨습니다. 처음에 저를 보고 두 분의 사이는 '물을 부어도 새지 않는다' 하신 것처럼 두 분의 생각은 항상 같았습니다."

성철 큰스님은 1941년 덕숭산 정혜사에서 청담스님을 처음 만났다. 만공스님 회상에 철을 지내러 갔다가 평생 도반을 만난 것이다. 그때 큰스님은 생식을 하고 있었는데 순호(청담)스님이 솔잎을 따와서 말린다, 콩을 불린다, 쌀을 찧는다 하면서 열심히 도와주었다.

그런 인연들이 봉암사 결사로 이어졌고 훗날 두 분은 조계종의 정체성을 확립하는 데 큰 주춧돌이 되셨다. 청담스님과 큰스님이 함께 있으면 하루 종일 이야기만 하시고 밖에도 잘 나오지 않으셨다 한다.

큰스님은 청담스님에 대해 이렇게 말씀하시곤 하셨다.

"사실 바깥 사람들은 청담은 알아도 순호스님은 잘 모르지. 순호스님이 자신도 모르게 정화 불사의 중심이 되어서 오늘의 조계종 터를 닦느라 얼마나 애쓰고 노력했는가. 인욕보살이라 칭찬도 욕도 들으면서 많은 큰스님들을 모시고 정화불사를 밀고나갔지. 청담으로 세상에 나가기 전 순호수좌의 정진력은 그 누구도 따를 수 없어."

큰스님께서 청담스님의 얘기를 들려주시다가 호탕하게 웃으시던 모습이 지금도 가끔 생각이 난다.

대승사의 말사인 윤필암은 예전부터 오대산 지장암, 수덕사 견성암과 더불어 비구니 스님들의 수행처로 유명한 암자로서, 바위산들이 병풍처럼 둘러싸고 있어 안에 들어가면 마음속 번뇌가 다 사라지는 듯 여유롭게 느껴지는 도량이다. 월혜 노스님을 비롯해 묘전, 묘엄, 묘희스님 등 여러 스님들이 큰스님들의 지도를 받으면서 정진한 곳이다.

나는 윤필암에서 선배 스님들의 자취를 느끼면서 하안거가 시작되기 전까지 정화스님을 비롯한 열 분과 정진했다. 윤필암은 좁고

낡았지만 정진하는 분위기가 감돌았다.

정진에 애쓰다 보면 가는 곳마다 나를 깨우쳐주는 도량이 된다. 그래서 도를 깨치는 도량이 따로 있지 않다는 것이다. 큰방에 앉아 정진하다 잠깐 졸면 꿈속에서 큰 주장자로 경책을 받았다. 꿈속에서도 불보살님의 법문을 듣던 때였으니, 불보살님의 죽비였던 것이다. 오직 화두 하나에만 전념해 기쁜 마음으로 정진하다 보면, 부처님과 불보살님들의 보살핌을 받는다는 것을 체험하던 때였다.

윤필암 위에 있는 묘적암에서의 한 철 정진도 잊을 수 없다. 묘적암은 고려 말 나옹선사가 출가한 암자인데 산 위로 올라가면 나옹선사가 참선을 했다는 바위가 있다. 천야만야 바위에 앉아 나옹선사의 〈토굴가〉를 외우면 그야말로 나옹스님이라도 된 듯 기백이 살아났다. 젊은 날 외우고 다녔던 〈토굴가〉는 지금도 가끔 부를 정도로 마음에 남는 노래다.

큰소리로 외치며 노래하다 보면 마음 깊숙이 감동과 멋이 신심으로 이어졌던 〈토굴가〉의 한 대목을 적어본다.

> 청산림(靑山林) 깊은 골에 한 칸 토굴 지어놓고
> 송문(松門)을 반개(半開)하고 돌밭 길을 배회하니
> 녹양춘(綠楊春) 삼월하(三月下)에 춘풍이 건듯 불어
> 뜰 앞에 백종화(百種花)는 처처에 피었는데

풍경도 좋거니와 물색(物色)이 더욱 좋다.
그 중에 무슨 일이 세상에서 최귀(最貴)한고
일편 무위 진묘향(一片無爲眞妙香)을 옥로중(玉爐中)에 꽂아두고
적적(寂寂)한 명창(明窓) 아래 묵묵히 홀로 앉아
10년을 기한정코 일대사(一大事)를 궁구하니
일찍이 모르던 일 금일에야 알았구나.

발심 수행자는 신심이 생명이다. 당시 신심을 북돋워주고 출가자로서의 자긍심을 심어주었던 시가 있었다. 그것은 다름 아닌 18년 동안 청나라를 다스리다 출가한 순치황제의 출가시다.

조용한 탑전에 머물거나 심산유곡에서 물소리를 들으며 순치황제의 출가시를 외우면서 나 자신을 되돌아보았다. 훗날 석남사에서 은사 스님을 비롯해서 온 대중들이 아침마다 읽으면서 신심을 다졌던 순치황제의 출가시 중 한 부분이다.

이내 몸 중원천하 임금 노릇하건마는
나라와 백성 걱정 마음 더욱 시끄러워
인간의 백년살이 삼만육천 날이란 것
풍진 떠난 명산대찰 한나절에 미칠 손가.

당초에 부질없는 한 생각의 잘못으로
가사 장삼 벗어 치고 곤룡포를 감게 됐네.
이 몸을 알고 보면 서천축 스님인데
무엇을 반연하여 제왕가에 떨어졌나

이 몸이 나기 전에 그 무엇이 내 몸이며
세상에 태어난 뒤 내가 과연 뉘기런가.
자라나 사람 노릇 잠깐 동안 내라더니
눈 한번 감은 뒤에 내가 또한 뉘기런가.

묘적암에서 하안거를 나면서 백졸스님과 나는 한철 동안 반찬을 만드는 채공과 공양주를 했다. 옛 도인인 암두화상(岩頭和尙)과 설두화상(雪竇和尙)이 함께 호미와 조리를 갖고 다녔던 것처럼 나와 백졸스님은 어디에서나 채공과 공양주였다.

어디선가 들었던 대로 일곱 번 채소를 씻고 나면 잎은 다 부서지고 줄기만 남았다. 그래도 백졸스님은 나보다 잘하는 편이었다.

묘적암에서는 한철 동안 상추와 호박나물만 먹었다.

"어떻게 하면 호박나물을 먹지 않을 수 있을까?"

궁리 끝에 우리는 큰 지팡이를 들고 호박밭으로 가서 다시는 호박이 열리지 못하게 호박꽃을 두들겨버렸다. 그 덕분에 그해 여름은 상추만 먹게 되었는데, 둘이 힘을 합쳐 개구쟁이 짓을 서슴지 않았던 시절의 추억이다.

  하안거가 끝나자마자 우리는 팔공산 성전암으로 가기 위해 발걸음을 서둘렀다. 큰스님이 성전암 주위에 철조망을 둘러치고 외부와의 접촉을 끊고 계셨기 때문에, 찾아뵐 수 있는 날은 안거가 끝난 다음 날뿐이었다.

꿈속에서도 화두가 성성하면

"하이고 건방지게! 니 언제 공부해 봤다고 공부가 되니 안 되니 하노?"

묘적암에서 하안거를 끝낸 후 성전암으로 큰스님을 찾아뵙고 "열심히 공부를 하려고 했는데 잘 되지 않습니다. 왜 그렇습니까?" 하고 여쭙자, 형형한 눈빛으로 쏘아보며 말씀하셨다.

아무 말도 못하고 앉아 있자 큰스님께서 다시 말씀하셨다.

"참선공부라 하는 것은 정말 꿈속에서까지 화두가 선명하게 떠오를 정도가 되더라도 제대로 공부한다고 하기 힘든기라."

공부의 경지를 가늠하지 못하게 하는 큰스님의 말씀을 들으며 나는 말문이 막혔다. 나름대로 자지 않고 화두일념이 되도록 노력했는데, '니 공부는 어찌 했노?'라고 묻지는 않고 꾸중뿐이셨다.

게다가 큰스님이 말하는 경지에 다다르려면 아직 멀은 상태였다. 큰스님께서는 어림도 없다는 듯 쐐기를 박으셨다.

"공부를 제대로 이루기 전에는 공부란 이름도 붙일 수 없는 것인 기라. 하루에 적어도 스무 시간 이상 화두가 한결같이 들려야만 비로소 공부를 한다고 할 수 있는기라. 이를 화두천(話頭天)이라 한다. 목숨을 아끼지 말고 부지런히 더 노력해라."

큰스님은 이렇게 타이르고는 다음과 같은 글귀를 주셨다. 참선 수행의 어려움을 강조하면서 하시던 말씀을 가까운 사람이나 찾아오는 사람들에게 친필로 써서 주시던 글이다.

>하루 중 아무리 바쁠 때라도 화두가 끊어지지 않고
>꿈속에서도 밝고 밝아 항시 한결같아도
>잠이 아주 깊이 들어 문득 막연하면
>다생겁으로 내려오는 생사고를 어떻게 하리오.
>日間浩浩常作主
>夢中明明恒如一
>正睡着兮便漠然
>塵劫生死苦奈何

화두를 들고 수행해 본 사람이라면 이 말씀을 통해 스스로의 수

日間諧擧作고다
夢中那2恒如一도야하
正睡着岑便澴함撼
廛劫生死益奈何오

성철 큰스님이 참선수행의 어려움을 강조하면서 써주신 친필

행이 어느 정도인지 점검할 수 있을 것이다.

"천하 사람을 다 속일 수 있을 지라도 자기 자신은 속일 수 없는 기라."

청량사에서 공부할 때 화두가 꿈에서도 오간 적이 있어 여쭈었다.

"이것이 몽중일여입니까?"

큰스님은 일언지하에 아니라고 하셨다.

"꿈에서도 아무 활동이 없이 오로지 화두만 성성해야 몽중일여인기고, 잠이 꽉 들었을 때도 화두가 들려야 숙면일여(熟眠一如)인 기라."

삼분단(三分段) 법문을 하신 것이다. 화두가 동정일여, 몽중일여, 숙면일여가 되어서 오매일여(寤寐一如)가 되어야 한다는 것이었다.

"동정일여란 오나가나 앉거나 눕거나 말하거나 말을 하지 않거나 움직이거나 조용하거나 상관없이, 화두라는 의심덩어리가 온 마음에 가득한 경지이다. 화두를 가지고 정진할 때 일상생활에서 마음이 하나도 흐트러지지 않고, 고요한 물속에 밝은 달이 비치듯 늘 성성하게 화두가 들리는 경지가 동정일여인 것이다.

동정일여의 경지가 체득된 뒤 더욱 화두공부를 정진하여 가면 마침내 꿈속에서도 세속의 수겁 동안의 업장인 꿈은 없어지고, 그 대신 생시나 다름없이 낮과 똑같이 화두가 들리는 경지에 이른다. 이것을 몽중일여라고 한다. 여기서 한 걸음 더 나아가 깊이 잠이 들어 무의식에 이르렀을 때에도 화두가 성성하게 들리는 경지가 나타나는데, 이 경지를 숙면일여 또는 오매일여라고 한다. 이 세 관문을 뚫어야 화두를 깨칠 수 있고 만 근의 짐을 내려놓는 공부인이 된다. 그러나 우리의 공부는 오매일여를 넘어 내외(內外)가 명철한 구경묘각(究竟妙覺, 번뇌의 소멸과 진리의 통찰이 궁극적인 상태)을 얻어야 견성(見性)이다. 오매일여가 되었다 해도 구경에 이르지 못하는 수가 있으니 꼭 본분종사(本分宗師, 부처의 면목을 회복하여 그러한 안목으로 제자를 지도할 수 있는 역량과 지혜를 갖춘 종사)를 찾아가 인가를 받아야 한다. 오매일여가 되었나, 되지 않았나를 스스로 점검하고 양심을 속이지 말아야 한다. 그렇게 되자면 목숨을 던져놓고 공부해야 한다. 신명을 아끼지 않고 부지런히 노력해야 한다."

이것만 알면 자신의 공부가 어느 정도인지 알 수 있다. 나는 여태껏 이것을 기준으로 삼아 공부를 하고 있다.

법문 노트에 있는 큰스님의 말씀을 적어본다.

공부가 아무리 잘 되는 것 같아도 꿈에 되지 않는 공부는 공부라고 말할 수 없다. 꿈에도 공부를 않을래야 않을 수 없이 된 때 비로소 조금 공부를 하게 되는 때다. 아무리 크게 깨쳐서 법을 다 잘 알아도 잠들어 캄캄하면 죽어 몸을 바꾼 뒤에는 다시 캄캄하여 다 잊어버리고 생사고를 도로 받게 된다. 아무리 잠이 깊이 들어도 밝음과 어둠을 뛰어 벗어난 절대적 광명이 항상 밝아 있는 사람이라야 천 번 만 번 몸을 바꾸어도 영원토록 어두워지지 않고서 생사고를 받지 않고 큰 자유와 활동력이 있는 것이다. 이 절대적 광명은 천만 부처님이 설명할래야 할 수 없으며 가르쳐줄래야 가르쳐줄 수 없다. 오직 공부를 해서 실지로 이것을 깨친 사람만이 아는 것이다. 참으로 묘하고 깊은 진치(眞致)다. 잠들어도 항상 밝아 있는 절대적 광명을 얻기 전에는 화두는 도저히 알 수 없는 것이니 그 전에 혹 아는 생각이 나더라도 그것은 바로 안 것이 아니니 그런 생각은 속히 버려야 한다.

담당(湛堂)이 대혜(大慧) 보고 "네가 모든 불법을 다 알고 모든 법문을 다 잘하나 근본적으로 틀린 것이 있으니 그것을 아느냐?" 하고 말했다. 대혜가 "무슨 일입니까?" 하고 물으니 담당이 말하기를 "네가 보통 때에는 공부가 잘 되나 졸게 되면 아주 공부가 없으니 어떻게 생사를 벗어나려느냐?"라고 하였다. 이것이 대혜의 24세 때의 일이다. 대혜가 36세 때 원오(圓悟)에게 물었다.

"10여 년 동안 공부를 애써 했으나 아직껏 꿈에는 안 되니 어쩐 이유입니까?" 원오가 말하기를, "모든 망상과 불법을 아는 것이 다 떨어져 없어지면 그때 비로소 꿈에도 될 것이다"라고 하였다.

그래도 대혜는 그 전 조금 깨친 것을 버리지 못하고 모든 불법과 조사공안을 다 아는 척하였다. 그 후 원오의 법문을 듣고 크게 깨치니 비로소 꿈에도 공부가 여일하게 되었다. 원오에게 그 연유를 말하니 원오가 "이제부터 조금 공부를 하게 되는 때이나 아직 불법을 바로 깨친 것이 아니어서 생사의 자유는 없다. 지금부터 참으로 발심해서 화두를 참구해야 한다"고 말했다. 대혜가 "내가 이렇게 크게 깨쳤는데 이외에 또 무슨 공부가 있어 화두를 의심하라 합니까?" 하고 반항했다. 원오가 말하기를 "너는 크게 깨친 것 같지마는 아직 죽어 살아나지 못한 사람이다. 캄캄한 어둠 속을 헤매는 중이니 참으로 깨쳐서 해가 뜨는 듯한 밝은 경계가 나타나야 한다"고 하였다. 대혜는 그 말을 듣고 열심히 공부하여 과연 바로 깨침을 얻어 생사에 자재한 사람이 되었다.

설암(雪巖)이 말하기를 "죽을힘을 다하여 공부를 하니 몸과 마음을 다 잊어버리고 사흘 밤낮 동안 잠 한 숨 오지 않았다. 눈앞이 크게 열리어 땅이 꺼지는 듯 홀연히 깨치자 이 경계는 누구에게도 설명하여 줄 수 없었다. 다만 말할 수 있는 것은 꿈에도 여일하여 깨친바 경계가 생시와 조금도 변함이 없었다. 그러나 잠이 깊이 들어 꿈도 없을 때는 아주 캄캄했다. 그리하여 바로 깨치지 못한 줄을 알고 10년 동안 애써 공부를 했다. 그 후 참으로 크게 깨치자 캄캄한 방 안에서 밝은 햇빛에 나온 것과 같았다"고 했다. 그때부터 불법을 바로 알아서 생사에 자재한 사람이 되었다.

고봉(高峰)은 설암의 제자다. 20세 때 3년 만에 공부를 성취 못하면 죽을 작정하고 애써 공부를 했다. 24세 때 꿈에도 화두가 여일하게 되니 먹고 잠자는 것을 모두 잊어버리고 6일이 지났다. 문득 화두를 깨치니 죽었다 살아난 것 같았다. 설암에게 말하니 모든 진리를 묻기에 서슴지 않고 잘 대답했다.

5년 후 설암이 하루는 물었다. "낮에 크게 분주할 때 공부에 조금도 방해가 없느냐?" 고봉이 '조금도 방해가 없다'고 대답했다. 또 "꿈에도 여일하느냐?"고 물었다. '여일하여 조금도 빈틈없다'고 대답했다. "그러면 잠이 아주 꽉 들어서는 어떠냐?"고 물었다. 여기 와서는 아주 캄캄하여 무어라 대답할 수 없었다. 설암이 말하기를, "지금 너의 그 공부는 공부라고 말할 것이 못 된다. 잠들어서도 안 되니 죽은 후에는 어떻게 할 것이냐? 모든 진리를 다 안 것 같지마는 그것은 바로 안 것이 아니다. 오직 잠이 꽉 들어서도 어둡지 않고 항상 밝아 있는 사람이라야 바로 진리를 안 사람이며 따라서 죽은 후에도 어둡지 않고 영원토록 자유한 사람이다. 네가 그 공부로써 만족하지 말고 애써 다시 공부하라"고 하였다. 고봉이 그 말을 듣고 크게 분심을 내어 공부하다가 5년 후에 참으로 바로 깨쳤다.

대혜, 설암, 고봉은 다 이름난 큰 도인들이다. 이렇게 바로 깨쳤기 때문에 많은 사람들을 바로 가르친 것이다. 그 외에도 참다운 도인들은 모두 이렇게 깨친 것이다. 누구를 막론하고 참으로 생사에 자재한 영원한 사람이 되려면 잠이 아주 꽉 든 데서 살아나지 않으면 안 된다. 그러나 본래 발심 못한 사람은 꿈에도 되지 않는 공부로서 사람을 속여 도인 노릇을 하려는 이가 많다. 아무것도 모르는 사람들을 속여 일시는 좋은 것 같으나 영원한 고생을 계속하게 될 때는 후회한들 소용이 없다. 오직 영원한 자유를 위하여 공부하는 사람이 아니면 절대로 성취하지 못한다.

영생을 위한 사람이라면 누구나 끝까지 공부하지 않고 조그마한 것으로 사람을 속이려 하지 않는다. 왜냐하면 일시 사람을 속이려다 영원한 고통을 받게 되기 때문이다. 그러니 오직 영생을 위하여 끝까지 바로 깨쳐야 한다.

큰스님이 한평생 가슴 한복판에 쇠말뚝처럼 박아두었던 말씀이 있었다.

'진리를 위해서 일체를 희생한다.'

도를 위해서라면 어떤 것도 희생하고 몸을 바치겠다는 시퍼런 칼날을 세우지 않으면 도의 길을 갈 수 없다는 각오였을 것이다. 평생 이 길을 와보니 큰스님 말씀 하나하나가 모두 공부하는 데 채찍이 되어 발심이 되게 했다.

큰스님으로부터 정신이 번쩍 나는 말씀을 듣고 성전암을 나왔다. 묘적암에서 점촌까지 걸어가 버스를 타고 대구에 도착한 뒤 다시 성전암까지 걸어서 큰스님을 찾아간 길이었다. 하루 70리를 걸어가자면 다리도 아프지만 무엇보다도 배가 고팠다. 길가 논두렁에서 콩도 따먹고 동네 처녀들에게 가지를 얻어먹기도 했다. 그렇게 걸어갔던 길을 되짚어 나오는 심정은 말할 수 없이 참담했다.

큰스님께서 성전암에서 머무르신 10년 동안, 하안거와 동안거를 마치고 인사를 드리러 갈 때마다 쫓겨나기 일쑤였다. 큰스님의 회상 가운데 가장 엄격했던 때가 성전암 시절이었을 것이다. 출가하기 전, 안거를 마치고 찾아뵈면 큰스님께서는 우리들이 공부를 얼마나 했는지 살피기 위해 이것저것 물으셨다. 백졸스님과 나, 둘 중 하나만 대답을 잘못해도 같이 쫓겨났다.

큰스님의 대화 방식은 앞뒤 설명도 하지 않고 그냥 툭, 거두절미하고 묻는 식이었다. 그래서 정신을 바짝 차리고 있지 않으면 바로 주장자가 날아왔다.

어느 비 오는 여름날, 큰스님이 갑자기 불호령을 내리면서 들고 있던 우산으로 내려치는 바람에 온 몸에 멍이 든 적도 있다.

"가!"

이 말이 떨어지면 나는 눈치 빠르게 도망가는데 백졸스님은 행동이 느린 탓에 매를 맞곤 했다. 여름에 쫓겨나는 것은 그래도 괜찮았다. 추운 겨울 눈이 온 날이면 정말 막막했다. 어느 해 동안거를 마치고 찾아뵈었는데, 또 무엇을 잘못했는지 불호령이 떨어졌다.

"인자 이것들 절에 놔둬서 아무 소용 없데이. 속가 집으로 내쫓아 버려야제."

전날 하루 종일 밥도 못 먹고 성전암까지 걸어갔는데, 가자마자 집으로 보낸다고 하신 것이다. 우리는 영문도 모른 채 겁에 질려 큰스님 방을 도망치듯 나왔다가 다음 날 새벽 예불 시간에 성전암을 빠져나왔다. 어찌나 배가 고픈지 부엌에 들어가 솔잎 속에 묻어놓은 당근을 몇 뿌리 꺼내 눈에 쓱쓱 닦아 먹고는 힘을 내어 새벽에 도망쳤다.

다음 날 아침이 되자 "가시나들 찾아서 하나는 진주로 보내고 하나는 부산으로 보내라" 하시는 큰스님의 엄명을 받고 시자들이 우리를 찾으니, 사람은 간 곳 없고 비탈진 언덕의 눈 위에 뱉어놓은 당근 껍질만 보이더라는 것이다. 나중에 천제스님이 우리를 보고 이렇게 이야기했다.

"아니, 산돼지도 큰스님 잡수시라고 먹지 않는 그 귀한 당근을 행자님들이 훔쳐 먹었습니까?"

출가해서 두 해가 지난 여름이었다. 또 큰스님의 물음에 대답을 못하자 "나가라!" 하시곤 애꿎은 시자들을 향해 소리치셨다.

"저 가시나들 속가로 보내라. 절로 다시 가면 내 그 절을 불사를 기야."

그리고는 "너거들, 법문 노트 내놓고 가라고마" 하시는 게 아닌가. 큰스님의 말 한 마디는 그대로 법이었으니, 생명처럼 지니고 다녔던 친필 노트를 내놓지 않을 수 없었다. 그 노트는 다시 큰스님의 서고로 들어갔는데, 나중에 천제스님에게 볼 수 있게 해달라고 사정했다. 천제스님은 그 내용을 베껴적어서 우리들에게 전해주었고, 그 후로는 친필 노트 원본을 보지 못했다.

큰스님이 그 먼 길을 걸어갔어도 밥 한 술 주지 않고 내쫓은 것은 누구도 의지하지 말고, 또 '왜 이렇게 쫓겨나야만 하는가' 하는 분한 마음을 내서 공부하라는 뜻이었다. 한마디로 '혼자 걸어가라'는 뜻이다. 그렇다. 공부는 홀로 걸어가는 것이다. 누구도 대신해 줄 수 없는 것이 이 공부다. 의지하는 것이 있으면 철저히 공부만 하겠다는 생각이 흩어진다.

지금 생각하면 아무 잘못도 없었다. 설사 말 한 마디 잘못했다고 그렇게 쫓아낼 수는 없는 일이었다. 누구를 의지하는 마음으로는 아무것도 이룰 수 없다는 의중을 그렇게 전하신 것이다. 그런데 우리는 쫓겨나면서도 '내가 뭘 잘못했지?' 하고 고개를 갸우뚱거리기만 했다.

인생길도 마찬가지다. 세상 천지에 자신의 일을 해결할 사람은 자신밖에 없고, 그러한 절박한 마음가짐으로 살아갈 때 인생이 자기 것이 되는 것이다. 누구에게 기대어서 얻은 것은 자기 것이 되지 못한다. 설령 자기 것이 된다 하더라도 곧 없어져버리고 만다. 추운 한파를 견딘 매화 향기가 천 리를 가고 뿌리 깊은 나무가 비바람에 꺾이지 않듯, 누구에게도 의지하지 않고 스스로 자기 육신을 이긴 자들이 일을 성취하는 것이다. 세월이 흘러 공부를 조금 하고 나서야 큰스님께서 큰 잘못도 없는 우리를 왜 그렇게 혼내고 박대하셨는지 알 수 있었다.

우리가 찾아갈 때마다 밥을 주고 반겼다면 벼랑 끝에 선 절박한 마음으로 지혜의 칼을 갈 수 있었을까. 그것은 큰 신심으로 정진하라고 내리친, 큰 자비의 매질이었던 것이다.

그러나 당시 공부가 무엇인지도 모르는 스무 살의 풋내기 행자였던 우리는 그 뜻을 알지 못한 채, 속가로 보내지면 이 공부를 더 이상 할 수 없다는 생각만으로 겁에 질려버렸다. 그야말로 앞뒤가 다 떨어진 절박한 상황으로 부처님밖에 의지할 곳이 없었다.

가진 돈이 하나도 없어서 초와 향 하나를 구할 수가 없던 우리는 점촌에서 탁발을 했다. '중은 돈을 가지면 안 된다'고 하신 말씀을 들은 뒤로는 누가 차비라도 주면 바로 어른 스님들에게 드려서 주머니에 동전 한 푼 없이 지내던 터였다.

탁발(托鉢)은 승려들이 걸식으로 의식을 해결하는 방법을 말한다. 출가 수행자들이 지켜야 할 규율인 12두타행 중 걸식과 같은 뜻이다. 발(鉢)이란 음식을 담는 그릇인 발우를 가리키는데, 따라서 탁발이란 발우에 목숨을 기탁한다는 뜻이다. 수행자가 탁발을 생활 수단으로 할 것을 규정한 것은 상업 활동은 물론 어떤 생산 활동에도 종사할 수 없다는 이유에서였다. 수행자는 탁발을 통하여 수행의 가장 큰 적인 아만과 고집을 없애고, 보시자는 선업을 쌓는다.

 탁발을 해서 얻은 돈으로 향과 초와 쌀을 사서 바랑에 넣고 50리 길을 걸어 윤필암으로 들어갔다. 참회기도를 할 생각이었다. 얼마나 배가 고픈지 길가의 솔잎을 따먹고 주머니에 남아 있던 대추 몇 알로 허기를 달래가며 윤필암에 도착하니 밤 11시였다. 그때 처음으로 나는 참선 대신 기도를 했다.

 '큰스님께 의지할 것 없이 부처님께 의지해 공부해야 한다.'

 절박한 마음으로 일주일 동안 하루에 4천 배씩 절을 했다. 기도를 어떻게 해야 하는지도 모른 채 익숙하지 않은 절을 4천 배나 하자니 절하는 시간만 하루 20시간이나 걸렸다. 남들이 만 배를 하는 시간이 걸린 셈이다. 턱없이 시간이 많이 걸렸지만, 그때 일체의 잡념 없이 절 기도를 하면서 인간에게 무한한 능력이 있다는 것을 깨달았다. 내면에 가지고 있는 힘을 계발하면 생사를 해탈한 영원한 대자유인이 될 수 있고, 계발하지 못하면 번뇌 속에서 삶과 죽음이 계속되는 고통이 연속된다는 생각이 들었다.

 이치를 알면 밝고, 이치를 모르면 어둡다. 어두우면 두렵고, 두려우면 막힌다. 그러므로 막히는 것은 이치에 밝지 못하기 때문이다. 이치란 무엇인가? 내가 무한한 능력을 지닌 부처라는 사실을 아는 것이다. 그러므로 수행은 내가 영원한 생명, 무한한 능력을 지닌 부처라는 사실을 깨치는 것이다.

하루 4천 배 기도를 하던 어느 날, 할아버지께서 묵곡리 밤숲의 집에서 나오시는 꿈을 꾸었다. 집을 떠나온 뒤 한 번도 꿈에 나타나지 않은 할아버지인데 무슨 일인가 궁금한 마음이 들기도 했지만 하루 종일 절을 하느라 곧 잊어버렸다. 그런데 며칠 뒤 고향에서 할아버지가 돌아가셨다는 전갈이 왔다.

9일장을 치르기로 하고 가매장을 했다는데 꿈에서 할아버지를 본 장소가 바로 가매장한 곳이었다. 소식을 가져온 보살님의 말에 따르면, 할아버지는 돌아가시기 직전 저승사자가 눈에 보이는 듯 출가한 아들을 부르며, "이놈들아! 나는 성철스님한테 간다!" 하고 고함을 치셨다고 한다. 할아버지의 소식을 들으니 가슴속에서 고마운 마음과 죄송스러운 마음이 교차했다.

7일간의 참회기도를 마치고 성전암으로 갔더니 큰스님께서는 전의 일을 묻지 않으셨다. 그때 큰스님은 잘못한 일은 그 자리에서 절대 용서하지 않지만 지난 일에 대해서는 다시 묻지 않는다는 것을 알았다.

나에게 전갈이 온 것을 보면 큰스님도 할아버지께서 돌아가셨다는 사실을 아셨을 텐데도, 큰스님은 그에 대해 한 마디도 묻지 않으셨다. 나중에 들으니 그래도 시자를 보내 문상을 하게 했다고 한다.

　수십여 년을 뵙는 동안, 큰스님은 가족에 대한 이야기는 단 한 마디도 하지 않으셨다. 출가할 때 다 버리고 간 분인데 무슨 사심이 있었겠는가. 보는 것을 다 버리고 나 홀로 만고 진리의 길을 걸어가겠다는 장부의 기상이 펄펄 살아 있는 출가시(出家詩)를 보면 원망하고 말고 할 것이 조금도 없다. 그분이 나를 버리고 떠난 아버지라는 생각, 전생과 후생, 이런 모든 것들이 붙을래야 붙을 수 없다.

　출가한 후 나는 큰스님의 출가시를 읽고 어떻게 이렇게 당당하게 자기 길을 걸어갈 수 있는가, 후학으로서 존경과 감탄을 금할 수 없었다. 나에게는 지금도 큰스님의 오도송(悟道頌)이나 열반송(涅槃頌)보다 출가시가 더 강렬하게 다가온다.

깨달음의 노래

큰스님께서 매번 우리를 쫓아낸 것만은 아니었다. 우리가 삭발 출가하기 전에는 중노릇을 하는 데 기초적인 것을 가르쳐주려고 애쓰셨던 것 같다. 기분이 좋으실 때는 이런저런 책을 추천해 주기도 하고 뜻을 새겨주기도 하셨다. 출가해서는 어림도 없는 일을 행자 시절에 누린 셈이다.

행자 시절 큰스님께서 우리들에게 외우라고 한 책은 〈증도가〉와 〈신심명(信心銘)〉, 〈토굴가〉, 〈십현시(十玄詩)〉 등이었다. 젊음의 패기와 신심이 하늘을 찔렀을 때여서 큰스님의 말씀이 떨어지면 무조건 따랐다.

백졸스님과 내가 행자일 때 "이거부터 외워라" 하시면서 내놓은 것이 영가스님의 〈증도가〉였다. 큰스님께서 동서양의 서적을 탐독

하며 영원한 진리의 문제를 풀기 위해 고뇌하던 시절, 홀연히 출가를 결심하게 만들었다는 책이다. 그래서 더욱 〈증도가〉를 우리들에게 전해주고 싶으셨을 것이다.

매일 혼나고 쫓겨나던 어느 날, 큰스님은 기분이 좋으셨던지, "알고나 외워라" 하시면서 〈증도가〉를 자상하게 일일이 풀어주셨다. 영가스님의 동작을 재연이라도 하듯이 육환장을 쳐들며 "이것이 도인 스님들의 호호탕탕한 모습인기라" 하시던 모습이 지금도 눈에 선하다.

"너거들은 언젠가 깨달음을 노래할 미래의 영가스님인기라."

그렇게 말씀하시면서 용기를 주셨던 모습도 잊을 수 없다. 그런 큰스님의 말씀을 조금도 의심치 않고 믿었기에 젊은 시절 목숨을 바쳐 공부할 수 있었을 것이다. 그렇게 생각하고 믿었기 때문에 촌음을 아끼며 모든 시간을 정진에 투자할 수 있었다.

성취할 수 있다는 긍정적인 생각에서 한 길을 걸어가면 시간은 황금 같은 것이다. 출가한 뒤의 시간들은 정말 황금보다 더 귀하고 소중한 시간들이었다.

영가스님과 내가 둘이 아니라는 생각으로 정진했고, 간절한 마음에서 정진하면 〈증도가〉가 더 마음에 와 닿았다. 그 뒤 나는 이 〈증도가〉와 〈신심명〉을 태백산 골짜기에서 그리고 석남사 옥류동 길을 거닐며 큰 소리로 읊었다.

ⓒ 김민숙

해인사 백련암에서의 성철 큰스님.
평소 가야산 호랑이라 불렸지만 이렇게 웃고 계실 때도 있었다.

도를 닦는 사람들에게는 〈증도가〉는 만고의 표준이다.

그대 보지 못하였는가.
배움이 끊어진 하릴없는 한가한 도인은
망상도 없애지 않고 참됨도 구하지 않으니,
무명의 참 성품이 바로 불성이요
허깨비 같은 빈 몸이 곧 법신이로다.
법신을 깨달음에 한 물건도 없으니
근원의 자성이 천진불이라
오음의 뜬구름이 부질없이 가고 오며
삼독의 물거품은 헛되이 출몰하도다.

(중략)

밝고 밝게 보면 한 물건도 없음이여
사람도 없고 부처도 없도다.
대천세계는 바다 가운데 거품이요
모든 성현은 번갯불 스쳐감과 같도다.
무쇠바퀴를 머리 위에서 돌릴지라도
선정과 지혜가 뚜렷이 밝아 끝내 잃지 않는도다.
해는 차게 하고 달은 뜨겁게 할지언정

못 마구니가 참된 말씀을 부술 수 없도다.
코끼리 수레 끌고 위풍 당당히 길을 가거니
버마재비 수레 길을 막는 걸 누가 보겠는가.
큰 코끼리는 토끼 길에 노닐지 않고
큰 깨달음은 작은 절개에 구애되지 않나니
대통(竹筒) 같은 소견으로 창창히 비방하지 말라.
알지 못하기에 내 이제 그대 위해 결단해 주는도다.

행자 시절 큰스님의 설명을 들으면서 신심을 키웠던 〈증도가〉를 10여 년 후 문경 김용사에서 다시 법문으로 들었다. 선(禪)과 교(敎)를 꿰뚫어 중도사상에 입각한 우레와 같은 법문을 들었던 순간에 대해, 은사이신 인홍스님은 "얼마나 환희심이 나고 신심이 났는지 모른다. 이 마음을 누가 알겠느냐?" 하고 말씀하셨다. 환희심이 난 것은 비단 은사 스님만이 아니었다.

〈신심명〉은 삼조 승찬대사(僧璨大師)의 저술로서 역사상 가장 잘 된 훌륭한 문장으로 칭송받는 법문인데, 예로부터 우리 종문에서 중요한 핵심으로 읽혀오는 내용이다. 149구 58자의 사언절(四言節) 시가 형식으로 된 〈신심명〉에서의 신(信), 즉 믿음은 보통의 믿음이 아니다. 신(信)·해(解)·오(悟)·증(證) 전체를 통하는 신(信), 믿음으로써 팔만대장경의 심오한 불법의 도리와 1,700공안(公案)의 격외 도리(格外道理, 격식이나 관례를 넘어선 도리)를 포함하고 있다.

〈신심명〉의 근본 골자는 모두 양변(二邊)을 여읜 중도에 입각해서 40대대(對對)를 갖춘 것이다. '대대'는 취하고 버림(取捨), 미워함과 사랑함(憎愛), 거슬림과 따름(逆順), 옳고 그름(是非) 등등 일상생활에서 나타나는 중생의 상대 개념, 즉 변견(邊見)을 말하는 것이다. 〈신심명〉은 간단한 법문이지만 '대대'를 떠난 중도법을 간명하게 보여주는 드문 저술이다. 일관된 논리로써 선과 교를 막론하고, 불교 전체를 통해 양변을 여읜 중도가 근본 사상임을 표현한 총괄적인 중도 총론이라고 볼 수 있다.

지극한 도는 어렵지 않음이요
오직 간택함을 꺼릴 뿐이니
미워하고 사랑하지만 않으면
통연히 명백하리라.

털끝만큼이라도 차이가 있으면
하늘과 땅 사이로 벌어지나니
도가 앞에 나타나길 바라거든
따름과 거슬림을 두지 말라.

(중략)

하나가 곧 일체요
일체가 곧 하나이니
다만 능히 이렇게만 된다면
마치지 못할까 뭘 걱정하랴.

믿는 마음은 둘 아니요
둘 아닌 것이 믿는 마음이니
언어의 길이 끊어져서
과거 미래 현재가 아니로다.

〈신심명〉은 의리적(義理的)으로 법문한 것 같지만 간단한 글 속에 격외도리가 다 갖추어져 있으며 뜻도 빠짐이 없다.

큰스님은 해인사 백일법문에서도 이 〈증도가〉와 〈신심명〉을 언급하시면서 참석한 수좌들에게 외우게 하셨다. 물론 나도 훗날 제자들에게 〈증도가〉와 〈신심명〉을 외우게 했다.

이성을 경계하라

　출가의 길에서 계율(戒律)은 첫 번째 생명선이다. 계를 지키지 못하면 깨진 그릇에 물을 담을 수 없듯, 모든 것이 무너져버리고 만다.
　계율은 도덕성을 말한다. 그러니 계율이 어찌 승가에만 해당하겠는가. 세상이 제 자리에 있지 못하고 떠들썩한 것은 이 도덕성을 저버렸기 때문일 것이다. 개인의 삶에서도 도덕성을 저버린 채 일을 성취하려 하는 것은 가시나무를 심어놓고 천도복숭아를 취하려는 것과 같다. 나는 도덕성이 인간다운 삶을 이루는 데 으뜸가는 기초라고 생각한다.
　생전에 계율의 중요성을 강조하셨던 큰스님께서는 구도의 길을 걷겠다고 결심한 백졸스님과 나에게 지계(持戒)에 대한 게송을 적어주셨다. 발심을 한 젊은 구도자들에게 귀한 말씀을 들려주셨던 그때의 기억을 떠올려본다.

假使我身槽毒蛇 가사아신조독사언정
愼勿虧誓來相觸 신물휴서래상촉하라
毒死但今一身死 독사단금일신사어니와
染毒輪沒無邊濟 염독륜몰무변제로다. (묘현녀)

履刀入火事雖難 이도입화사수난이나
對女修行難於是 대녀수행난어시로다
若能守志無虧犯 약능수지무휴범하면
此身實世間希有事 차신실세간희유사로다. (가섭)

큰스님께서는 이 게송을 가섭과 묘현녀 이야기를 곁들여 이렇게 풀이하셨다.

"이 게송은 마하가섭과 묘현녀가 주고받은 이야기인기라. 두 사람이 부부가 아닌 부부로 살기로 했는데, 어느 날 묘현녀가 낮잠을 자고 있었는기라. 그때 큰 뱀 한 마리가 묘현녀에게 다가가는 것을 본 가섭이 묘현녀에게 '이보시오' 하고 손을 대면서 묘현녀를 깨웠는기라. 그러자 묘현녀가 말했제.

'설사 내가 독사에게 물려 죽을지언정 내 몸에 손을 대지 마시오. 독사에게 물리면 한 번 죽고 말지만은 염독(炎毒)에 빠지면 끝이 없다오.'

이 말을 듣고 가섭이 대답했는기라.

'칼을 이고 불 속에 들어가는 것은 어려운 일이 아니나 여자를 대해 수행하는 것이 이보다 더 어렵네. 만약 이 뜻을 지켜서 범하지 않으면 이 세상에서 가장 희유한 일이네' 하고 말이제."

큰스님은 이 이야기를 다 마치신 후 "계율이 무너지면 부처님이고 조사고 다 소용없는기라" 하시면서 우리에게 물었다.

"너거들은 그런 위기를 만났을 때 우짤래?"

백졸스님이 먼저 대답했다.

"저는 약을 먹고 그 자리에서 죽어버리겠습니다."

큰스님이 웃으시면서 나에게 물으셨다.

"니는 우짤기고?"

"그런 일은 없을 겁니다."

그때 나는 남녀관계는 상상해 보지도 않았던 터라 도대체 남자가 뭐고 여자가 무엇이길래 저리 말씀하시나 싶었다.

큰스님 방을 물러나와 백졸스님에게 물었다.

"약은 어디에서 사올 건데?"

사범학교에 다니면서 큰스님을 두 번째 만나던 날, 천제굴에서 큰스님이 하신 말씀이 있다.

"남자는 다 도둑놈인기라. 그라니 부모 말고는 가까이 말그라."

아마 내가 어지간히 순진해 보였던 것 같다.

큰스님 말씀을 들은 후부터 나는 선생님이 가까이 오는 것도 싫어했다. 학교에서 지나가던 남학생이 무의식중에 나를 치고 지나갔을 때, 나도 모르게 그의 뺨을 때리고 말았으니 나도 참 어지간히 고지식한 데가 있는 사람이다.

진주 시내에서 숙모가 해주는 밥을 먹고 학교에 다닐 때 사촌오빠 친구들이 놀러왔다가 한참 나를 쳐다보는 것이 싫어서 친구 하나와 방을 얻어 나간 적도 있다. 둘 다 밥을 하지 못해 하룻만에 돌아왔지만 말이다.

큰스님께서는 법문 노트에서 '계율로 스승을 삼으라(以戒爲師)' 하시면서 다음과 같이 적었다.

부처님께서 열반에 드실 때 최후로 부촉하셨다.

"내가 설사 없더라도 계(戒)를 스승으로 삼아 잘 지키면 내가 살아 있는 것과 같으니, 부디부디 슬퍼하지 말고 오직 계로써 스승으로 삼아 열심히 공부하라. 너희가 계를 지키지 못하면 내가 천년만년 살아 있더라도 소용이 없느니라."

지당한 말씀이다. 계는 물을 담는 그릇과 같다. 그릇이 깨어지면 물을 담을 수 없고, 그릇이 더러우면 물이 깨끗하지 못하다. 흙그릇에 물을 담으면 아무리 깨끗한 물이라도 흙물이 되고 말며, 똥그릇에 물을 담으면 똥물이 되고 만다. 그러니 계를 잘 지키지 못하면 추하고 더러운 사람의 몸도 얻지 못하고 악도에 떨어지고 만다.

그러니 어찌 계를 파하고 깨끗한 법신을 바라리오. 차라리 생명을 버릴지언정 계를 파하지 않으려는 것은 이 때문이다.

자장율사(慈藏律師)는 신라 귀족의 아들로서 사람됨이 하도 훌륭하여, 국왕이 속인으로 환속케 하여 대신으로 삼으려고 자주 사신을 보냈다. 그러나 아무리 간청하여도 오지 않으니 왕이 크게 노하여 사신에게 칼을 주며 "목을 베어 오라"고 하였다. 사신이 가서 전후사를 자장스님께 알리니, 스님은 웃으며 말하였다.

"나는 차라리 하루 동안이라도 계를 지키다 죽을지언정, 계를 파하고서 백 년 동안 살기를 원치 않노라."

사신이 이 말을 듣고 차마 죽일 수 없어 왕에게 돌아가 사실대로 아뢰니, 왕도 노기를 거두고 더욱 스님을 존경하였다.

고인(古人)이 말씀하였다.

"알고서도 죄를 지으면 산 채로 지옥에 떨어지나니라."

수도인은 더욱 명심하고 명심해야 할 것이다.

또 이렇게 적었다.

욕심 가운데 제일 무서운 것이 색욕이다. 색욕 때문에 나라도 망치고, 집안도 망치고, 자기도 망친다. 이 색욕 때문에 나라를 다 망쳐도 뉘우칠 줄 모르는 것이 중생이다. 그러므로 수도하는 데도 이것이 제일 방해가 된다.

부처님께서 말씀하셨다.

"이런 것이 하나뿐이기 다행이지, 만약 색욕 같은 것이 둘만 되었던들 천하에 수도할 사람이 하나도 없을 것이다."

이처럼 색욕이란 무서운 것이니, 이 색욕에 끄달리게 되면 수도는 그만두고 지옥도 피할래야 피할 수 없으니, 도를 성취하고 실패하는 것은 색욕을 이기느냐 지느냐 하는 데 달렸다 하더라도 지나친 말이 아니다. 이 무서운 색욕을 근본적으로 끊고자 한다면 도를 성취해야만 한다. 그러므로 부처님도 "도를 성취하기 전에는 네 마음도 믿지 말라"고 하셨다.

만약 "색욕을 끊지 않아도 수도하는 데 관계없다"고 하는 사람이 있다면, 이는 자기가 색욕에 끄달리어 남까지 지옥으로 끌고 갈 큰 악마인 줄 깊이 알고 그 말에 절대로 속지 않아야 한다.

영가스님 같은 큰 도인도 항상 "차라리 독사에게 물려 죽을지언정 색은 가까이하지 말라. 독사에게 물리면 한 번 죽고 말지마는 색에 끄달리면 세세생생 천만겁토록 애욕의 쇠사슬에 얽매여 말할 수 없는 고통을 받게 되니 피하고 또 멀리하라"고 경계하였다.

이 얼마나 지당한 말씀인가? 만약 이것을 끊지 못하면 항상 애욕만 머리에 가득 차서 도는 절대로 들어가지 않는다. 그리하여 무한한 고(苦)의 세계가 벌어지는 것이다.

"색욕을 끊지 못하고 도를 닦으려 한다는 것은 모래를 삶아 밥을 지으려는 것이다"라고 부처님께서 항상 말씀하셨다.

공부를 성취하느냐 못하느냐 죽느냐 사느냐 하는 문제가 색을 이기느냐 못하느냐 하는 데 달렸다. 예로부터 참으로 수도하는 사람은 자기의 생명은 버릴지언정 색을 범하지 않는 것은 이 때문이니, 남자는 여자를, 여자는 남자를 서로서로 멀리하여야 한다. 만약 가까이 하면 결국은 서로 죽고 마는 것이니, 서로서로 범과 같이 무서워하고 독사같이 피하여야 한다.

어떠한 인격자라도 이성(異性)을 믿지 말고 친근하지 말지니, 성과(聖果)를 증득하기 전에는 자신으로서는 어떻게 할 수 없는 것이다. 이성들의 호의는 어떠한 형태의 것이든지 사절하여야 한다. 오직 영원한 자유를 위하여 일시적인 쾌락을 끊지 못하면, 이는 인간이 아니요, 금수보다도 못한 것이다.

생사윤회의 근본은 애욕에 있으니 애욕을 끊지 않으면 해탈할 수 없다. 그러므로 남녀가 서로서로 멀리하는 것이 성도(成道)하는 근본이니, 절대로 쉽게 생각해서는 안 된다.

젊은 날 큰스님께서 수행하면서 스스로에게 다짐한 열두 가지 항목이 있다. 큰스님은 이를 '십이명(十二銘)'이라 했는데, 그 내용을 보면 젊은 날 얼마나 철저히 자신을 경계했는지 알 수 있다.

아녀자에게는 눈길도 주지 않으리라.
속세의 헛된 이야기에는 귀도 기울이지 않으리라.
돈이나 재물에는 손도 대지 않으리라.
좋은 옷에는 닿지도 않으리라.
신도의 시주물에는 몸도 가까이 하지 않으리라.
비구니 절에는 그림자도 지나지 않으리라.
고기는 이로 씹지도 않으리라.
냄새 독한 채소는 냄새도 맡지 않으리라.
시시비비에는 마음도 사로잡히지 않으리라.
좋고 나쁜 기회에 따라 마음을 바꾸지 않으리라.
절을 하는 데는 여자아이라도 가리지 않으리라.
다른 이의 허물은 농담도 않으리라.

5장

석남사

가지산 호랑이를
은사로 모시다

하필과 불필

큰스님께서 '급할수록 돌아가라'는 말씀을 몇 번이나 하셨는데도 '내일이 없다'는 급한 마음으로 정진을 거듭하다가 결국 다시 상기가 났다. 큰스님께서 일러주신 대로 기해단전 요각족심(氣海丹田 腰脚足心)으로 정진했더니 열이 내리기 시작했다.

그런데 상기가 나으면 또다시 오늘도 하루가 다 지났다는 급한 생각에 서둘러 정진하다가 상기가 나는 일이 되풀이됐다. 앉지도 서지도 못할 만큼 상기가 심해져 도저히 참을 수 없는 정도가 되자 큰스님을 찾아가 여쭈었다.

"아무리 해도 상기가 완전히 낫질 않습니다."

큰스님께서 딱하다는 표정을 지으며 단안을 내리셨다.

"상기는 간단히 없어지는 병이 아이다. 할 수 없제, 쉬어가면서 천천히 할 수밖에. 장기전으로 대처해야제."

장기전이라는 말을 듣는 순간 정말 하늘이 무너지는 기분이었다. 집을 나올 때 3년 만에 공부를 마치겠다고 큰소리를 쳤고, 실제로 그럴 자신도 있었다. 그런데 장기전이라니, 믿기지 않는 마음에 다시 여쭈었다.

"그러면 앞으로는 어떻게 정진해야 합니까?"

"한 길로만 가면 결국 성불할 수 있는기라. 서서히 해라."

그런데 나는 천천히 쉬어가면서 하는 그 '서서히'가 더 어려웠다. 집을 나온 지 한 해가 넘은 그때까지 큰스님은 단 한 번도 출가하라는 말을 꺼내지 않았는데, 그날 처음으로 출가에 대해 언급하셨다.

"장기전으로 가려면 머리를 깎아야제. 출가해라."

그렇게 말씀하시고는 붓과 종이를 꺼내셨다.

불필(不必)과 백졸(百拙). 우리에게 내린 법명이었다.

'하심할 수 있는 이름을 받았으면 좋겠다'고 말해왔던 백졸스님은 '백졸'이라는 이름을 받고 좋아했다. 백졸은 백 가지, 즉 만사에 못난 사람이 될 때 만능이 될 수 있다는 뜻이다. 그가 법명을 받고 기뻐하자 큰스님께서는 이름에 대한 게송을 써주셨다.

깊은 산속 높은 곳에 머무르니

나이 육십에 이르러 자유자재함이라
이름이 사람들의 입에 오르내림을 벗어나야
금일에 이르러 이제 백졸승이 됨이라.
住在千峯最上層 年將耳順任騰騰
免敎名字掛人齒 今朝甘作百拙僧

나는 불필이라는 이름을 받고 "하필 왜 불필입니까?" 하고 여쭈니, 큰스님께서는 "하필(何必)을 알면 불필(不必)의 뜻을 안다"고 하셨다. 세간에서는 불필이라는 나의 이름을 두고 흔히 '필요 없다'는 뜻으로 나름대로 해석해, 부처님의 아드님이신 라훌라(장애)에 비견하곤 한다. 부처님께서는 출가하기 전 아드님이 태어나자 출가하는 데 장애가 된다고 하여 그렇게 이름을 지으셨다고 들었다.

그것도 맞겠다 싶어서 토를 달지 않고 살아왔다. 그러나 불필이라는 이름을 내리신 큰스님의 뜻은, 세상에 아주 쓸모없는(不必) 사람이 되어야 비로소 도를 이룰 수 있다는 의미에서 주신 것일 것이다. 그리고 이름에 포함되어 있는 더 깊은 선지(禪旨)는 내가 공부를 다해 마쳐야 알 수 있을 것이다.

큰스님께서는 세상뿐만 아니라 불법 가운데서도 버림받은 사람, 쓸모없는 사람이 되지 않고는 영원한 자유를 성취할 수 없다고 강조하셨다. 수도자가 살아가는 길은 공부밖에 없어야 한다고 하셨으니, 나는 나의 법명을 '바보 등신처럼 공부만 하라'는 뜻으로 새기면서 살아왔다.

큰스님은 아버지라는 이름으로 나를 감싸주지는 않았어도 공부할 수 있는 길은 모두 열어주셨다. 출가를 결심하자 숨어서 공부하는 사람이 되라는 의미에서 한산과 습득의 이야기를 들려주셨고, 또 도인 스님들의 깨친 경지를 들려주면서 신심을 심어주셨다. 큰스님의 가르침에 따라 핵심을 짚으며 가닥을 찾아갔기 때문에 늘 감사하게 생각하며 살아왔다.

출가한 지 얼마 되지 않은 어느 날 성철 큰스님께서 나에게 물으셨다.

"도인 중에는 못난 도인, 숨어 사는 도인, 중생 제도하는 도인이 있다. 또 '내 떡 사소' 하는 도인이 있는기라. 니는 어떤 도인이 되고 싶노?"

"저는 숨어 사는 도인이 되고 싶습니다."

"숨어 사는 도인은 언젠가는 남의 눈에 띄니 중근기(中根機)인기라. 중생을 제도하는 도인은 명리승(名利僧)이고, '내 떡 사소' 하는 도인은 공부도 하지 않고 자기도 속이니 제일 하근기(下根機)인기라. 제일 상근기(上根機)는 못난 사람처럼 행동하는 사람인기라."

나는 그날 큰스님께 못난 도인으로 살다간 한산과 습득의 이야기를 들었다.

"중국 당나라 때 스님인 한산은 승려도 아니고 속인도 아닌 비승비속(非僧非俗)인 채로 천태산 국청사 시풍현에 있는 한암(寒岩)의 깊은 굴속에 살았는기라. 국청사에 와서 습득과 함께 못난 짓을 부렸지만 그 행위가 불도의 이치에 맞았다캐. 또 시를 잘하였제. 어느 날 그 주의 지사가 성인인 줄 알고 의복과 음식을 올리며 절하자 큰 소리로 '도적놈아! 이 도적놈아! 물러가라' 하고는 도망쳐 달아나서는 다시 세상에 보이지 않았다캐. 세상에서는 한산을 문수보살, 습득을 보현보살의 화현이라고도 해. 그 후 한산이 숲속의 석벽이나 마을 인가의 마른 벽에 적은 300여 수의 시와 습득의 시 약간을 얻어 모아 한 권의 책을 만들었는데 그기 《한산시》야. 한번 읽어봐. 두 사람은 바보처럼 살면서 사람들에게 온갖 멸시를 당했지만 누구보다 쾌활하고 자유자재한 도인이었는기라. 도를 공부하는 사람은 말이야 저 한산, 습득처럼 그렇게 살아야 하는기라."

세상은 물론 승가의 어떤 물도 들지 않았을 때, 큰스님께서 직접 말해주시니 얼마나 감동이 깊었겠는가. 또 얼마나 진지하게 열의를 다해 말씀을 해주시는지 그 모습만 보고도 나는 한산, 습득처럼 깊은 산골짜기 토굴에서 감자나 캐어먹고 사는 생활을 해야겠다고 결심했다. 그리고 자나 깨나 죽을힘을 다해서 공부만 하겠다고 생각하고, 못난 중으로만 살 뿐 일체의 공직과 주지 등의 소임을 맡지 않겠다고 마음속으로 큰스님께 약속드렸다. 그때의 다짐은 출가하여 살아오면서 철칙처럼 지켜왔다.

　어렸을 때 책을 읽으면 앞뒤와 가운데를 한 번 훑어보고 덮어버렸다. 그런데 고시조집(古時調集)은 늘 가지고 다녔다. 그 가운데서도 성삼문의 '이 몸이 죽어가서 무엇이 될고 하니 봉래산 제일봉에 낙락장송되었다가 백설이 만건곤할 제 독야청청하리라'라는 시를 가장 즐겨 읽었다. 바람 불고 눈보라 치는 날에는 푸른빛을 잃지 않고 홀로 서 있는 소나무를 보면서 성삼문의 시를 외워보기도 했다. 절에 와서 전반적으로 나라는 사람을 점검해 보니 그런저런 성정들이 출가의 길로 이어진 게 아닐까 하는 생각이 든다.

　집을 나와 첫 철을 보낸 청량사 뒷산의 소나무들은 유난히 푸르렀다. 그 소나무들을 바라보면서 집에서 외우던 고시조를 떠올리기도 했는데, 한산의 시를 만난 이후로는 고시조집을 손에서 놓았다. 그만큼 한산의 시는 나를 매료시켰다.

　한산시를 좋아하여 지금 머물고 있는 심검당의 주련(柱聯, 기둥이나 벽 등에 써 붙이는 글귀)에 그의 시를 새겨두었다.

　　층층 바위틈이 내가 사는 곳
　　다만 새 드나들고 인적은 끊어졌다.

숨어 사는
도인이 되고 싶었던
젊은 시절

좁은 바위뜰 가에 무엇이 있나
그윽이 돌을 안은 흰 구름만 감돌 뿐.
내 여기 깃든 지 무릇 몇 해인고
봄, 겨울 바뀜을 여러 차례 보았네.
그대 부자들에게 내 한 말 부치나니
헛된 이름이란 진정 헛것뿐이니라.
重巖我卜居　鳥道絶人跡
庭際何所有　白雲抱幽石
住玆凡幾年　屢見春冬易
寄語鐘鼎家　虛名定無益

지금도 심검당에 앉아 통창을 통해 들어오는 맑은 달빛 아래 《한산시》를 읽고 있으면 한산이 된 듯하다. 한산이라는 거울을 통해 나를 돌아보는 것이다. 대자연 속에서 구름도 바람도 되어본다. 안거 때 다른 책은 다 두고 와도 이 《한산시》 하나만은 꼭 가지고 온다. 나의 영원한 도반이기 때문이다.

큰스님으로부터 법명을 받은 지 어언 반세기가 지났다. 시위를 떠난 살보다 빠른 세월이 한순간에 지난 듯하다. 고희를 맞던 날 옛 도반들에게 공양을 대접했더니, 그날 백졸스님이 편지 한 통을 주고 갔다. 그의 편지는 교생실습 때 월명암에서 만난 이래 15년 동안의 긴 시간 속에서 피나게 정진한 세월을 떠올리게 했다.

불필스님

벗님들 청하여 공양 베풀어주시니
초여름날 싱그러움이 몇 배나 신나네요.
마음은 클 생각도 않는데 고희가 정말이군요.
대구행 기차 탈 때부터 반세기가 흘렀네요.
건강한 모습으로 항상 만납시다.
2006. 5. 5

정진도량으로 찾아가다

'불필'이라는 법명을 받고 석남사로 가서 인홍스님에게 인사를 드린 뒤 "큰스님께 법명을 받고 출가하러 왔습니다"라고 말씀드리자, "내가 꿈에 안약을 두 개 받았다"고 하면서 좋아하셨다.

경남 울주군 상북면 덕현리에 있는 석남사는 구산선문(九山禪門) 중 하나인 가지산문(迦智山門)을 개창한 신라 도의국사가 824년에 창건한 유서 깊은 절이다. 인홍스님은 이곳에서 퇴락한 사찰을 중창하고 비구니 회상을 열었다. 또한 후학들을 교육하면서 오늘날 우리나라에서 유일한 비구니 종립선원(宗立禪院)으로 자리매김시키셨으니, 이를 통해 한국불교사에서 인홍스님께서 차지하는 위상을 알 수 있다고 하겠다.

처음 절에 오면 몇 개월에서 몇 년 동안 행자 시절을 거치는 것이

상례다. 그러나 석남사에 오기 전 한 해 넘게 청량사와 홍제사, 윤필암, 묘적암에서 더벅머리 행자 생활을 거쳤기에 바로 머리를 깎았다.

스물한 살이던 1957년 가을, 인홍스님을 은사로, 자운 율사스님을 계사(戒師)로 석남사 대웅전에서 사미니계를 받으면서 나는 본격적인 출가의 길로 들어섰다.

성불을 위한 장기전에 들어섰다고 생각하니 급행열차에서 내려 완행열차로 갈아탄 느낌이었다. 3년 안에 도를 깨치리라는 마음의 불길을 잠재우고 어느 정도 여유가 생기자 주변의 사물들이 눈에 들어오기 시작했다.

겨울, 점심 공양을 끝내고 스님들과 지대방에서 차 한 잔을 마시는 여유로움도 있었다. 뒷산에 올라 바람에 떨어진 나뭇가지를 한 짐 지고 내려오다가 잠깐 바위에 기대어 바라본 앞산의 아름다운 풍경은 산에 사는 사람만이 누릴 수 있는 청복(淸福)이었다.

때로는 환희로운 마음에서 출가의 기쁨을 전해주고 출가를 권유하고 싶은 친한 친구들을 마음속으로 불러보기도 했다. 그러나 그들도 자기 인생관대로 잘 살아가고 있겠지 하고는 생각으로만 그쳤다.

봄이 되자 모든 스님들이 밭에 나가 감자와 채소를 가꾸고 논에 모를 심었다. 이때 처음 흙을 만지고 해우소에서 나오는 거름을 채소밭에 뿌리는 일을 해보았다. 거름을 만지는 순간, 내가 만일 출가하지 않았다면 어찌 이런 일들을 할 수 있었을까 하는 생각이 들었다. 출가에 대한 감사함과 환희가 마음속 가득한 나날이었다.

인홍스님께서 석남사 회상을 열면서 대중들에게 가장 강조한 철칙은 '하루 일하지 않으면 하루 먹지 않는다(一日不作 一日不食)'였다.

'일일부작 일일불식'이라는 만고의 규범을 세운 백장회해(百丈懷海)스님은 중국 당나라 때의 선사로, 백장산에 율원으로부터 독립한 선원을 창설하고 당시 율전(律典)의 규정에 구애받지 않는 선종 독자의 규율을 만들어냈는데, '백장청규(百丈淸規)'가 그것이다. 이 '일일부작 일일불식'은 청규의 사상을 확실하게 드러내주는 계목이다.

백장선사는 날마다 밭을 일구고 나무하며 쉬는 법이 없었다. 나이 구십이 넘어서도 늘상 일을 하자 제자들이 말렸으나 듣지 않고 "내가 무슨 덕이 있어서 편히 앉아 먹겠는가"라고 말하였다. 제자들이 하도 딱해서 일하는 도구를 전부 숨겨버렸더니 그날은 아무것도 먹지 않고 굶었다. 그래서 '하루 일하지 않으면 하루 먹지 않는다'라는 만고의 철칙이 세워졌으며 이것이 수도생활의 근본이 되었다.

석남사가 시골에 묻혀 있는 절인데다가, 당시는 경제가 어려웠던 시절이라 허물어져가는 법당을 보수하고 비 새는 지붕의 기와를 가는 것도 모두 대중들의 힘으로 했다. 짚을 썰어서 흙을 넣고,

물을 붓고 맨발로 이겨 만든 흙덩이를 지붕 위로 올렸다.

나는 흙뭉치를 든 채 사다리를 타고 지붕 위에 올라갔다가, 얼마나 다리가 후들거리는지 한 번 해보고는 아래에서 기와를 위로 올리는 일을 했다.

그러던 어느 날 경상남도 교육감이 석남사에 참배를 왔다가, 쳐다만 봐도 위험한 대웅전 지붕 위에 주지 인홍스님이 올라가 있고 대중들이 황토를 둥글게 뭉쳐서 지붕 위로 줄지어 나르는 것을 보고는 "대단하십니다" 하고 인사를 했다.

인홍스님이 그 말을 듣고 일언지하 이렇게 대답하셨다.

"출가자가 기와집에 살면 기와를 만질 줄 알아야 살 자격이 있는 거지요."

수처(隨處)에 작주(作主)하고 입처(立處)에 개진(皆眞)이라, 자신이 서 있는 자리에서 최선을 다했을 때 삶의 주인공으로 살아가는 것이다. 석남사 회상에서 인홍스님은 그것을 몸소 실천하며 가르치셨다. 나는 1961년 3월 통도사 금강계단에서 비구니계를 받을 때까지 일과 수행을 함께했다.

보통은 계를 받고 나면 사미니들의 교육기관인 강원(講院)에 가서 경전 공부를 하면서 중물을 들인다. 그런데 인홍스님은 다른 곳에 가면 중노릇을 하지 못한다고 하시면서 석남사에서 출가하는 사람을 강원에 보내지 않았다. 강사를 초청해서 초학들의 필독서인《초발심자경문(初發心自警文)》,《치문(緇門)》 등을 가르치고 난 뒤 화두공부를 하게 했다.

석남사에서 강원을 보내기 시작한 것은 석남사 회상을 연 지 10여 년 후의 일이었다. 그것도 운문사에 묘엄스님이 강사로 오자 "묘엄스님 같으면 맡길 만하다" 하시고 강원에 보내기 시작했다. 훗날 묘엄스님은 수원 봉녕사를 중창하고 강원을 세워 강주(講主)를 지내셨다. 묘엄스님은 성철 큰스님에게 다음과 같은 약속을 받고 출가했다. 묘엄스님이《회색고무신》에서 하신 말씀이다.

"그동안 성철스님께서 하신 얘기를 곰곰 되새겨보니 학교 선생님보다 아시는 게 많은 것 같고 제 귀에 쏙 들어오는 게 참 마음에 들더라고요. 그래서 스님이 아시는 것 다 나에게 가르쳐주면 중이 되겠다고 약속했습니다. 그리고 스님께서는 아는 것을 다 가르쳐 주기로 약속하셨지요. 지금 생각하니 행복한 시절이었습니다."

1945년 단오날, 묘엄스님은 윤필암에서 성철 큰스님으로부터 사미니계를 수지하고 묘엄(妙嚴)이라는 법명을 받았다. 그때 성철 큰스님께서는 사미니 계첩과〈팔경계법(八警戒法)〉을 손수 정성스레 만들어 주셨는데, 그 계첩을 소중히 간직하고 있는 묘엄스님이 참으로 부러웠다.

성철스님은 묘엄스님과의 약속을 지키기 위해 "나는 계를 설하지 않는 사람인데 순호스님(청담스님) 딸이니까 딱 한 번만 사미니

계를 설하느니라" 하시며 수계하셨고, 그 후 평생 누구에게도 사미니계를 주지 않으셨다.

묘엄이라는 법명은 《대방광불화엄경》 제1권 〈세주묘엄품(世主妙嚴品)〉에서 따온 불명으로 '묘하게 이 세상을 장엄한다'는 뜻이다. 어쩌면 성철 큰스님은 묘엄이라는 이름을 주실 때 후일 대강백(大講伯)으로 중생을 위해 큰 그늘을 드리울 나무임을 예감하셨는지도 모른다.

《회색고무신》에 나오는 성철 큰스님과 묘엄스님의 대화 한 토막이다.

"그런데 큰스님, 큰스님께서 옛날에 저한테 해주신 말씀들 그거 다 경책에 있는 말씀인데요."

"예끼 이놈, 그런 소리 하면 못 쓰는 거야."

성철 큰스님은 묘엄스님에게 꿀밤 한 방을 먹이시고 크게 웃었다.

한번은 묘엄스님이 백련암으로 성철 큰스님을 찾아뵙고 어리광 부리듯하며 법호를 하나 지어달라고 간청했다.

"법호는 와? 그럼 〈세주묘엄품〉의 세주라 하지. 그 얼마나 좋은 긴데, 세(世) 자에 주(主)라 해라."

"제 법명이 묘엄인데 호를 세주라 해도 되겠습니까?"

"온 우주 세계의 주인이 되어서 묘하게 이 세상을 장엄한다는 뜻이니 얼마나 좋노."

"예, 스님. 그리 하겠습니다."

묘엄이라는 법명도, 세주라는 법호도 이렇게 해서 결국 성철 큰스님께서 직접 지어주게 되었다. 나는 물론이고 다른 도반들도 성철 큰스님께는 감히 법호 이야기는 입 밖에 꺼낼 생각도 못했는데 큰스님께 법호를 받은 묘엄스님은 복인 중에 복인임에 틀림없다.

인홍스님의 방침도 그러했지만 나는 꿈에도 강원은 생각지 않은 터였으므로 참선공부에 치중했다. 초학자라면 누구나 배우는 《초발심자경문》도 배우지 않았다.

"책을 보고 배우려면 속가에서 대학에 가지 왜 출가를 했겠습니까?"

인홍스님께 그렇게 말씀드리고는 참선공부에만 몰두했다. 그 시절에는 큰스님의 법문 노트가 내 수행생활의 지침서였고 그것으로 충분하다고 생각했다.

인홍스님이 처음 강원으로 가는 문을 개방했을 때 석남사에서 계를 받은 사미니들이 강원으로 가려고 짐을 쌌다. 그때 나는 한 후배 스님에게 강원을 가는 대신 참선을 하라고 독려하면서 큰스님께 가서 진로를 여쭈어보라고 조언한 적이 있다.

후배 스님이 백련암에 계시던 큰스님께 가서 여쭈었더니 이렇게 물으셨다고 한다.

"《육조단경》을 외워서 화두를 들래, 아니면 강원에 가서 《서장》만 배우고 나와 화두 들래?"

큰스님께서도 강원보다는 참선할 것을 권하셨고, 참선하기 전에 《육조단경(六祖壇經)》이나 《서장》 읽기를 권하셨던 것이다. 당시 백련암에서는 큰스님의 방침에 따라 행자 시절에 일본어를 독학하게 하고, 계를 받고 난 뒤에 한두 해쯤 일본어로 된 대승경전과 소승경전, 《정법안장(正法眼藏)》, 조사어록을 본 뒤 선원에 가는 것을 원칙으로 하고 있었다.

계를 받고 난 뒤에도 나의 후원(부엌) 생활은 여전히 문제가 되었다. 사미니계를 받고 얼마 지나지 않았을 때였다. 보궁에서 부처님 전에 정진의 원을 세우고 손가락을 연비한 스님이 공양주를 살고 있었다. 상처가 다 아물지 않은 상태로 공양주를 사는 모습이 안타까워, "제가 대신 공양주를 살겠습니다" 하고 자원했다.

그런데 내가 솥을 씻으면 물이 모두 흘러내려 부엌 바닥이 한강이 되어버렸다. 당시만 해도 시멘트가 아닌 황토를 바른 부뚜막이어서 옷이 황토 물에 젖어버렸고, 내 옷이 젖는 것은 괜찮은데 다른 스님들에게까지 피해가 가니 참으로 난감한 일이 아닐 수 없었다. 물을 흘리지 않으려고 노력해도 잘 되지 않았다.

그러자 내가 부엌에 들어가기만 하면 함께 공양주 소임을 보던 스님들이 이구동성으로 외쳤다.

"스님, 제발 부엌에 들어오지 마세요! 우리가 다 떠내려가요!"

한번은 가마솥에 끓인 숭늉을 커다란 들통에 들고 발우공양을 하는 대중방에 들어갔다. 주전자와 비슷한 차관(茶罐)에 부어 들여가도 될 숭늉을 커다란 들통에 들고 들어간 것이다. 인홍스님께서 보고 "한 백 명 대중은 먹겠구나" 하시자, 큰방에 있던 대중 스님들이 모두 웃었다. 그렇게 석남사에서의 공양주 노릇도 그리 성공적이지 못했다.

온 대중이 놀란 큰스님들의 법거량

한국 비구니의 역사는 한국불교의 역사와 궤를 같이한다. 한국의 비구니는 신라에 불교를 처음 들여온 아도화상이 머물렀던 집의 주인인 모례(毛禮)의 누이 사씨(史氏)에게서 시작된다. 고려 불교에서는 비구니들의 활발한 수행 모습을 찾아볼 수 있으나 조선시대에 들어오면서 침체기를 겪는다. 그 후 미약하게나마 상궁들의 지원에 힘입어 명맥을 이어오다가 근대에 들어서면서부터 비구니계에서도 고승들의 활동이 나타나기 시작한다.

율장(律藏)에 의하면 비구니들은 〈팔경계법〉을 수지하고 비구와 비구니 교단의 계사 각 10명에게서 계를 받아야 한다. 율사 자운스님은 비구니가 비구니계단에서 계를 받은 뒤 비구계단에서 다시 계를 받는 이부승수계(二部僧授戒) 의식을 확립하셨고, 이것이 오늘

날에 이르고 있다. 자운스님의 비구니계단 복원과 함께 청담스님, 향곡스님, 성철스님 등이 비구니들을 제접(提接)해 주고 법을 인가해 줌으로써, 비구니 교단을 되살리고 선풍(禪風)을 일으키는 데 큰 역할을 하셨다. 이러한 바탕 위에서 전국비구니회의 초대 총재를 역임한 인홍스님은 비구니계의 큰 대들보이셨다.

공부를 하기로 마음먹은 후 내가 처음 절에 간다고 했을 때 큰스님께서는 인홍스님이 수장으로 있던 홍제사로 가라고 하셨고, 훗날 결국 나는 인홍스님을 은사로 출가했다. 큰스님께서 나를 인홍스님에게로 보내신 이유는 당시 비구니 수행자로서 그분만 한 분이 드물었기 때문일 것이다.

인홍스님은 큰스님의 철저한 수행을 가장 좋아했고 그 사상을 그대로 따르려고 노력하신 분이다. 은사 스님께서 늘 하신 말씀이 있다.

"큰스님 법대로 살아야 한다. 그래야 한국불교가 산다."

그리고 상좌들에게 이렇게 토로하시곤 했다.

"한암 큰스님께서 열반하시자 어떤 선지식을 모시고 공부를 해야 하나 고민을 많이 한 끝에 내가 선택한 분이 성철 큰스님이다. 그러니 너희들은 두 번도 돌아보지 말고 그대로 믿고 공부하기만 하면 된다."

정신적 스승이자 법사로 큰스님을 섬기며 그 법을 따랐던 인홍스님이 큰스님을 처음 만난 것은 1949년 겨울, 부산 묘관음사에서였다.

서른네 살에 오대산 월정사 지장암에서 출가해 한암스님 회하에서 공부를 한 인홍스님은 큰스님을 뵙고 수행의 전기를 맞았다. 인홍스님은 전쟁이 일어나리라는 소문으로 어수선하던 오대산을 떠나 묘관음사로 갔는데, 그곳에서 향곡스님과 수행을 하고 계시던 큰스님을 만나게 된 것이다. 그때 큰스님은 '왜색 불교를 척결하고 부처님 법대로 살자'는 기치를 내걸고 봉암사 결사를 이끌다가 전쟁을 예감하고 그곳에 와 계시던 터였다.

큰스님의 사진집인 《포영집》에서는 한강에 방생을 가시거나 삼각산 비봉에 오르시는 청담스님, 향곡스님, 성철스님의 장난스러운 모습을 종종 볼 수 있다.

《회색고무신》에 소개된, 봉암사 결사 시절 큰스님과 향곡스님이 법거량(法擧揚)하시는 모습을 보면 두 분이 얼마나 돈독한 우정을 나누셨는지 알 수 있다. 《회색고무신》에 나오는 이야기 전문을 실어본다.

어느 여름 날, 비가 억수로 쏟아지는데, 봉암사 큰방 앞마당에는 기이한 진풍경이 벌어져 있었다. 성철스님과 향곡스님이 비를 흠뻑 맞아가며 맨발로 어깨동무를 하고 비척거리며 왔다 갔다 하고 있었다. 향곡스님이 성철스님의 어깨를 치며 말했다.

"당신이 문수야."

이번에는 성철스님이 향곡스님의 어깨를 치며 말했다.

"당신이 보현이야."

향곡스님과 성철스님이 서로 문수야 보현이야 하며 비를 맞고 서 있는데 다른 대중들은 처마 밑에 우르르 서서 두 큰스님들의 하는 모습을 구경하고 있을 뿐이었다.

묘엄스님도 살금살금 그 대중들 사이에 끼었다.

그런데 느닷없이 성철스님이 소리를 쳤다.

"구덩이를 파라, 한 구덩이에 죽자."

그러더니 무슨 일이 어떻게 되었는지 성철스님이 느닷없이 향곡스님의 멱살을 틀어잡고 대문간으로 끌고 갔다. 그리고는 대문을 발로 차서 활짝 열고 향곡스님을 패대기를 쳐버렸다. 향곡스님은 졸지에 대문 밖으로 곤두박질쳤다. 성철스님은 대문을 탁! 닫아버리고 빗장을 채워버렸다.

참으로 순식간에 일어난 일이라 봉암사 대중들은 이 희한한 두 큰스님의 법거량을 숨죽인 채 바라만 보고 있을 수밖에 없었다.

이윽고 대문 밖에서 향곡스님이 일어나 왔다 갔다 하는 모습이 판자 틈으로 보였다.

향곡스님은 철컥철컥 대문을 소리 나게 흔들었다.

그러나 성철스님이 빗장을 채웠으니 대문이 열릴 리가 없었다.

"저 대문 좀 열어줘라."

성철스님이 누구랄 것도 없이 말했지만 어느 누구도 감히 대문을 열어주려 하지 않았다. 그랬다가 또 무슨 엉뚱한 불호령을 당할지 아무도 모를 일이기 때문이었다. 향곡스님은 철컥철컥 소리가 날 만큼 대문을 흔들고 있었다. 그때였다. 성철스님이 갑자기 헌식돌로 쓰이는 커다란 돌을 들고 대문 앞으로 가더니 소리 안 나게 살짝 빗장을 빼서 들어 올려둔 채 그 앞에서 두 손으로 돌을 들고 서 있었다.

향곡스님이 또다시 잠긴 줄로만 알고 힘껏 대문을 밀치니 왈칵 대문이 열렸다. 그 순간 성철스님은 들고 있던 그 큰 돌을 향곡스님의 배를 향해 던지니 돌이 스님의 배에 맞고 그대로 발등에 떨어졌다. 참으로 창졸간에 일어난 일이었다.

대중들은 모두 악! 소리를 낼 뻔했다. 그런데 참으로 기이하게도 향곡스님은 아무렇지도 않다는 듯 성큼성큼 들어와 어깨동무를 하더니 한바탕 웃는 것이 아닌가.

"하! 하! 하! 하!"

성철스님과 향곡스님의 호쾌한 웃음소리가 봉암사 가득히 쩌렁쩌렁 울리고 있었다.

참으로 문수보살과 보현보살의 후신인 모양이다. 봉암사 대중들은 넋을 잃고 두 큰스님의 기이한 모습을 바라보고 있다 보니 어느

새 비도 그치고 찬란한 햇살이 쏟아지고 있었다.

당시 인홍스님은 묘관음사 인근의 마을에 방을 얻어놓고 정진했다. 비구 스님과 한 곳에 머무를 수 없는 계율 때문이었다. 인홍스님은 묘관음사에서 일정 시간 정진하고 탁발, 걸식해 가며 수행을 거듭했는데, 장일스님, 성우스님, 묘찬스님 등이 당시 도반이었다.

동안거 중이던 어느 날, 향곡스님이 인홍스님에게 공부의 경계를 물었다. 인홍스님이 자신의 경계가 어떠함을 대답했는데, 이를 듣고 향곡스님이 고개를 끄덕였다. 그러나 곁에서 두 분의 이야기를 듣고 있던 큰스님이 인홍스님의 멱살을 잡고 물었다.

"다시 말해보시오."

인홍스님은 아무 말도 하지 못했다. 은산철벽(銀山鐵壁)에 가로막힌 것처럼 한 걸음도 나아갈 수 없었다. 그날 인홍스님은 큰스님에게 다음과 같은 법문을 들었다.

"하루 중 아무리 바쁠 때라도 화두가 끊어지질 않고 꿈속에 밝고 밝아 항상 한결같아도, 잠이 깊이 들었을 때 문득 화두가 막연하면 다생겁으로 내려오는 생사고를 어떻게 하겠는가?"

화두가 동정일여, 몽중일여, 숙면일여가 되어서 오매일여가 되어야 한다는 삼분단 법문이었다. 인홍스님은 그날 큰스님의 말씀을 들고 '이 대선지식의 지도를 받으며 공부해서 기필코 성불하리라'는 다짐을 하며 크게 재발심을 하셨다고 한다.

그 일이 있은 후 아침 정진을 하고 나서 묘관음사 연못가를 포행하며 화두를 들고 있던 인홍스님에게 큰스님이 공부의 경계를 물었는데 대답하지 못하자 못으로 밀어 넣었다고 한다. 말없는 경책이었던 것이다. 인홍스님은 당황하지 않고 얼음이 살짝 얼어 있던 연못을 빠져나왔다. 그때의 일을 두고 인홍스님은 이렇게 말씀하시곤 했다.

"겨우 연못에서 빠져나왔지만 이미 옷은 물에 푹 젖어 얼음이 쩍쩍 달라붙었지. 바닷바람이 오죽 차야지. 그러나 나는 방으로 들어갈 수가 없었다. 그대로 서서 정진하며 옷을 다 말렸지. 그때 내 정신이 돌아왔다. '조금 아는 것은 아무것도 아니구나. 그것조차 버릴 것이구나' 하는 생각이 들었다. 평생 살아오면서 그때 발심했던 마음을 철두철미 잊지 않고 살았다."

묘관음사에서 큰스님을 뵙고 큰 경책을 받은 인홍스님은 그 후 마산 성주사에서 40여 명의 대중과 함께 대중 결사를 시도했다. 성철 큰스님을 비롯한 청담스님, 자운스님 등이 주동해서 했던 봉암사 결사를 그대로 따라 실현한 것이다. 내가 처음 뵈었던 홍제사에서도 성주사에서 결사했던 것과 똑같은 방식으로 대중을 이끌고 계셨다.

인홍스님은 성주사 결사 때 행했던 포살(布薩)과 대중들이 함께

하는 육체노동인 운력(運力), 발우공양 등을 실천하면서 수행의 길에서 한 치의 어긋남도 없이 석남사를 이끄셨다. 신도들에게 시주를 받아가며 먹고살기 급급하던 시절, 철저한 수행에 비구니 위상 정립의 관건이 있다고 보고 끊임없이 정진을 독려한 선각자였다. 이러한 인홍스님의 철저한 신념을 아시는 큰스님께서도 출가의 뜻을 비치는 사람들을 인홍스님에게로 보내셨다.

인홍스님은 큰스님의 가르침을 석남사에서 그대로 실현하셨다. 자주 "큰스님은 어떤 상황에서도 적절한 가르침을 내렸다. 아무리 철조망을 쳐놓고 찾아간 우리를 막으셨어도 큰스님의 뜻을 알 수 있었다. 나는 오로지 큰스님 법에 의지하고 그분의 지도 아래 비구니 위상을 세워보겠다는 원력으로 석남사를 이끌었다"고 하셨을 만큼 석남사는 큰스님의 가르침대로 운용되었다.

새벽 예불 시간에는 능엄주(楞嚴呪)를 독송하고 저녁 예불 시간에는 대참회 108배를 했다. 그리고 매달 보름과 그믐마다 대중 앞에서 자신의 허물을 참회하는 포살을 행했다. 이것들은 모두 여러 승려들이 함께 배우며 안거하는 총림(叢林)의 일과로서 큰스님이 실현하고 싶어 했던 것으로, 인홍스님은 석남사에서 이를 실행한 것이다. 큰스님에 대한 절대적인 믿음이 없었다면 불가능한 일이었다.

학인들에게는 아침 시간에는 영가스님의 〈증도가〉와 승찬스님의 〈신심명〉을 독송하게 하고, 행자가 삭발할 때와 불명(佛名)을 받을 때, 화두를 받을 때는 밤을 새워 3천 배 하는 것을 규칙으로 했다. 불명과 화두는 반드시 큰스님을 친견하고 받도록 했다. 학인들의 입선 시간에는 순치황제의 출가시를 읽게 하여 수행자로서의 위상을 심어주었고, 초학자들의 필독서인 《초발심자경문》을 철저히 익히도록 했다.

그리고 큰스님이 지으신 '납자에게 주는 열 가지 당부〔納子十偈〕'를 읽게 했다. 이 '납자에게 주는 열 가지 당부'는 게송 형식의 글로, 찰나에 지나가버리는 시간을 경계하는 말씀부터 무소유의 정신, 자기반성 등 수행자들을 치열하게 정진하도록 북돋우는 내용을 담고 있다.

납자에게 주는 열 가지 당부

1. 무상(無常)
한 조각 그믐달이 겨울 숲 비추니
몇 개의 백골들은 숲 사이에 흩어져 있네.
옛날의 풍류는 어디에 있는가
덧없이 윤회의 괴로움만 더해가는데.

2. 안빈(安貧)

누더기 더벅머리로 올연히 앉았으니
부귀니 영예니 구름 밖의 꿈이로다.
쌀독에 양식은 하나 없지만
만고의 광명은 대천세계 비추네.

3. 정근(精勤)

물 긷고 나무하는 일은 옛 스님 가풍이요
텃밭 매고 주먹밥은 참 사는 소식이라.
한밤에 송곳 찾아도 오히려 부끄러워
깨닫지 못함을 한숨 지며 눈물로 적시네.

4. 정절(貞節)

몸 망쳐 도를 없애는 데는 여색이 으뜸이라
천 번 만 번 얽어 묶어 화탕지옥 들어가네.
차라리 독사를 가까이 할지언정 멀리 둘지니
한 생각 잘못 들어 무량고통 생기도다.

5. 신독(愼獨)

어둔 방에 혼자서 보는 이 없다 말라
천신의 눈은 번개 같아 털끝도 못 속인다.

합장하고 정성껏 받들어 모시다가도

갑자기 성을 내어 자취를 없애니라.

6. 하심(下心)

법계가 모두 비로자나 부처님인데

어느 누가 현우(賢遇)와 귀천을 말하는가.

모두를 부처님처럼 애경(愛敬)하면

언제나 적광전을 장엄하리라.

7. 이타(利他)

슬프다, 뜬구름 같은 이 세상의 어리석은 중생이여

가시덤불 심어놓고 천도복숭 바라도다.

나를 위해 남 해침은 죽는 길이고

남을 위해 손해 봄이 사는 길이네.

8. 자성(自省)

내 옳은 것 찾아봐도 없을 때라야

사해가 모두 편안하게 될 것이니라.

내 잘못만 찾아서 언제나 참회하면

나를 향한 모욕도 갚기 힘든 은혜이니.

9. 회두(回頭)

꿈속의 쌀 한 톨 탐착하다가

금대(金臺)의 만 겁 식량을 잃어버렸네.

무상은 찰나라 헤아리기도 힘든데

한 생각 돌이켜서 용맹정진 않을 건가.

10. 인과(因果)

콩 심어 콩 나고 그림자는 형상 따라

삼세의 지은 인과는 거울에 비치는 듯.

나를 돌아보며 부지런히 성찰한다면

하늘이나 다른 사람을 어찌 원망하리오.

나에게 극악하게 하는 사람이 바로 진정한 선지식이니

고통 주고 모욕 주는 은혜는 목숨 다해도 갚을 수 없으리라.

세상사를 한눈에 꿰뚫어보시고 한 말씀인데 무엇을 덧붙이랴. 승속(僧俗)을 막론하고 마음을 닦는 사람들에게는 그대로 참 법문이다. 출가해서 석남사 법당에서 대중들과 이 글을 읽으며 신심 내어 공부한 것이 엊그제 같다.

100명이 함께하는 발우공양

생전에 '가지산 호랑이'라고 불렸던 인홍스님은 자주 이렇게 말씀하셨다.

"스님을 의미하는 승(僧) 자를 해체하여 보아라. 사람 인(人) 변에 일찍 증(曾) 아니냐. 보통사람보다 모든 면에서 먼저 가는 사람이라는 뜻이다. 부처님의 제자는 일체중생의 사표가 되어야 한다. 청빈으로 수도생활의 생명을 삼고, 일체중생을 위하여 기도하며 끝없이 하심하고 봉사해야 한다."

은사 스님은 음식을 먹는 자세 하나도 엄격하게 가르쳤다. 반드시 대중이 한 방에 모여 발우공양을 했고 이를 어기면 용납하지 않았다. 일이 너무 많아 대중들이 가끔 뒷방에서 상을 차려놓고 공양을 하기라도 하는 날에는 날벼락이 떨어졌다.

"승려의 위의(威儀)는 승려 자신이 세워야 하는 법이다. 부처님 제자인 출가자들이 그렇게 세인들처럼 먹어서야 되겠느냐?"

어두운 방에 혼자 있을지라도 큰 손님 앞에 있는 것처럼 생활하라고 가르치셨다.

석남사의 중요한 가풍 중에서 빼놓을 수 없는 것이 발우공양이다. 은사 스님은 석남사에 들어오면서 목발우를 없애고 철발우를 사용했다. 당시는 정화 운동을 하고 나서 가사장삼을 입고 철발우 공양을 하는 절이 없었기 때문에 '참, 별나게 산다'라는 곱지 않은 시선도 있었으나 스님의 발우공양에 대한 소신은 흔들리지 않았다.

아무리 불사가 많아 사중(寺中) 일이 바빠도 100여 명이 넘는 대중들이 강선당에 모여 묵묵히 발우공양을 하는 모습은 수행자의 위의를 드러내는 일로, 석남사의 전통으로 내려오고 있다.

새벽 예불이 끝난 후 절 6백 배 혹은 천 배를 마치면 6시에 가사와 장삼을 수하고 대중 법공양(아침 발우공양)이 시작되었다.

죽비 1성이 울리면 합장하고 게송을 읊는다.

회발게(回鉢偈) : 부처님을 생각하는 게송
부처님께서 태어난 곳 가필라성 밖 룸비니 동산
부처님께서 성도하신 곳 마가다국 부다가야 보리수 아래

부처님께서 최초로 설법하신 곳 바라나시 근교의 녹야원
부처님께서 열반에 드신 곳 구시니가라성 근처의 사라쌍수 아래

전발게(展鉢偈) : 발우를 펴면서 하는 게송
부처님으로부터 출발하여 내 앞에까지 이른 응량기
내 지금 얻어(받아서) 발우를 펴니,
원하옵건대 일체중생이 함께,
평등하게 삼륜이 공적하여지이다.

(중략)

수발게(收鉢偈) : 발우를 거두는 게
공양을 마침에 색신의 기운이 충만하니
시방삼세에 부처님의 위신력을 떨침이라.
인연 공덕 돌리어 마음에 두지 않고
모든 중생들이 깨달음을 얻을지어다.

죽비 3성이 울리면 합장하고 법공양을 마친다.

"발우를 펴고 반듯하게 앉아 제대로 먹어라. 법복을 입고 염불하고 난 다음 먹는 그 좋은 밥을 두고 마을 사람들처럼 먹어서야 되

ⓒ 김민숙

100여 명이 넘는 대중이
가사장삼을 입고 강선당에 모여 묵묵히 발우공양을 하는 모습은
전통으로 내려오는 석남사의 중요한 가풍 중 하나이다.

겠느냐?"고 하셨던 스님의 호통이 때로 그립다.

은사 스님의 호통은 먹는 것에만 그치지 않았다. 계율을 어겼을 때의 엄벌은 누구도 흉내 낼 수 없는 것이었다. 언젠가 석남사로 출가한 학인 한 사람에게 속가에서 알고 지내던 남자 한 사람이 찾아왔다. 스님께서 이를 알고 찾아오지 못하게 하라고 한두 번 타일렀으나, 남자가 계속 찾아오는 것을 처리하지 못했다. 그러자 스님께서 학인의 가사를 벗으라고 하고는, 그 자리에서 죽죽 찢어버리셨다. 이에 그친 것이 아니다. "너는 수행자로 살 자격이 없다" 하시며 가사장삼을 환수하고 입고 왔던 옷을 입혀 산문 밖으로 내보냈다.

도저히 수행자로 성장할 수 없을 것 같은 자질의 학인에게도 "한 중생을 제도하려고 백천 생을 따라다닌다"고 하시며 잘 가르쳐 쓸모 있는 수행자로 만든 분이었으나, 계율에 어긋나는 일은 한 치도 용납하지 않았다.

수많은 대중이 있었는데도 아침 예불에 나오지 않는 사람을 정확히 기억해 내시고는 방으로 찾아가 잠에 취해 있는 사람에게 양동이 물을 끼얹었던 일은 유명한 일화이다.

어디 그뿐인가. 공부하다가 잠깐 책상에 얼굴을 묻고 존 행자에게 "공부하다가 조는 사람은 석남사에 있을 필요가 없다"며 그를 내쫓기도 하셨다. 그리고 맨발로 쫓겨났던 행자를 선방에 무릎 꿇린 채 대중공사를 하셨다.

　아마 석남사만큼 긴 시간 동안 대중공사가 진행되는 곳은 없을 것이다. 대중이 무엇을 잘못하면 예전에 눈여겨보았던 허물 하나하나를 들춰내면서 경책하는 것이다. 걸음걸이 한 번 잘못한 것까지 들춰내는 자리가 대중공사 현장이다. 이러한 혹독한 과정을 거치지 않고는 뭇사람들의 사표인 사문이 될 수 없다는 것이 스님의 소신이었다. 은사 스님의 그러한 철저함이 없더라면 석남사는 비구니계의 모범 사찰로 자리 잡지 못했을 것이다. 이후 '석남사는 규율이 엄격하고 일은 고되지만 공부를 제대로 할 수 있다'는 소문이 퍼져, 많은 사람들이 출가하기를 원하는 도량이 되었다.

　퇴락할 대로 퇴락한 가람을 일으켜 세우고 후학들의 교육기관이자 정진 도량으로 입지시키는 데 힘든 것이 하나둘이 아니었을 텐데, 은사 스님은 한 번도 대중들에게 불편한 기색을 보이지 않았다. 승가뿐 아니라 인간으로서도 사표가 되셨던 분인 것이다.

　은사 스님은 복인(福人) 중에 복인이었다. 그런데 그 복이 어디에서 왔는가. 나는 하심에서 나왔다고 생각하고 있다.

　석남사에 하루는 낯익은 비구 스님 한 분이 찾아왔다. 한 해 정도 석남사에서 허드렛일을 하다가 은사 스님의 권고로 출가한 부목(負木) 출신의 스님이었다. 우리는 반가운 얼굴로 합장 한 번 한 채 각자 일하기에 바빠 잊어버리고 있었는데, 외출을 하고 돌아온 은사 스님께서 이 사실을 알고는 가사장삼을 차려 입고 나오셔서 그 젊은 스님께 삼배를 하시곤 잘 대접해서 보내셨다.

우리가 "인사나 받으시지 장삼까지 수하고 절을 하세요?" 하고 여쭈었더니, "무슨 소리를 하느냐? 저 스님은 예전의 부목이 아니고 헌헌장부의 길을 가고 있는 출가자가 아니더냐?" 하셨다.

은사 스님은 또 내 것 네 것이 없으셨던 분이다. 한번은 지리산 대원사에 볼 일이 있어 모시고 갔는데, 주지이신 법일스님은 불사가 힘드셨던지 법당을 상량만 해놓고 기와를 올리지 못하고 있었다. 은사 스님은 돌아와 석남사의 여력이 있는 신도에게 '대원사 법당 기와를 좀 올려달라'고 부탁하셨고, 그 후 대원사 법당의 기와가 올려졌다.

자기 자신은 절의 일꾼이었던 젊은 비구 스님에게 절을 할망정 비구니의 위상만큼은 올려야겠다는 원력을 잃지 않고 산 분이었고, 출가자의 근본 원칙에서 한 발자국도 벗어나지 않으셨다.

석남사는 불보(佛寶) 사찰인 통도사가 본찰이다. 은사 스님은 통도사에 머무르시던 큰스님들께도 가르침을 받으며 석남사를 이끄셨다. 근세 통도사의 역사 자체라고 해도 과언이 아닌 구하 노스님, 경봉 큰스님, 조계종 종정을 지내신 월하 큰스님, 통도사 주지와 조계종 원로회의의장을 지내신 벽안 노스님 등을 극진히 모시며 가르침을 받고 후학들을 지도하셨다. 은사 스님이 큰 수술을 받고 통도사로 인사를 드리러 가서 하룻밤 묵으실 때, 월하 큰스님께서 방으로 손수 따뜻한 물과 손전등을 가져다주시고 '밤에 필요할 테니 사용하라' 하시며 신경을 써주셨던 일이 생각난다.

엄격하셨던 벽안 노스님께서는 후학들에게 늘 검소하게 사시는 모습을 보여주셨는데, 통도사로 인사를 드리러 가면 항상 손수 쓰신 글을 선물로 주셨다. 나는 지금도 스님께서 붓으로 쓰신 〈신심명〉을 소중하게 간직하고 있다. 석남사는 지금 통도사에서 한 달에 두 번 포살법회와 결제, 해제를 할 때마다 대중들이 참석해 방장 스님의 법문을 들으면서 수행하고 있다.

은사 스님은 또한 큰스님들을 초청해서 학인들을 공부시켰다. 학인들이 청담스님의 금강경, 운허스님의 능엄경, 향곡스님·자운스님의 법문, 일타스님의 보살계 법문 등 기라성 같은 큰스님들의 법문을 들으며 정신의 지평을 넓힐 수 있었던 것도, 후학들을 폭넓게 공부시키려 했던 은사 스님의 소신과 철학 때문이었다. 지도자의 뚜렷한 소신이 한 사찰을 공부하는 도량으로 만드는 데 얼마나 중요한 역할을 하는지 은사 스님을 통해 배웠다.

젊어서는 어른은 다 그런 줄 알았다. 내가 육십이 넘고 칠십이 넘어보니까 은사 스님의 지도자로서의 면목은 누구도 따를 수 없을 만큼 훌륭하셨음을 알겠다. 큰 어른이었다. 그 신심과 원력을 누가 따라간단 말인가.

3천 배 수행으로
친구의 불치병을 치유하다

　스물다섯일 때인 1961년 3월에 통도사 금강계단(金剛戒壇)에서 율사 자운스님을 계사로 비구니계를 받았다. 통도사 금강계단은 부처님의 진신사리를 모신 단(壇)으로 그곳에서 계를 받는 것은 부처님 앞에서 계율을 지킬 것을 맹세한다는 의미가 있다.
　비구니계를 받고 도를 묻기 위해 스승을 찾아 돌아다니는 운수납자(雲水衲子)의 길로 나섰다.
　한 곳에 오래 있으면 가족적인 분위기가 되어 정진에 이익이 없다는 생각이 든 어느 날, 새벽 예불을 마친 뒤 걸망을 졌다. 석남사 일주문을 나와 언양까지 30리 길을 걸어나오니 세상 모든 곳이 정진도량처럼 느껴졌다.
　몇 년 동안 대승사 윤필암과 묘적암, 해인사 국일암과 극락전,

스물다섯일 때 통도사 금강계단에서 비구니계를 받았다.
그로부터 15년 후인 1976년 제자가 수계할 때 다시 금강계단에 섰다.

지리산 대원사, 도솔암 등을 두루 다니며 수행에 전념했다. 자유로이 운수납자의 특권을 마음껏 누린 때였다.

지리산 도솔암에서 혜춘스님, 철마스님, 백졸스님과 함께 수행하고 있을 때다. 도솔암은 묵곡리에서 그리 멀지 않은 곳에 있는 암자이다. 세속 일은 전생처럼 까마득히 잊었건만 고향 가까운 암자에 있다 보니 한 친구의 얼굴이 떠올랐다. 단성초등학교에 입학하면서 사귄 친구인데, 내가 서울로 유학 가는 바람에 헤어졌다가 전쟁으로 인해 잠시 집에 있으면서 다시 만난 친구였다.

하루에도 몇 번씩 죽을 고비를 넘기고 꿈속에서도 그리던 고향에 돌아오자 그 친구가 보고 싶어 주변 사람들에게 물어보았더니 중한 병을 앓고 있다고 했다. 바로 친구 집으로 달려가 친구를 보는 순간, 너무 놀라고 말았다. 얼굴빛은 박꽃처럼 희고 해맑았는데 눈썹이 하나도 없는 것이었다.

어른들의 허락을 받아 친구 집에서 하룻밤을 자고 슬픈 마음을 누르며 돌아온 것이 그녀와 마지막 만남이었다. 그 후 가끔씩 친구가 떠오를 때마다 마음이 아팠는데, 도솔암에 오자 그 친구의 안부가 궁금했다.

'병은 다 나았을까? 어떻게 살고 있나?'

낫지 않았다면 도와주고 싶어 친구의 부모님에게 연락을 드렸다. 친구에게 직접 연락을 하면 마음의 상처를 입을까 봐 걱정이 되어 부모님께 연락을 취해 '보고 싶다'고만 했다. 안동 권씨의 엄격한 유학자 집안에서 자라 절에는 한 번도 와본 적이 없는 친구였지만 연락을 받자 나를 믿고 도솔암으로 왔다. 10년이 넘는 세월이 흘렀지만 친구는 여전히 의학적으로 치료할 수 없는 지병을 앓고 있었다.

그녀를 부른 데는 내심 3천 배 기도를 시켜볼 생각이 있었다.

삶을 고통의 바다라고 한다. 그런데 고통 속을 헤매는 것은 자신이 지은 업력 때문이다. 모든 행불행은 자신이 지은 것이므로 그것을 벗어나는 것 또한 자신이 해야 할 일이다. 그 업력을 벗어나게 하는 가장 좋은 기도가 절 수행이다.

반가움에 손을 잡고 그녀에게 "절을 한번 해봐요" 하고 권했다. 나는 그녀가 절을 하면서 지극정성으로 기도하면 아무리 불치의 병을 앓고 있어도 나을 것이라고 확신했다. 자신이 영원한 생명, 무량한 광명을 지닌 부처임을 확신하고 기도하면 세상에 이뤄지지 않을 것은 없다고 생각했다. 무한한 능력을 내재하고 있는 것이 우리 인간 아닌가.

이런 생각은 출가해 공부하면서 확신한 것인데 여기에는 큰스님의 영향이 컸다.

큰스님께서 신도들에게 3천 배를 처음 시키기 시작한 것은 안정사 천제굴에 계실 때였다. 수많은 불자들이 전국에 소문난 도인을 찾아 천제굴로 왔을 때, 불자들에게 가르침을 처음 베푼 곳이기도 하다. 전쟁으로 인해 몸과 마음이 만신창이가 된 사람들이 찾아와 인생을 물었을 때 큰스님은 그들에게 불공의 참 의미를 가르치셨다.

함께 사는 시자들에게는 신도들을 위해 아무개 잘되게 해달라는 축원을 하지 못하게 했다. 자신의 죄업을 참회하고 수행하는 것으로 불공을 해야지 복을 달라는 것으로 불공을 해서는 안 된다는 가르침이셨다. 중생이 본래 부처임을 자각하고 모든 대상을 부처님으로, 부모로, 스승으로 섬기는 것이 참된 불공이라 하셨다.

"죄업이 멸하면 그 자리에서 복이 생기는기라. 그라니 참회 정진으로 복을 구해야지. 무량겁토록 참회해야 한다."

자신은 물론 일체중생들을 대신해서 모든 죄를 참회하고 일체중생이 모두 불법을 깨달아 참된 삶을 살도록 기원해야 한다는 것이었다. 큰스님은 업장을 참회하여 복과 지혜를 더해가는 것으로 절을 하게 했다. 사미, 사미니들에게도 화두를 받기 전에 반드시 절을 하게 했다. 화두를 받으러 오면, "하루 네 시간 이상 자지 말고 3만 배를 하고 오너라" 하셨다. 내가 행자 신분으로 홍제사에서 정진할 때에도 큰스님께 화두를 받기 위해 무릎에서 피가 나도록 절을 하는 사미니들을 보았다.

큰스님은 모든 중생을 위해 참회하고 남모르게 남을 도우라고 하셨다. 법문 노트의 내용이다.

　　일체중생의 죄과는 곧 자기 죄과니 일체중생을 위하여 매일 백팔참회를 여섯 번 하되 하루도 빠지지 않고 시행한다.
　　그리고 건강과 기타 수도에 지장이 생길 때는 모두 자기 업이니 일일 3천 배를 일주일 이상씩 특별 기도를 한다. 또한 자기의 과오만 반성하여 고쳐 나가고 다른 사람의 시비는 절대로 말하지 않는다.

　　수도의 목적은 이타에 있다. 이타심이 없으면 이는 소승외도(小乘外道)이니, 심리적·물질적으로 항상 남에게 봉사한다. 자기 수도를 위하여 힘이 미치는 대로 남에게 봉사하되 추호의 보수도 받아서는 아니 된다. 노인이나 어린아이나 환자나 빈궁한 사람을 보거든 특별히 도와야 한다.
　　부처님의 아들 라훌라는 10대 제자 가운데서도 밀행제일(密行第一)이라 한다. 아무리 착하고 좋은 일이라도 귀신도 모르게 한다. 오직 대도를 성취하기 위해서 자성(自性) 가운데 쌓아둘 따름, 그 자취를 드러내지 않는다. 한 푼어치 착한 일에 만 냥어치 악을 범하면 결국 어떻게 되겠는가? 자기만 손해 볼 뿐이다.
　　예수도 말씀하지 않았는가.

"오른손으로 남에게 물건을 주면서 왼손도 모르게 하라."

세상의 종교도 그렇거늘, 하물며 우리 부처님 제자들은 어떻게 하여야 할지 생각해보면 알 것이다.

천 마디 말보다 한 가지 실행!

실행 없는 헛소리는 천 번 만 번 해도 소용이 없다. 아는 것이 천하를 덮더라도 실천이 없는 사람은 한 털끝의 가치도 없는 쓸데 없는 물건이 되는 것이다. 참으로 아는 사람은 말이 없는 법이다. 그러므로 고인은 말하였다.

"아는 사람은 말하지 않나니, 말하는 사람은 모르는 사람이다."

또 말했다.

"옳은 말 천 마디 하는 것이 아무 말 없는 것만 못하다."

그러니 오직 실행만 있을 뿐 말은 없어야 한다.

또한 큰스님은 남을 돕는 일에 대해 이렇게 발원하게 하셨다.

시방세계에 항상 계시옵는 모든 부처님께 지극한 마음으로 비옵나이다.

아 거룩한 부처님이시여!

나를 위하여 남을 해침은 불행의 근본이요

참다운 행복은 오직 나를 버리고 남을 돕는 데서 옴을 깨달았

사오니

　항상 내 몸을 돌보지 않고 오직 남을 위해 일하고 사는 사람이 되어 영원한 행복을 받는 길로 이끌어주시옵소서.

　모든 중생들을 친함과 원수의 차별이 없이

　다 부모나 부처님과 같이 정성을 다하여 섬겨

　중생들에게 이익 되는 일은 무엇이든지 힘을 다하여 돕겠나이다.

　아 부처님이시여!

　모든 중생들이 어리석어서 지은 바

　많은 죄악은 전부 제가 가지고 참회하겠사오며,

　모든 중생들이 죄악의 결과로써 받는 말할 수 없이

　지극한 쓰라린 고통을 전부 제가 대신하여 받겠사오니

　그 불쌍한 중생들이 모든 고통을 벗어나

　모두들 다 같이 함께 다시는 위없는 영원한 행복을 얻게 하여 주옵심을 빌고 빌어 마지 아니 하옵나이다.

　나무 석가모니불

　석남사에서는 무엇을 새로 시작할 때는 3천 배를 하고 시작했다. 아침 공양 끝에 "제가 무슨 일을 해야 하는데 오늘 3천 배를 하고 시작하겠습니다" 혹은 "며칠 간 1080배, 3천 배를 하겠습니다"

하고 대중들에게 고한다. 모두에게 고했기 때문에 끝을 내지 않을 수 없고, 한편 그 이야기를 들은 대중들은 마음으로 그 기도를 지켜주게 된다. 그때만 해도 절을 하는 회상은 해인사 백련암, 석남사 정도였다. 인홍스님은 처음 선방을 여셨을 때 밖에서 대중들이 오면 무조건 백팔대참회를 하도록 했다. 처음에는 불평이 없지 않았으나, 지금은 거의 모든 절에서 누구나 108배 정도는 다 하는 것으로 보편화되었다. 선방 수좌들도 거의 하는 것으로 알고 있다.

출가 초기에 인간에게는 무한한 능력이 있다는 큰스님의 법문을 듣고 그것을 시험해 보고자 백졸스님과 나도 석남사에서 만 배를 한 적이 있다. 처음 108배를 할 때는 힘들지만 1080배를 하고 나면 108배는 아무것도 아니다. 3천 배 하는 것이 힘들지만 만 배를 하고 나면 아무것도 아니다. 그렇듯 모든 것은 마음의 힘으로 된다. 나는 만 배를 마치면서 인간에게는 퍼내도 퍼내도 다 쓸 수 없는 무한한 능력이 있음을 깨달았다.

내 경험도 경험이지만 큰스님께서 많은 사람들에게 절을 시켜서 불치의 병을 낳게 하는 등 기적을 이루는 것을 보아왔기 때문에 그 친구가 생각났을 것이다.

절을 권하는 내게 친구는 한번 해보겠다고 하면서 고마워했다. 인적이 드물고 조용한 도솔암은 절을 하기에 안성맞춤인 곳이었다.

"100일 동안 하루 천 배씩 기도해 봐요. 좋은 일이 있을 겁니다."

당시 도솔암은 작은 암자여서 법당이 따로 없었다. 우리는 인법당에서 부처님을 모시고 정진했고, 그녀는 공양주를 살면서 지대방에서 하루 천 배씩 절을 했다. 백일기도 회향을 21일 남겨두고 그녀를 불렀다.

"이제 21일 남았지요? 회향할 때까지 21일 동안은 하루 3천 배를 해봐요."

강도를 더 높여본 것이다. 그녀는 순순히 따라와주었다.

"그렇게 하겠습니다."

친구는 공양주 일을 하는 바쁜 가운데서도 하루 열 시간 정도 지극정성으로 절을 했다. 나도 정진하느라 여념이 없어서 친구가 절을 하는 것을 오며가며 보아오다가 백일기도를 마치던 날, 친구를 불러 물어보았다.

"무슨 좋은 일 없어요?"

친구는 기도 중에 있었던 일을 조심스레 털어놓았다.

"밤새도록 절을 하다가 잠깐 엎드려 조는데 비몽사몽간에 기골이 장대한 남자가 손에 물병을 들고 와서 제게 주면서 먹으라고 해요. 그런데 남자가 주는 것을 어떻게 먹어요? 그래서 주저하고 있는데 법당에서 하얀 옷을 입은 보살님이 나타나서 빨리 받아먹으라고 했는데, 나중에 먹겠다고 했어요."

친구는 물을 먹지 않은 것을 몹시 아쉬워했다. 나는 불교에 대해

문외한인 그녀에게 "물병을 내밀었던 분은 약사여래이고 흰 옷을 입고 나타난 분은 백의관음입니다. 두 분 다 중생의 병을 치료해 주는 분들이지요" 하고 일러주었다.

친구는 신심이 나는지 기도를 더 해보겠다고 했다. 나는 안거가 끝나서 그곳을 떠나 다른 절로 공부하러 가야 했기 때문에 친구를 도솔암에서 가까운 응석사로 보냈다.

그곳에서 친구는 100일 동안 하루 3천 배 기도를 했다. 나중에 들으니 기도 중에 온 몸에서 흰 벌레가 거미줄처럼 죽죽 빠져나가는 꿈을 꾸었다고 한다. 응석사에서 백일기도를 한 후 그녀의 불치병은 씻은 듯이 나았다. 불교가 무엇인지 불보살이 어떤 분인지 전혀 알지 못했지만, 오직 병을 낫겠다는 간절한 마음으로 기도를 해서 부처님의 가피(加被)를 입은 것이다.

간절한 마음이 곧 부처다. 간절한 마음만 내면 되는데 그것을 못하는 게 우리 중생이다. 그런데 왜 마음을 내지 못하는 것일까? 오랜 세월 쌓아온 업으로 인한 장애 때문이다. 이 사실을 직관해서 장애를 없애는 것이 수행이며, 그 중에서 가장 수승한 기도가 절 수행이다.

자꾸 엎드리다 보면 하심이 되고 참회가 되어 자신을 돌아볼 수 있는 힘이 생긴다. 큰스님께서는 생전에 천 근을 들려면 천 근의 힘이, 만 근을 들려면 만 근의 힘이 필요하다고 말씀하시면서 수행을 통해 힘을 키우라고 하셨다.

살아보면 인생이라는 무게가 어디 천 근, 만 근만 하겠는가. 큰스님께서 승속을 막론하고 3천 배를 시킨 이유를 절을 해본 사람은 안다. 큰스님은 신도들에게 참회기도를 하도록 철저히 가르쳤고, 큰스님 자신도 평생 동안 108배의 참회기도를 하셨다.

몇 년 후 석남사에 있을 때 친구가 건강한 모습으로 찾아와서는 "부처님의 가피를 깊이 깨달았습니다" 하고 인사를 했다. 그 후 친구는 결혼해 미국으로 이민 가서 잘 살고 있다.

출가해 신심이 북받칠 때마다 출가하면 좋을 텐데 하고 떠오르는 친구들이 몇 있었다. 지금만 같아도 출가시킬 자신이 있는데 그때는 내 공부에 바빠 생각으로만 그쳤다. 나중에 보니 출가했으면 했던 한 친구는 수녀가 되어 있었다.

인생은 그렇게 다 자기 갈 길이 있는 것이고, 거기에서 최선을 다하고 조금 더 나아가 남을 돕고 산다면 아름다운 삶이라 여겨진다.

도솔암에서 나와서 혜춘스님은 태백산 각화사 동암으로 떠나고, 철마스님과 백졸스님 그리고 나는 중산리를 거쳐 법계사에서 하룻밤을 자고 천왕봉을 올랐다. 그런데 천왕봉에서 일출을 보고 내려가다 길을 잘못 들어 산속을 헤매었다. 도저히 길을 찾을 수 없어 계곡만 따라 내려가면 되겠다고 생각하고 가던 길에 누구의 것인지 알 수 없는 해골을 보게 되었다. 지리산은 빨치산들의 소굴이었던 곳이기 때문에 그들 중 누군가의 해골이었을 것이다. 해골을 앞에 두고 염불을 한 후 대원사로 내려왔다.

다음 날 철마스님과 헤어져 백졸스님과 하루 종일 버스를 타고 혜춘스님이 계신 동암을 찾아갔다. 그런데 혜춘스님이 안 보였다. 해는 저물어 주위는 어두운데 아무리 불러도 대답이 없었다. 워낙 깊은 산중이었고 옛날에는 호랑이가 나왔다는 이야기도 전해 들었던 터라 걱정스러웠다. 하룻밤을 동암에서 보내고,《백팔대참회》책 속에 '불필, 백졸, 하룻밤 자고 갑니다'라는 간단한 글만 남기고 다음 날 홍제사로 떠났다. 그 후 혜춘스님도 그 메모를 보고 우리가 다시 오지 않을 것을 알고 동암을 나오셨다고 한다.

큰스님께 법문을 듣고 발심해서 출가한 분이 여럿 있지만 아마 가장 대표적인 분이 혜춘스님과 철마스님일 것이다. 두 분 모두 자식을 두고 발심 출가하셨다.

혜춘스님은 함흥여고를 졸업하고 한국전쟁 때 남쪽으로 내려와 출가했다. 네 자녀를 둔 어머니였지만 부귀영화가 꿈속의 꿈이란 것을 깨닫고 영원한 대자유인의 길을 걷기로 결심했다. 당시 시아버지는 충남지사를 지냈고 아버지는 변호사였다.

어린 네 자녀를 두고 온 혜춘스님은 열심히 정진했다. 범어사 대성암에서 정진하실 때, 아들이 서울대를 졸업하고 혜춘스님을 찾아와 인사를 드리자 "누구십니까?" 하고 물었다고 한다. 생사해탈의 대자유인이 되고자 출가한 혜춘스님에게는 오직 화두일념뿐이었다.

당시 〈부산일보〉에서는 '여성과 그 아들'이라는 제목으로 이 일을 보도하여 독자들의 가슴을 시리게 했다. 지금 네 남매는 모두 명문대를 졸업하고 이름만 들어도 알 수 있는 직장에 다니며 훌륭히 살고 있다. 스님의 사력을 다한 정진과 기도의 가피로 가까운 인연들이 모두 훌륭히 성장한 것이다.

성철 큰스님이 열반에 드셨을 때, 추운 날씨에도 해인사 추녀 밑에 거적을 깔아놓고 큰스님의 가르침을 돌아보듯 하염없이 앉아 있는 혜춘스님의 사진을 보고 숙연했던 기억이 떠오른다. 혜춘스님은 큰스님으로부터 자식까지 두고 출가했으니 누구보다 열심히 정진하라는 경책을 많이 받은 분이었다.

혜춘스님은 인홍스님보다 10여 년 정도 아래였으나 돈독한 도반처럼 서로를 아끼셨다. 한국불교 정화 불사 때도 아버님인 유 변호사를 고문으로 모셨고, 그 후 태백산 홍제사에서 인홍스님과 함께 정진했다. 석남사 불사가 한창일 때는 곁에서 인홍스님을 도왔고, 석남사에 선원을 열었을 때 선방에서 늘 입승을 보면서 정진을 게을리 하지 않으셨다. 1972년 3년 결사를 끝낸 후에는 석남사를 떠나 해인사 보현암 선원을 열어 많은 후학들을 이끄셨고, 이후 전국

비구니회 회장을 역임하셨다.

　나의 사형인 철마스님은 큰스님의 법문을 듣고 마산 성주사로 출가해 뼈를 깎는 노력으로 정진에만 매진하신 분이다. 어린 두 아들에게 새어머니를 얻어주고 출가하여 성주사 멸빈암에서 일주일 동안 먹지도 눕지도 않으며 오직 생사를 건 용맹정진을 하셨다. 그때 한 경계가 나서 36년 만에 고향을 찾았다면서 노래하고 춤추니 함께 있던 스님들이 어리둥절하여 눈이 둥그래졌다고 한다.

　큰스님께 이 일을 말씀드리자 참 공부가 아니란 말씀을 듣고 그후 6년 동안 더욱 정진에 박차를 가했다. 성주사 멸빈암에서 태백산 홍제사, 해인사 극락전, 국일암, 오대산 지장암 등 제방선원(諸方禪院)을 다니면서 사력을 다해 정진에 힘썼다. 졸지 않으려고 한겨울에 찬 곳에 오래 서 있다 동상에 걸려서 발톱이 빠졌는데 그런 줄조차 모를 정도였다.

　몸을 잊고 열심히 정진을 하다가 상기가 나서 온몸이 불덩이처럼 뜨거워지고 너무 고통스러워지자 큰스님에게 여쭈었다. "조금 쉬어 가라, 서서히 하라"는 큰스님의 말씀을 듣고도 쉬지 않고 그대로 정진하여 고생을 많이 했다. 그러던 중 사자산 법흥사에서 머물던 어느 날 법당 문을 열고 소나무 사이로 비친 달빛을 보는 순간, 상기가 일시에 내려갔다고 한다. 법흥사는 부처님의 진신사리가 모셔진 보궁이다.

상기가 났을 때는 서서히 쉬어가면서 수행하는 경우도 있고, 철마스님처럼 자기 몸을 아주 잊어버리고 화두일념을 통해 온몸의 불덩어리를 다스릴 수도 있다.

철마스님은 발우 한 벌과 좌복 하나로 평생을 수행자답게 사셨다. 기도와 예불에 빠지는 법이 없었고, 평소 낮에 자리 펴고 눕는 모습을 볼 수 없었다. 그러면서도 절대 상대방의 허물을 말하거나 탓하지 않는 인욕보살(忍辱菩薩)이었다.

그 어떤 시비에도 흔들림 없이 묵묵히 수행하시던 철마스님의 마지막 모습이 떠오른다. 철마스님은 40년 정진 끝에 석남사 청화당에서 돌아가시면서, 대중 스님들과 상좌들에게 "이 세상에 와서 후회 없이 살았다"고 말씀하셨다.

세속에 두고 온 두 아들은 모두 훌륭히 자랐다. 장남은 큰 건설회사 부사장이 되었는데 장남과의 인연으로 찾아온 문상객들이 줄을 이었다. 화환이 대웅전 마당과 청화당 앞뜰을 가득 메웠고 도량 안은 스님이 평소 좋아하시던 국화꽃 향기로 가득했다. 스님의 치열하고 수승한 수행의 결실이었다.

존경하는 선배 스님들이고 젊은 시절 함께 정진한 세월이 많기에 그분들의 삶을 아는 대로 써보았다.

절구통 수좌가 졸지 않는 비결

운수납자로 수행하던 시절, 행자의 신분으로 정진했던 태백산 홍제사를 다시 찾았다. 단발머리 행자로 있으면서 졸음을 쫓으려고 눈 속을 거닐고 달빛 서린 눈밭에서 정진했던 곳을 삭발하고 찾아오니 감회가 새로웠다.

몇몇 스님들이 열심히 정진하고 있는 그곳에서 함께 수행하던 어느 날, 백졸스님과 산행을 하던 길에 홍제사 위쪽 산기슭에 있는 사자암에 들렀다. 법전스님이 그곳에 계셨다. 법전스님은 안정사 천제굴에서 큰스님을 은법사로 도림(道林)이라는 법호를 받고 태백산으로 들어와 농사를 지으며 정진하고 계셨다.

산에서 해온 통나무로 벽을 대고 널빤지로 지붕을 덮어 허름한 토굴을 짓고, 사자암이라 이름을 지어놓으셨다. 이름처럼 마치 사자라도 나올 것처럼 적적하고 깊은 산중이었다. 이런저런 이야기를 나누다가 스님께서 시 한 수를 내놓으시곤 읽어보라고 하셨다. 참선을 하지 않았더라면 한시를 지으며 살았을 거라고 하셨던 스님은 태백산에 10년 동안 머물면서 한시 수십 편을 지었다. 나는 그 시를 읽어보고 생각나는 대로 소감을 말씀드렸다.

"스님, 꼭 한산시를 읽는 거 같습니다."

나는 그 즈음 한산과 습득의 삶에 매료되어 있어서 그들이 지은 시를 외우고 다녔다. 법전스님은 정말 도인들이 숨어살 만한 태백산 깊은 산골짜기에서 무려 10년을 사셨으니 자연스럽게 시심이 흘러넘쳐 그런 시가 나왔을 것이다.

큰스님 회하에서 공부를 한 수행자는 누구나 한산처럼 사는 삶을 꿈꾸었을 것이고, 법전스님도 예외는 아니었을 것이다. 이런저런 이야기를 나누다 보니 저녁시간이 되었다. 스님에게 공양 한 끼를 해드리려고 부엌으로 나가니 솥 하나가 덜렁 걸려 있을 뿐 다른 것은 보이지 않았다.

나물을 뜯어다가 찬을 마련하고 김치 한 그릇 놓고 상을 차렸다. 상을 앞에 두고 세 사람이 수저를 들자마자 법전스님께서 우두둑 돌을 깨물었다. 스님께서 밥을 푸셨는데 우리는 손님이라고 위의 밥을 퍼주시고 당신은 아래의 밥을 뜨셨다. 그런데 돌이 잘 일어지지 않았는지 그런 일이 생기고 말았던 것이다. "내 이가 시원찮으니 돌을 넣지 말아요" 하셨는데 첫 숟갈에 돌을 깨물게 했으니 어찌나 죄송한지 저녁을 먹고 바로 내려왔다. 우리가 이십 대 중반, 스님이 삼십 대 후반일 때의 일이다.

법전스님이 안정사 천제굴에서 큰스님을 극진하게 시봉한 이야기는 지금까지도 사람들의 입에 오르내리고 있다. 몸이 약했던 큰스님을 위해 항상 한약을 달여드렸는데 얼마나 정성을 다했는지 언제나 같은 농도 같은 양으로 약을 드시게 했다고 한다. 큰스님께서는 그 후 다른 상좌들의 약 시봉을 받을 때마다 법전수좌 발뒤꿈치만큼이라도 따라가라고 하실 만큼 흡족해 하셨다.

"노장님을 철석같이 믿고 중요한 시절을 함께 보냈지. 성정이 급하신 노장님이셨지만 내게는 단 한 번도 꾸중을 하지 않으셨지."

큰스님을 모셔본 사람만이 얼마나 민첩하고 정성을 다해야 꾸중을 듣지 않을 수 있는지를 안다.

법전스님은 안정사에서 큰스님을 모시고 산 이후 도솔암, 백련암 등지에서 농사와 정진을 함께 하며 살다가 김천 수도암에서 15년 동안 머무르셨다. 그곳에서 퇴락한 가람을 중수하고 선원을 열어 후학들을 지도하셨고, 이후 해인사 큰스님 곁으로 오셨다. 큰스님께서 입적하시고 10년 후에 종정 자리에 오르셨으니, 한평생 얼마나 철두철미 정진에만 힘쓰셨는지 짐작할 수 있다.

해인사로 돌아오셨을 때 선방에 앉으면 미동도 하지 않는 법전스님을 두고 대중들은 바위 덩어리가 앉아 있는 것 같다고도 했고, 소뿔처럼 단단해 보인다고도 했다. 한번 놓아두면 움직이지 않는 절구통 같다고 해서 '절구통 수좌'로도 불렸는데, 언제인가는 내가 이렇게 여쭤본 적이 있다.

"스님은 어째 그렇게 한 번도 졸지 않으십니까?"

법전스님께서는 예의 특유의 화법으로 짧게 대답하셨다.

"적게 먹어요."

일주일 동안 잠을 자지 않고 하는 해인사 전통의 용맹정진 때도 유일하게 졸지 않은 사람이 법전스님이었다고 한다. 해인사에 사시는 수십 년 동안 선방에서 법전스님이 조는 모습을 본 사람이 아무도 없다는 것이 함께 정진해 본 수좌들의 이야기다.

"화두 떨어지면 죽는다고 생각하면, 졸 수 있는가?"

졸지 않는 비결을 묻는 후학들에게 들려준 말씀이라고 한다. 법전스님은 큰스님을 법사로 모시고 한평생을 큰스님의 가르침 그대로 사신 분이다. 큰스님이 직설적인 것에 비해 법전스님은 조용하셨지만, 공부를 시키는 데 있어 맹렬한 점은 다르지 않았다. 수도암 선원에 계실 때 수좌 한 사람이 종무소에 있는 전화를 쓰는 것을 보고는 "수행하는 사람이 왜 전화가 필요한가!" 하면서 전화통을 부수었고, 수도암 위의 조그만 암자에서 홀로 정진하고 있는 상좌에게는 설령 수도암 후원에 불이 나더라도 내려오지 말라고 일렀다고 한다.

아마 법전스님처럼 말씀이 없으신 분도 드물 것이다. 인사를 드리고 나면 잘 지내시는가, 한마디 하시고는 가만히 앉아 계신다. 내가 먼저 말을 꺼내지 않으면 퇴설당을 지나는 바람소리만 들릴 뿐이다. 그런데 종정에 취임하실 때 가사장삼을 선물로 올렸더니 그 옷을 입고 취임식에 다녀오셔서는, 그렇게 말없는 분께서 고마운 마음을 표하셨다.

나는 지금도 일 년에 몇 차례 퇴설당으로 스님을 찾아뵙고 안부를 여쭙는다. 건강에도 어찌나 철두철미하신지 세수 아흔이 가까운 데도 정정하시다. 법전스님은 자기 원칙에서 한 치의 후퇴도 없으셨던 큰스님의 생활 태도를 그대로 배우신 듯하다. 지금도 항상 제 시간에 108배를 하시고, 공양하는 시간, 산책하는 시간에 일분일초도 틀림이 없으시다.

큰스님이 돌아가신 후 나와 인연 있는 수행자들은 법전스님으로부터 화두를 받고 있다. 스님께서 후학들 곁에 오래 머물면서 지도해 주시리라 믿는다.

삼칠일 기도로 살려낸 은사 스님

운수납자의 특권은 어느 한 곳에 매이지 않고 떠나고 싶을 때 훌훌 떠나는 데 있지 않을까. 공부에 도움이 되지 않는다고 생각하면 언제나 나는 걸망을 지고 일주문을 나왔다. 비구니계를 받고 3년 정도 여러 곳을 다니며 정진하다가 석남사로 돌아와 은사 스님께 인사를 드렸더니 모로 돌아누우셨다. 많이 화가 나 계셨던 것이다.

한창 석남사 불사가 진행되어 도울 사람이 필요했고 석남사 선방에서 수행할 수도 있었건만 밖으로 돌아다니다 온 내가 못마땅하셨을 것이다. 그러나 바람처럼 구름처럼 떠도는 자유로운 수행자이고 싶었던 초발심 때였는지라 나는 은사 스님의 마음을 짐짓 모른 채 하고 떠났었다. 그동안 은사 스님은 퇴락한 사찰을 보수하기 위해 끊임없이 불사를 진행하는 한편 선원을 열어 정진하고 계셨다. 하도 일이 많아 소임을 맡은 상좌들까지 다른 곳으로 도망가고 싶어 할 정도였다.

은사 스님께서 얼마나 힘 있게 일을 몰아붙였는지 어느덧 석남사는 정진 도량으로 입지를 굳혀, 출가하는 사람은 석남사로 가면 공부를 잘할 수 있다는 소문이 파다했다.

그러나 너무 몸을 혹사하셨는지 그만 병이 나시고 말았다. 갑자기 배가 끊어질 듯 아프다며 아무것도 드시지 못했다. 병원에 모시고 가봤으나 한방과 양방 모두 정확한 원인을 찾지 못했다.

나는 곁에서 책을 읽어드리기도 하고 통증 부위에 소금 찜질을 해드리기도 하면서 은사 스님을 보살폈다. 병원과 석남사를 오가던 사형 법희스님의 눈에는 눈물이 마를 날이 없었다. 출가하는 날부터 은사 스님 곁을 떠나지 않고 시봉했던 효상좌 법희스님은 누구보다 은사 스님의 병을 안타까워했다. 병명도 모른 채 2개월이 지나갔고, 병은 전혀 차도가 없었다.

"인명은 재천이다. 아마 속가 집에서 어장을 했던 과보를 내가 받나 보다. 이렇게 치르고 갈 수 있어 다행이다."

마음의 준비를 하시는 모습을 보면서 도저히 안 되겠다 싶어 당시 부산에서 제일 유명했던 메리놀병원을 찾아갔다. 원장으로 있던 외국인 수녀님을 만나 사정 이야기를 하고 진찰을 받고 싶다고 했더니, 옆에 있던 간호사가 처음 온 환자는 일주일 후에나 입원이

가능하다고 했다. 은사 스님을 모시고 병원을 다녔던 나는 문득 몇 년 전 은사 스님을 모시고 메리놀병원을 찾았던 기억을 떠올렸다. 궁하면 통한다고 했던가, 간호사가 몇 년 전 기록을 찾아냈다.

다음 날 바로 스님을 모시고 갔더니 원장은 "췌장에 이상이 있다"면서 영도에 있는 침례병원장 앞으로 소개서를 써주었다. 검진을 마친 독일인 침례병원장이 췌장이 곪아서 터지기 일보 직전이라고 했다. 그것도 모르고 보살펴드린다고 소금 찜질을 해댔으니, 무지한 상좌 때문에 고생을 더 하신 것이다. 수술 날짜를 잡고 나서 바로 법희스님과 함께 성전암에 계신 성철 큰스님을 찾아갔다. 혹시 은사 스님을 잃을지 모른다는 절박함 때문에 그냥 있을 수가 없었다. 성전암에 도착하자 마침 포행 중이던 큰스님을 만날 수 있었다. 그간의 이야기를 들은 큰스님께서는 잠시 생각에 잠기시더니 이런 방책을 내놓으셨다.

"너거들 대장 아직 죽으면 안 된다. 살려내야 되는기라. 이렇게 하그라. 돌아가서 능엄주와 대참회로 삼칠일(21일) 기도를 해. 스무하루 동안 목탁 소리와 염불 소리가 일분일초도 그쳐서는 안 된다. 향을 피워놓고 두 사람은 백팔대참회를 하고 두 사람은 능엄주를 해라. 기도하는 동안 대웅전 법당 안에 일반인들은 들여놓지 마라."

큰스님의 말씀을 듣자 돌아오는 발걸음이 가벼워졌다. 석남사로 돌아와 맏사형인 묘경스님에게 큰스님의 말씀을 전한 후 대중공사를 해서 조를 짜고 기도를 시작했다. 기도를 집전하는 부전을 16명으로 구성하고 능엄주를 하는 두 사람, 백팔참회를 하면서 절을 하는 두 사람, 이렇게 네 사람을 한 팀으로 네 팀을 만들었다. 그리고 두 시간씩 교대하면서 24시간 내내 21일에 걸친 장좌기도를 시작했다.

다음 날 법희스님과 병원으로 가니 스님은 이미 수술실로 들어가 계셨다. 일주일 동안 검사를 한 후 수술하기로 했는데 상태가 너무 안 좋아 급히 수술했던 것이다. 공교롭게도 석남사 대중이 기도를 시작한 바로 그 시간이었다.

석남사 대중 스님들이 얼마나 혼신을 다해 기도를 했던지 나중에 선원의 입승을 보던 성우스님이 이렇게 말씀을 하셨다.

"선방 스님들까지 모두 나와 기도를 하고 선방에 앉으면, 온 도량에서 '지심귀명례(至心歸命禮, 지극정성으로 목숨이 다하도록 귀의하며 받드옵니다)'하는 소리가 울렸지."

은사 스님의 수술은 무려 8시간이나 걸려서 끝이 났다. 수술을 집도한 원장은 "췌장이 곪아서 터져 있었는데도 살아난 것이 기적입니다. 1,000명 중 한 사람도 성공하기 힘든 수술이라서 결과를 본국에 보고할 예정입니다"라고 말했다. 은사 스님을 살려내야 한다는 대중들의 한마음이 하늘을 움직인 것이다.

원장은 수술 후에도 고통이 심할 것이라면서 은사 스님 곁을 떠나지 않으며 신경을 써주었다. 수술 후 은사 스님의 몸에서는 호스를 통해 피고름이 한없이 흘러나왔다. 몸이 그렇게 되도록 정진과 불사에 매달려 계셨던 것이다. 기와를 갈아 끼우기 위해 몸소 지붕에 올라가 일을 했고, 석남사에서 언양까지 30리 길을 걸어 외출했다가 아주 늦게 돌아와서도 곧바로 선방에 들어가 앉으셨다.

사흘 후 혼수상태에서 깨어난 스님은 우리를 바라보면서 이렇게 말씀하셨다.

"이제 시원하구나. 수술대에 누워 있는데 문수보살님과 보현보살님, 그리고 관세음보살님과 대세지보살님이 나타나시더니 네 분 모두 내 주위에 둘러서서 배를 만져주시더구나. 불보살님의 가피를 입었어."

췌장의 염증은 다른 부위의 염증보다 고통이 더욱 심하다고 하는데 은사 스님은 수술 후 진통제를 맞지 않고 일주일 만에 실밥을 뽑으면서 빠르게 회복하셨다. 병세가 회복되는 중에도 석남사에서의 기도는 계속되고 있었다.

21일 동안의 장좌불와 기도를 회향(廻向, 닦은 공덕을 돌리는 것)하는 날 퇴원하신 스님은 가사장삼을 수하신 채 석남사 대웅전 한가운데 서서 삼배를 올리셨다. 1964년 늦가을이었다. 나는 지금도 그날의 혼연일체를 이루었던 아름다운 기도 회향을 잊지 못한다. 지극한 기도에 가피를 내리신 부처님, 기도 방법을 알려주시며 살려내라고 하신 큰스님, 큰 수술을 이겨내고 살아 돌아오신 은사 스님께 감사의 삼배를 올리던 그 순간을 잊지 않고 살아왔다.

은사 스님은 그 후에도 여러 차례 병고를 치르셨는데, 여든을 넘기고는 다리가 불편해 걷는 것이 수월치 않으셨는데도 예불 시간이면 언제나 가사장삼을 차려 입고 당신 방에서 아침저녁으로 예불 드리는 것을 빼놓지 않으셨다.

승가의 전통이란 훌륭한 스승과 그 가르침을 진심으로 받드는 제자들이 한마음이 될 때에만 지속되는 것이다. 그때 이후 석남사에서는 매년 정월 초사흘부터 일주일 동안 능엄주와 대참회로 정진하는 장좌기도가 전통이 되어 50년이 지난 지금까지 이어지고 있다.

어머니, 일휴스님이 되시다

'이 세상의 엄마는 모두 바보다!'

나의 어머니를 보고 느낀 생각이다. 3년 만에 도를 깨치고 돌아오겠다던 나의 말을 믿고 기다리던 어머니는 10년이 되어도 돌아오지 않는 딸을 찾아 석남사로 오셨다. 출가를 하고부터는 집으로 돌아간다는 생각은 꿈에도 해보지 않았는데, 어머니도 내심 짐작은 하셨을 것이다. 어머니는 겉으로는 얌전해 보여도 자존심이 강하고 머리도 명석한 분이셨다.

당시 어머니는 시부모님이 모두 돌아가시고 홀로 고향집을 지키면서 혹시나 딸이 돌아올까 하는 기대만으로 기다리고 있었으니 비련의 여인이 따로 없었다. 사십 대에 딸을 절로 보내고 오십 대 후반에 이른 어머니에게서는 벌써 노년의 체취가 묻어났다. 소쩍

새처럼 그리움을 노래해도 받아줄 사람 하나 없던 세월이 너무나 쓸쓸했을 나의 어머니. 그러나 나는 10년 만에 찾아온 어머니를 지나가는 행인보다 더 무심히 대했다.

"세속은 윤회의 길이요 출가는 해탈의 길이니 해탈을 위하여 세속을 단연히 끊어버려야 한다."

생명처럼 지니고 다닌 법문 노트의 말씀이 삶 자체가 되어 있을 때이니 이미 혈육 관계를 떠나 있었다. 출가 전에도 내게 모든 것을 걸고 의지하며 사는 어머니를 보면서 '얼마나 마음이 아프면 이렇게 잡으려고 애쓸까' 생각하면서도 곁을 주지 않았는데, 출가해서는 오죽 했겠는가. 내가 냉정하게 대하자 어머니는 "독사보다 더 지독하다"고 하시곤 발길을 돌리셨다.

어머니도 출가할 인연이었을 것이다. 다시 석남사를 찾았다가 은사 스님의 윤회와 인과에 대한 법문을 듣고는 출가를 결심했다. 그때는 은사 스님의 어머니인 백월 노스님도 출가하셔서 석남사에 계실 무렵이었다.

쉰일곱이던 1965년 봄, 어머니는 석남사에서 정자스님을 은사로 출가하셨다. 은사 스님의 은사이셨던 정자스님은 이미 돌아가신 분이었는데, 이처럼 돌아가신 분을 은사로 삼아 계를 받는 것을 '위패 상좌'라고 한다. 그렇게 어머니는 은사 스님과는 사형사제 관계가 되었고 나에게는 사숙님이 되었다. 자운스님으로부터 일휴

(一休)라는 법명을 받고 수계를 받은 어머니는 돌아가시는 날까지 일휴스님으로 사셨다.

어머니에게 계를 주신 자운스님은 성철 큰스님과 돈독한 도반이셨음은 물론 나의 계사이시기도 했으니 나는 자운스님과 인연이 깊은 셈이다. 비구니계에 끼친 자운스님의 은혜는 일일이 나열하기 힘들 정도로 큰데 특히 이부승수계식 확립은 매우 주목할 만한 일이다. 당시 동남아 불교는 물론 달라이라마께서 계시는 티베트 불교에서조차 아직 비구니 수계 제도가 확립되어 있지 않은 상황에서 비구니 이부승수계 제도의 확립은 세계 여성 불교사적으로 획기적인 일이었다. 이 때문에 비구니계의 어떤 어른 스님도 자운스님의 말씀이라면 늘 '지심귀명례'하였다.

자운스님과 성철스님의 관계는 도반으로서 쌓을 수 있는 신뢰의 최고치를 보여준다. 1980년 10·27 법난을 치른 종단은 혼란한 와중에 해를 넘겼다가 마침내 수습 국면을 맞아 종정을 선출하게 되었다. 다음은 성철 큰스님의 말씀이다.

"하루는 서울서 자운스님한테서 전화가 왔다고 해. 생전 전화하지 않는 스님인데 무슨 일이 있는가 싶어 전화기를 들고 다짜고짜 '자운스님 무슨 일이요' 하니 '안 한다는 말만 하지 말고 가만 있으소. 종정 선출이 있었는데 원로 스님들이 의견을 모았어. 절대 안 한다는 말만 하지 마소' 하고는 대답도 듣지 않고 끊어버리데."

자운스님은 해인사 홍제암에 들어오실 때면 가끔 백련암에 들르셨다 한다. 어느 날인가는 해인사 운영에 이런저런 생각이 들어 성철스님이 잘못하신다며 한바탕 퍼붓고 내려가시기도 했다. 그래도 두 분의 사이는 늘 변함없었으며 큰스님은 해인사 밖의 일에 대해서는 자운스님의 판단에 맡기고 사셨다. 나는 자운스님께서 해인사 홍제암에 한 번씩 오시면 인사를 갔는데 그때마다 "니는 우에는(백련암) 잘 안 해도 되고 나한테만 잘하면 돼" 하시며 따뜻하게 대해주셨다.

　일휴스님은 출가해서도 나에 대한 애착을 버리지 못하고 당신보다 나를 더 아끼는 모습을 보이셨다. 이 세상의 모든 어머니가 다 그럴 테니 일휴스님이라고 다르겠는가. 가장 어리석은 사람이 어머니라는 존재구나 싶었다.

　늦게 출가하셨지만 참다운 발심을 하여 정진하기를 바랐기 때문에 나는 될 수 있는 대로 멀리서 바라만 보려고 했다. 일휴스님은 누구에게도 지지 않으려는 듯 열심히 정진하셨다. 관절염으로 인한 무릎의 통증 때문에 고생하셨는데, 그렇게 거동이 불편한 중에도 시자와 함께 일 배부터 시작해 천 배까지 해내는 저력을 보이셨다. 나중에는 완전히 통증이 나아서 탑돌이도 하고 흐트러짐 없이 수행에 매진하셨다.

어머니 일휴 노스님은 늦게 출가했지만
참다운 발심을 해서 철저히 정진을 잘하셨다.

한번은 편찮아서 돌아가실 것처럼 보였다. 좌복 위에 기대어 앉아 계셨는데 무의식중에도 염주를 놓지 않고 스물네 시간 동안 굴리셨다. 새벽에 눈을 뜨고 깊은 잠에서 깨어난 것처럼 주위를 바라보시면서 "내가 죽은 줄 알았지?" 하셨다.

며칠째 비가 계속 내리던 하안거 중 심검당에서 머물며 정진하던 어느 날이었다. 아침 일찍 일휴스님의 시자가 찾아와 일휴스님이 급히 찾는다고 해서 갔더니 조용히 말씀하셨다.

"오늘은 내가 갈란다."

노인의 말씀이지만 몇 번 되풀이하셨던 터라 성타스님, 법희스님, 현묵스님, 법용스님, 혜주스님, 백졸스님 등과 함께 곁에서 두어 시간 동안 즐겁게 이야기하며 놀아드렸다. 마침 그날이 중복이었다. 중복에 석남사 스님들은 옥류동 계곡에서 물맞이(목욕)를 하고 찰 떡국을 하거나 감자전을 구워 먹으며 더위를 식힌다.

다른 스님들이 옥류동으로 나간 사이에도 백졸스님과 나는 일휴스님 곁을 지켰다.

"시원한 수박을 먹고 싶구나."

일휴스님이 그렇게 수박을 잡숫고 싶다고 하자 때마침 어느 비구 스님이 싱싱하고 먹음직스러워 보이는 수박을 한 차 싣고 왔다. 부처님 전에 올리고 난 다음 일휴스님에게 드렸더니 한두 조각 잘 잡수셨다.

석남사

백졸스님과 늦게 옥류동에 올라가 대중 스님들과 저녁을 먹고 바위 위에서 잠깐 쉬고 있는데 시자가 달려왔다. '가셨구나' 하는 느낌을 받으면서 서둘러 내려와보니, 저녁 공양에 찰 떡국을 한 술 잡수시고 두 술째 뜨다가 그대로 앉아 숨을 거두셨다고 했다. 출가하신 지 16년째 되던 해 음력 6월 6일이었다.

가신 모습에서는 모든 상이 다 떨어져서 그리움도 애착도 기다림마저도 보이지 않았다. 사흘 후, 장작더미에 불이 훨훨 타고 육신은 한 줌의 재가 되었다. 다시 그 재를 동서남북으로 뿌리니 사람의 한 생이 허무하였다.

'허망한 세상의 영화에도 끄달리지 말고 오직 생사해탈의 영원한 열반의 세계로 드시옵소서' 하고 마음속으로 빌었다. 나는 눈물을 보이지 않았다. 본디 허망한 것이 인생인데 슬픔으로 생사해탈을 대신할 수 있겠는가.

사십구재가 있던 날 별당 앞 연못의 물이 황금빛으로 변했다. 사십구재에 참석하러 오던 스님들이 보더니 "비가 오지도 않았는데 가지산에 무지개가 섰다"면서 서광이라고 했다. 무지개가 가지산에서 뻗어서 별당 앞 연못에 뿌리를 내리니 연못이 황금빛으로 보인 것이다. 후에 일타스님께서 이 이야기를 듣고 근래 보기 드문 일이라 하셨다. 나는 일휴스님을 늦게 출가했지만 출가 생활에 철저하며 정진을 잘하신 수행자였다고 기억하고 싶다.

6장

수행

영원한 대자유인의
길을 찾아서

10년의 침묵을 깨고
사자후를 토하시다

아마 석남사 대중만큼 성철 큰스님에게 박대를 받고 쫓겨난 대중은 드물 것이다. 큰스님께서 1955년부터 1960년대 중반까지 10여 년 동안 성전암에 칩거하며 철조망을 두르고 계실 때, 석남사 대중들은 안거가 끝나기 전날 큰스님의 법문을 듣기 위해 운문재를 넘곤 했다.

교통편도 마땅치 않을 때여서 몇 시간씩 걷는 것은 기본이었다. 가는 도중에 먹을 도시락을 싸고 떡을 해서 걸망에 넣고 운문재를 넘었다. 버스를 타고 대구에서 내려 성전암까지 걸어가면 저녁나절이 되었다. 철통같이 둘러쳐진 철조망에 구멍을 내어 겨우 들어가서 숨소리를 죽이고 큰방에 앉아 있으면 큰스님이 나오셔서는 주장자로 내쫓으셨다.

겨울에 신도 못 신은 채 주장자를 피해 밖으로 나오면 성전암 주변은 온통 흰 눈으로 덮여 있었다. 시자 스님들이 소쿠리에 신발을 담아 밖으로 내주곤 했는데, 날은 저물어 석남사로 되짚어갈 수는 없고 캄캄한 밤중에 간신히 산길을 내려와 큰절 파계사에서 자곤 했다. 어느 해 동안거에는 지금 지리산 영원사에 계시는 석주 노스님이 신발을 내준 적도 있다.

돌아오면서 우리는 '공부를 하지 않고는 큰스님의 진면목을 볼 수 없겠구나' 하는 생각을 했고 더 분한 마음을 내어 공부했다. 법문을 해주고 밥을 주는 것도 법이지만 천대받으며 쫓겨나는 것도 법이다. 공부만이 살길이라는 기둥이 서기 때문이다. 세세생생 무슨 원수를 졌다고 그리 쫓아냈겠는가. 쫓겨나면서 얻는 큰 힘은 박대를 받고 쫓겨난 사람만이 안다.

물 한 모금 얻어먹지 못하고 쫓겨난 생각은 잊어버리고, 안거가 끝나면 또 우리들은 네 시간 동안 걷고 걸어서 운문재를 넘었다. 대구에서 30리 길을 걸어 성전암에 도착하면 다시 쫓겨나는 일을 10년 동안 반복했고, 그것은 어느새 석남사의 전통처럼 되어버렸다.

그렇게 쫓겨나도 은사 스님은 법문을 들으러 가는 일을 한 번도 멈추지 않으셨다. 한번 믿은 스승이었기에 일편단심 신심으로 제자들을 이끌고 찾아간 것이다. 지금 생각하면 큰스님의 서릿발 같은 주장자는 신명을 바쳐 스스로 공부하라는 자비의 현현이었다.

눈보라 속에서 신발이 없어도 발 시린 것도 모르고 한 마디라도 듣고 발심해서 공부하려 했던 우리들에게, 김용사와 해인사에서 큰스님께서 토하신 우레와 같은 사자후는 영혼을 적셔주는 무량설법이었다.

큰스님이 팔공산 파계사 성전암에서 10년간의 동구불출을 마친 것이 1965년이다. 그해 여름 큰스님은 경북 문경의 김용사로 옮겨서 하안거를 지내셨고, 같은 해 겨울 동안거 기간에 대중을 향해 사자후를 토하셨다. 큰스님의 초전법륜(初轉法輪)이었다.

은사 스님은 석남사 소임자 몇 사람만 절을 지키라 하고 대중 모두에게 법회에 참석할 것을 명하셨다. 우리는 하루 종일 버스를 타고 점촌까지 온 후 60리 길을 걸어서 김용사에 도착했고, 양진암과 대성암에서 20일간 머물면서 큰스님의 사자후를 들었다.

김용사 큰방에는 비구, 비구니를 비롯해 남녀 신도들, 한국대학생불교연합회 회원 등 100여 명이나 되는 많은 대중이 모여들었다. 이들은 처음으로 열린 큰스님의 대중 법회에서 나중에 '백일법문'의 토대가 된 법문을 듣게 되었다. 큰스님의 설법은 첫날 《반야심경》으로 시작하여 20일에 걸쳐 《육조단경》, 《금강경》, 〈신심명〉, 〈증도가〉, '중도법문(中道法門)'으로 이어졌다. 그리고 이 법문은 다시 일주일간의 용맹정진으로 이어졌다.

나중에 '운달산 법회'로 알려진 이 대중 법회는 큰스님의 존재를 광범위한 대중에게 본격적으로 알리는 계기가 되었다. 엄격한 수행과 괄괄한 기백으로 소문나 있던 큰스님의 논리정연하고 해박한 법문은 스님들뿐 아니라 재가불자와 학자들에게도 신선한 충격을 주면서 대단한 화제를 불러일으켰다.

큰스님은 불교의 핵심 사상인 색즉시공 공즉시색(色卽是空 空卽是色)을 실명하면서 아인슈타인의 상대성이론을 인용했다. 물질적 현실 존재인 색(色)이 곧 공(空)하고 반대로 공(空)의 원리에 의한 색(色)이 존재한다는 것을 상대성이론에 등장하는 질량과 에너지의 개념으로 법문해 주셨다.

《금강경》에 나오는 아상(我相), 인상(人相), 중생상(衆生相), 수자상(壽者相)의 사상설(四相說)은 주관, 객관, 공간, 시간의 개념으로 설명하셨다. 이 밖에 육도윤회(六道輪廻)는 최면술의 이치에 근거해 설명했고, '연기법문(緣起法門)'에서는 시간의 절대성을 부인하는 우주 과학의 원리를 인용하기도 했다.

선악을 떠나 모순이 융합된 세계, 일체만법이 서로 융합하는 중도사상에 입각한 큰스님의 사자후는 모든 대중들을 신심의 바다로 이끌었다.

운달산 법회에 참석한 한국대학생불교연합회 구도부 회원들은 지도교수 박성배, 회장 김금태를 비롯해 이무웅, 이진두, 김기중, 이용부, 민건홍, 황귀철, 김선근, 이상화, 박명순, 홍애련, 김명자

등이었다. 회원 중에서 현순원(영양학 박사)과 그 동생(산부인과 의사)은 3천 배 기도를 했다. 부산에서는 정신회 소속의 보살님 등 대혜심, 대법륜, 금강심 보살님 등이 참석했다.

석남사 대중을 비롯한 사부대중(四部大衆)이 참석한 운달산 법회는 부처님 당시의 영산회상을 방불케 하였다. 중앙일보 홍석현 회장도 그때 큰스님의 법문을 들었는데, 큰스님의 사리탑 건립 건으로 누님인 홍라희 씨를 만났을 때 "저는 3천 배가 무서워서 큰스님을 뵙지 못했는데 동생을 통해 이야기를 많이 들었습니다"라고 말했던 기억이 난다.

큰스님은 운달산 법회를 마친 뒤 자운스님의 권유로 1966년 해인사 백련암으로 옮겨와 동안거를 지내셨다.

1967년 해인총림 방장에 취임한 큰스님은 동안거를 맞아 100일에 걸친 법문을 시작했다. 매일 두 시간에 걸친 설법을 통해 불교 전반에 걸쳐 두루 설명하셨는데, 큰스님의 불교 철학, 선사상이 총정리된 불교 교리서 《백일법문》이 탄생하는 순간이었다.

은사 스님은 '방장 스님께서 첫 백일법문에 들어가시는데 10년 된 납자들만 청중으로 받는다'는 이야기를 전해 듣고 대중공사를 열어 백일법문에 갈 사람을 뽑았는데, 대략 20여 명이 가게 되었다. 당시 비구니 스님들로는 석남사, 김용사 대성암, 대승사 윤필암 스님들이 참석을 했는데, 성철 큰스님의 지도를 받아 공부하고 있었기 때문에 가능한 일이었다.

　해인사의 큰방에는 선방의 수좌 스님들, 교리를 배우는 학인 스님들, 그리고 절의 살림을 맡아 돌보는 스님들로 발을 디딜 틈조차 없었다. 이윽고 법문의 명성이 널리 퍼지자 해인사 산내 암자의 스님들은 물론 다른 사찰의 스님들까지 모여들었다.

　혜암스님, 법전스님, 지월스님, 도견스님, 일타스님, 보성스님, 지관스님, 법정스님도 함께 들었는데, 당시로서는 보기 드물게 300여 명의 스님들이 운집한 대규모 법회여서 불교계의 큰 화제가 되었다.

　큰스님은 심한 산청 사투리를 쓰시는데다 말씀이 너무 빨라서 대중들이 하소연했다.

　"방장 스님 말씀이 너무 빠릅니다. 좀 천천히 해주십시오."

　"내 말이 너무 빠르제? 알았다. 내 천천히 말하지."

　그리고는 다시 말씀이 빨라지기 시작하는데, 당신도 어쩔 수 없으신 듯 웃으셨다.

　"내 말이 또 빠르제?"

　큰스님이 해인총림 방장에 취임해 100일간에 걸친 긴 법문을 하신 데는 이유가 있었다. 그 까닭을 큰스님은 이렇게 표현했다.

　"예수교 경전은 성경, 유교는 사서삼경, 회교는 코란이다. 근본

경전이 간단하다. 그런데 불교는 통칭 '팔만대장경'이라 하니 뭐라 말하기가 어렵다. 우선 급한 대로 최소한 꼭 알아야 할 것을 정리했다."

큰스님 설법의 중심 교리는 불법은 선(禪)과 교(敎), 중도사상으로 통일되어 있다는 것이다. 큰스님의 사상을 가장 잘 정리한《백일법문》의 가르침은 크게 세 가지로 나눌 수 있다.
첫째는 부처님의 윤회설은 방편이 아니고 정설이므로 굳게 믿어야 하며, 업에 따라 생사를 되풀이한다는 윤회는 불교의 가장 기본적인 개념이라는 것이다.
또 하나는 불교가 과학적인 종교라는 점이다. 과학이 발달할수록 불교의 가르침이 정확하다는 사실이 입증되고 있다. 큰스님이 자주 예로 든 것은 질량과 에너지가 동일한 종류($E=mc^2$)의 존재라는 아인슈타인의 상대성이론이다. 질량이 에너지로 바뀌고 에너지가 질량으로 바뀐다. 이 이론은 불교에서 말하는 색즉시공 공즉시색, 즉 '모든 유형(有形)의 사물은 공허한 것이며 공허한 것은 유형의 사물과 다르지 않다'는 사실을 합리적으로 설명해 준다. 또 질량이 에너지로, 에너지가 질량으로 바뀌면서도 부증불감(不增不減)하는 관계는 불교에서 말하는 법계(法界)의 이치와 같다.
마지막으로 부처님 가르침의 핵심은 중도사상이라는 것이다. 중

수행

도의 가르침에서는 선과 악, 질량과 에너지가 하나로 통하듯이 모든 모순이 융화되어 하나가 된다.

백일법문은 인도의 원시불교 및 초기 경전을 비롯해 《아함경(阿含經)》, 삼론종(三論宗), 천태종, 화엄종, 중관(中觀)·유식(唯識), 선종(禪宗)사상, 조사어록, 선어록(禪語錄)에 이르기까지 불교 2,500년 사상사를 섭렵해 얻어낸 결론이다.

큰스님의 백일법문이 늘 새롭게 읽히는 것은 동서고금을 오가는 해박한 지식과 적절한 비유가 녹아들어 있기 때문이다. 노자, 공자, 맹자, 장자 등 동양사상의 대가들 이야기에서부터 서양물리학과 수학에 이르기까지 인용이 매우 다양하며 일관성이 있다. 그리고 그런 인용들은 경전의 가르침과 연결되어 궁극적으로는 불교적으로 해석된다.

불가의 가르침 중 가장 핵심이 교(敎)와 선(禪)을 관통하는 중도사상이라는 대목은 법문을 직접 들어보고 넘어가야 할 듯하다.

"율장 가운데 부처님이 최초로 설법한 말씀이 기록되어 있는데, 학자들은 이것을 통칭하여 초전법륜이라고 합니다. 이 초전법륜이 불교에 있어서 가장 오래되고 확실한 부처님 말씀이라는 사실을 의심하는 학자는 아무도 없게 되었습니다. 그 율장의 초전법륜 편에서 부처님은 다음과 같이 말씀하셨습니다.

'세존께서 다섯 비구에게 말씀하셨나. 출가자는 이변(二邊)에 친근치 말지니 고(苦)와 낙(樂)이니라. 여래도 이 이변을 버린 중도를 정등각(正等覺)이라 하느니라.'

출가자라는 것은 꼭 불교의 승려가 되는 것만이 아니고 집을 나가 도를 닦는 모든 사람들을 가리키는 말입니다. 도를 전념으로 닦는 사람들은 누구든지 이변에 집착해서는 안 되니 예를 들면 고(苦)와 낙(樂)이라는 것입니다. 이변이라 함은 시(是)와 비(非), 선(善)과 악(惡), 유(有)와 무(無) 등이 있는데, 여기서는 어째서 '고와 낙'을 예로 들었느냐 하면 부처님 당시 실정에 비춰서 말씀하신 것입니다. 당시 수행자들은 대부분이 고행주의자였으며 다섯 비구도 마찬가지였습니다. 고행주의자란 세상의 향락을 버리고 자기 육신을 괴롭게 해야만 해탈할 수 있다고 믿는 사람들을 말합니다.

부처님께서 병에 따라 약을 주듯이 고행주의자들인 다섯 비구에게 '고와 낙을 버리라'고 하신 것입니다.

부처님께서는 '너희들이 세상의 향락을 버릴 줄은 알지만, 고행하는 괴로움도 병인 줄은 몰라 버리지 못한다. 하지만 참으로 해탈하려면 고와 낙을 다 버려야 한다. 이변을 버려야만 중도를 바로 깨칠 수 있다'고 말씀하셨습니다. 이것은 '이변을 버리고 중도를 정등각하였다'는 초전법륜이 조금도 의심할 수 없는 부처님의 근본법이라고 확증하고 있으며 이것을 부처님의 '중도대선언(中道大

宣言)'이라고 합니다.

알기 쉽게 설명하면 부처님께서 성불한 뒤 곧 수행중인 다섯 비구를 찾아가서 내가 중도를 바로 깨쳤다고 말씀했습니다. 중도가 불교의 근본입니다. 중도는 모순이 융합되는 것입니다.

선과 악은 서로 대립되어 있는데, 불교의 중도법에서는 선과 악을 떠나게 됩니다. 선도 아니고 악도 아닌 그 중간이란 말이 아닙니다. 선과 악이 서로 통해버리는 것입니다. 선이 즉 악이고 악이 즉 선으로 모든 것이 통합니다. 서로 통하는 것이 유형이 즉 무형이고, 무형이 즉 유형이라는 식으로 통한다는 말입니다. 그래서 중도법문이라는 것은 일체만물, 일체만법이 서로서로 융합하는 것을 말합니다."

중도는 중간이 아니다. 중도라는 것은 모순된 양변인 생멸(生滅)이 서로 융합되어 생이 즉 멸이고, 멸이 즉 생이 되는 것을 말한다. 이러한 이치를 깨닫는 것이 바로 큰스님이 강조했던 마음의 눈을 뜨는 것이다.

요즈음 나는 심검당에서 안거를 나면서 큰스님의 백일법문을 듣고 있다. 하루에 한 시간씩 듣고 있는데 듣고 또 들어도 새롭고, 100일이라는 긴 시간 동안 어쩌면 그렇게 폭포수처럼 무량설법을 쏟아내셨는지 감탄을 거듭하게 된다.

당시 자운스님께서 "해인사 홍제암 큰방을 석남사 대중들에게 빌려줘라" 하셔서 우리들은 홍제암에 머물며 밤 11시까지 정진했다. 나는 그날그날 큰스님이 하신 법문을 노트에 적어 은사 스님께 드렸다. 큰스님께서는 "수좌라면 〈증도가〉와 〈신심명〉은 다 외워야 한다"고 하셨는데, 이 때문에 모든 대중들이 〈증도가〉와 〈신심명〉을 외웠던 것으로 안다. 비가 오나 눈이 오나 하루도 빠짐없이 법상에 올라 한 사람에게라도 큰마음을 심어주려 노력하시던 큰스님의 모습은 너무나 자비로워 보였다.

당시 홍제암에 머물던 여류 바둑 기사 한 사람이 나에게 이런 말을 했다.

"스님들은 배우들처럼 화려하지는 않지만 정말 미인이시네요."

그녀의 눈에는 설법을 들으면서 참선에만 정진 몰두하는 석남사 스님들의 모습이 매우 아름다워 보였던 모양이다.

100일 동안 많은 사람들이 모여 있다 보니 뜻하지 않은 사건도 있었다. 새해를 앞둔 섣달그믐 날 잠시 쉬는 와중에 혜춘스님이 노래를 불렀다가 큰스님의 귀에까지 들어가 법문을 끝까지 듣지 못하고 나가게 된 것이다. 마침 나는 설날을 앞두고 석남사에 다니러 갔고 은사 스님은 현장에 계시지 않아 곤욕을 치르지 않았지만, 하마터면 법문을 끝까지 듣지 못하고 쫓겨날 뻔했다.

이후 백일법문은 책으로 출간돼 사람들에게 수행의 길잡이가 되었고 영문으로도 번역되었다. 많은 스님들이 이 《백일법문》을 교과서로 삼아 법문을 한다고 들었고, 녹음된 법문을 정리하여 책으로 펴낸 원택스님은 '좋은 책을 발간해 주어서 유익하게 사용하고 있다'는 인사를 여러 차례 받았다고 한다. 큰스님 탄생 100주년을 맞아 이 책이 다시 주목받고 있으니 이는 큰스님의 법신이 현존하고 있음일 것이다.

삼십 대 초반 시절 나의 공부를 도탑게 해주었던 김용사 법회와 해인사 백일법문은 내 심층 저곳에 저장되어, 세세생생 수행을 하는 데 큰 밑거름이 되어줄 것이라 믿는다.

사력을 다한
심검당 3년 결사

해인사에서 우레와 같은 백일법문을 들은 지 1년 만에 석남사에서 3년 결사가 시작되었다. 결사란 정기적인 수행인 안거와는 달리 어떤 목적을 이룰 때까지 오랜 기간 수행하며 정진하는 것을 말한다.

"스스로 공부해야지 무슨 법문을 듣는다고 찾아옵니까? 석남사도 인자 웬만큼 정리되었으니까 3년 결사 한번 해보시오."

비바람 새는 석남사 법당을 정리하고 선방을 열어 대중과 함께 정진한 지 10여 년이 흘렀을 때, 큰스님이 대중들과 함께 법문을 듣기 위해 찾아간 은사 스님에게 하신 말씀이다.

큰스님은 석남사 누각인 침계루(枕溪樓)와 선방인 심검당(尋劍堂)을 지었을 때도 손수 이름을 지어주시고 다음과 같은 게송을 써주시면서 석남사 대중들을 격려하셨다.

> 조주의 노인검이여
> 찬 서리 빛이 번쩍번쩍하도다.
> 무슨 뜻이냐고 다시 묻는다면
> 몸뚱이가 두 동강이 나리라.
> 趙州露刀劍　寒霜光燄燄
> 更擬問如何　分身作兩段

석남사로 돌아온 은사 스님은 결사 준비를 시작하셨다.

은사 스님이 결사를 시도한 것은 석남사가 처음이 아니었다. 1951년 여름 40여 명의 대중 스님들과 함께 마산 성주사에서 큰스님의 봉암사 결사 방식을 그대로 재현한 적이 있다. 1947년 '부처님 법대로 살아가자'는 기치를 내걸었던 봉암사 결사는 왜색 불교의 영향으로 계율이 무너지고 선풍이 쇠진해진 상황을 극복하고 선불교의 중흥을 이루려 했던 운동이었다.

은사 스님은 큰스님을 만나 뵙고 감화를 받은 이후 큰스님이 봉암사에서 행했던 '공주규약'을 성주사에서 그대로 실천했다. 새로운 승풍(僧風)을 일으키면서 불교 개혁의 모범이 되었던 봉암사 결사와 마찬가지로, 성주사 결사도 엄격하고 철저했다.

일상생활에서도 늘 오조가사(五條袈裟)를 입었고 외출할 때는 삿갓을 쓰고 죽장을 짚었다. 수행하는 일과 외에 매일 두 시간 이상의 노동을 했으며 초하루와 보름에 보살대계를 읽고 외웠다. 아침에는 언제나 죽을 먹었고 오후에는 음식을 입에 대지 않았다. 예불 시간에 능엄주를 독송하고 대참회를 했으며 아무리 큰 불공이 들어와도 능엄주 독송과 대참회로 끝냈다. 봉암사에서의 결사 방식 그대로였다.

비구니의 위상이라고는 거의 없던 시기, 그것도 전쟁의 포화가 가라앉기도 전이었을 때 그러한 결사를 실현했다는 점에서 은사 스님이 얼마나 선각자적인 분이었는지를 알 수 있다. 처음으로 정법 수호의 회상을 열어 대중 결사를 시도했던 것 자체가, 수행만이 승가의 참모습이라고 여겼던 은사 스님의 확고한 신념이 아니었다면 실현하기 어려운 일이었다.

석남사 3년 결사는 성주사 결사 이후 거의 20여 년 만에 이루어진 셈이었는데, 은사 스님의 결의는 물론 김용사와 해인사에서 성철 큰스님의 법문을 들은 대중들의 신심이 충만해 있던 때여서 의기가 하늘을 찔렀다. 큰스님께서는 하루에 대참회 3백 배를 하고, 능엄주 한 편을 반드시 독송하며, 기도하는 마음으로 결사를 하라고 하셨다.

1969년 음력 10월 15일, 몇 해 전 새로 단장한 심검당에서 동안거와 함께 3년 결사가 시작되었다. 내 나이 서른셋, 출가한 지 13년이 되었을 때였다. 결사 대중은 모두 열세 명으로 은사 스님을 비롯해 장일, 성우, 혜관, 혜춘스님 등 어른 스님들과 법회, 법용, 백졸, 불필, 혜주스님 등 젊은 스님들이었다. 3년 동안 결사 대중을 보살펴줄 대중으로는 현각, 영우, 도문, 도연스님이 선출되었다.

결사를 시작하는 대중들에게 성철 큰스님은 다음과 같이 법문하셨다.

"사력을 다한 노력으로 열심히 공부하라. 그렇지 않고 방일(放逸)하면 미래겁이 다하여도 공부는 성취하지 못한다. 정진은 일상과 몽중, 숙면에 일여가 되어야 한다. 잠시라도 화두에 끊어짐이 있어서는 안 된다."

큰스님은 결사 대중들에게 결사 기간 동안 지켜야 할 수좌 5계를 주셨다.

하루 네 시간 이상 자지 않는다.
벙어리처럼 지내며 잡담하지 않는다.
문맹같이 일체 문자를 보지 않는다.
포식, 간식을 하지 않는다.
적당한 노동을 한다.

우리는 빈틈없이 이 규칙을 지키며 하루 3백 배와 능엄주 한 편을 독송하고, 공양하는 시간 외에는 좌복을 떠나지 않았다. 성인은 모든 고통을 이겨내고 자기 육신을 이긴 사람이다. 고행이 있는 곳에 정법이 있고, 극기 고행으로 천대 생활을 하는 것이 수행자의 근본 생활 아닌가.

이순을 넘긴 은사 스님이 머무르는 조실방에는 '누워 편안할 때 지옥고 받는 중생을 생각하라'는 글귀가 붙어 있었다. 자신의 수행에 대한 엄격한 매질이었으며 한시도 놓을 수 없는 화두일념을 향한 경책이었다.

은사 스님은 당시 주지 소임을 살면서 결사에 들어가셨기 때문에 절에 일이 있으면 내려갔다가 아무리 늦은 시간이라도 다시 올라와 선방에 앉으셨다. 3년 동안 석남사 일주문 밖을 나가신 일은 청담스님께서 열반하셨을 때 단 한 번이었다. 물론 결사 대중들도 3년 동안 한 번도 석남사 밖을 나간 일이 없었다. 은사 스님의 석남사 회상 중 이 3년 결사 기간이 황금기에 해당되지 않나 싶다.

결사에 든 것은 심검당의 열세 명뿐만이 아니었다. 석남사 대중 모두가 결사에 든 심정으로 각자의 일에 충실했다. 불사를 하는 사람은 불사에, 공양간에서 일하는 사람은 정성을 다해 공양을 지어 내는 것으로 소임을 다했다. 온 도량의 분위기가 칼날처럼 살아 있어 누구 하나라도 태만하면 스스로 살이 베일 것 같은 긴장감이 감돌던 시간이었다.

그렇지 않아도 '석남사 대중들은 다 벙어리인가' 할 만큼 말이 없던 도량이 결사로 인해 더 조용해졌다. 새벽 3시에 일어나 3백 배 절과 능엄주 한 편으로 시작해서 5시에 방선을 하면 함께 선체조를 했고, 아침 공양 시간에는 눈이 오나 비가 오나 석남사 큰방인 강선당까지 호롱불을 들고 내려가 다른 대중과 함께 발우공양을 했다.

나중에 들으니 공양주 한 사람은 공양하고 대중들이 심검당으로 올라갈 때면 부엌문을 열고 그 뒷모습을 향해 합장하곤 했다고 한다. 후학들에게는 심검당이 언젠가는 저렇게 공부해 보리라 발심하게 하는 곳이 되었다.

석남사에서 행자 생활을 마치고 강원을 가는 대신 석남사에 남아 참선공부하는 것을 택한 영운스님은 큰스님께 화두를 받으러 갔다가 《육조단경》을 앞뒤로 막힘없이 외우고 오라는 명을 받았다. 군불을 때고 쇠죽을 끓이면서 《육조단경》을 다 외우고 갔더니 큰스님께서는 백만 배 기도를 하라는 과제를 주셨고, 3년 결사와 함께 백만 배 기도를 시작했다. 석남사 선방에서 대중과 함께 참선을 하고 하루에 1080배씩 절을 했다. 졸음이 쏟아지고 춥고 배고픈 겨울 새벽녘, 공양주가 뜨끈하게 끓여온 누룽지 국물을 먹으면 외풍으로 얼었던 몸이 풀리곤 했다.

영운스님은 3년 결사 회향과 함께 백만 배 기도를 마쳤는데 가사 한 벌이 다 떨어져 나갔다. 영운스님은 내가 석남사에서 총무 소임을 볼 때 교무를 보며 함께 일했고 30여 년의 세월이 흐른 뒤 석남사 주지가 되었다.

지금 심검당에 앉아 지나는 바람 소리를 듣고 있노라면, 어른 스님들을 모시고 정진했던 그 젊은 시절이 떠오르곤 한다. 정말 한 치의 빈틈도 없이 여법(如法)하게 진행된 결사였다. 그러나 결사 회향을 앞둔 어느 날 젊은 선객들의 반란이 일어났다.

새벽 예불 때 매일 3백 배 대참회를 하는데 어른 스님들의 절이 젊은 우리들보다 빨라 늘 따라가기가 힘들었다. 저녁 공양 시간에 "어른 스님들의 절이 빠르니 좀 천천히 하셨으면 좋겠습니다" 하고 건의를 드렸으나 일주일이 지나도 절의 속도는 줄어들지 않았다.

아랫자리에 있던 혜주스님이 예불을 집전하던 법용스님 쪽으로 자리를 옮겼다. 이제 더 이상 빠른 속도로 절을 하지 못하겠다는 시위임을 알아챈 나도 절을 천천히 하기 시작했다. 미리 약속이나 한 것처럼 우리들이 절을 다 하고 보니 어른 스님들보다 5분이 늦어 있었다.

법당 중앙에서 절을 한 어른 스님들의 안색이 좋지 않으셨다. 누구보다 은사 스님이 화가 많이 나신 듯했다. 당신 상좌들이 시위를 주도했으니 다른 스님들 보기에 불편하셨을 뿐만 아니라, 긴장감이 감도는 결사 중에 그런 반란은 용납될 수 없는 것이었다. 무슨 야단이 있겠구나 싶었는데, 아니나 다를까 다음 날 우리 세 사람을 부르시곤 옥류동으로 가자고 하셨다.

대나무 지팡이를 짚고 큰 걸음으로 앞서가시는 은사 스님은 호랑이라도 잡을 기세셨다. 평생 잡담이라고는 하지 않고 사신 분이니 한 마디 말씀이 있을 리 없었다.

드디어 평평한 풀밭에서 멈추시고 우리를 말없이 바라보시는데 그 눈빛이 정말 무서웠다.

"앉아라."

순간 대나무 지팡이로 혜주스님의 어깨며 등판을 내리치셨다.

"탁! 탁! 탁!"

대나무 지팡이가 법용스님에게로 옮겨가자 '기다려서 맞을 필요가 없겠구나' 하는 생각이 들어 돌아서서 내려왔다. 어른 스님들은 노하시면 그때뿐, 시간이 지나면 노기가 가라앉는다는 것을 누구보다 잘 아는 나였다. 큰스님께서 진노하실 때도 얼른 그 자리를 피해 보이지 않는 곳에 서 있었다. 은사 스님도 마찬가지이셨으니 그것으로 그만이었다.

은사 스님의 노여움을 불러일으켰던 반란이 끝나자 백일용맹정진이 기다리고 있었다.

결사가 끝날 무렵 마지막 100일을 앞두고 결사 대중 모두 용맹정진에 들어갔다. 용맹정진은 스물네 시간 잠을 자지 않고 수행하는 것을 말한다.

"100일 동안 눕지 않고 기대지 않으며 잠시라도 화두에 끊어짐이 있어서는 안 된다. 노력하고 또 노력하라. 노력 없는 성공은 없다."

큰스님의 말씀을 기억하며 우리 결사 대중들은 화두 하나만 생각했다. 용맹정진은 화두와 내가 하나가 되어서 듣고 보는 것조차 없어야 한다. 오늘이 마지막이라는 생각으로 피를 말리며 정진했던 시간들이다.

밤에 졸음이 오면 밖에 나가 산길을 하염없이 걸었다. 전등도 없던 시절이라 유리병에 기름을 넣고 호롱불을 만들어서 사방이 캄캄한 산길을 홀로 걷다 보면, 바로 옆에 큰 짐승이 지나가는 것을 본능적으로 느낄 때도 있었다. 무서운 마음이 들면, '내가 너를 해칠 생각이 없는데 네가 나를 해칠 까닭이 있겠느냐. 무엇이 무서운가' 하며 잠시 눈을 감았다가 눈길을 반대쪽으로 하면 짐승이 사라지고 없었다.

이불은 물론이고 잠깐이라도 등을 대면 자기도 모르게 잠들 수 있는 의자마저 다락으로 치워버렸다. 하루 3백 배 절을 하는 것조차 생략하고 공양 시간과 양치질 하는 시간 외에는 오로지 정진이었다.

100일 동안 묵언을 하면서 단 한 순간도 눕지 않고 정진한다는 것은 진정 죽을 각오로 하지 않으면 불가능한 일이다. 지금도 그때 함께 애를 쓰셨던 성우, 장일, 혜춘, 혜관스님 등 어른 스님들이 생각난다. 이렇듯 나이가 들어보니 그때 그분들이 얼마나 필사적인 노력을 기울이셨는지 알겠다.

인간이 할 수 있는 최선의 노력으로 백일회향을 마치고 3년 결사 회향 법문을 들으러 간 우리들에게 큰스님께서는 "그동안 무슨 공부를 했겠나" 하고 차갑게 한마디 던지시고는 "그래도 3년 결사를 끝까지 해낸 대중은 비구·비구니를 합한 조계종 전체에서도 드물다"고 말씀하셨다.

꾸짖음을 경책으로 삼았던 큰스님의 성정으로 볼 때 그 정도로 말씀하신 것이 큰 격려이자 칭찬이 아니었나 싶다. 한평생 내가 보아온 큰스님의 눈빛은 언제나 시퍼렇고 뚝뚝했다. 많은 말이 필요 없었다. 핵심만 말씀하시면 그것으로 끝이었다. 그 다음은 들은 사람이 알아서 해야 한다.

은사 스님이 돌아가시고 스님의 서고를 정리하다가 큰스님의 친필 편지를 발견했다. 우리도 처음 보는 편지였는데 날짜가 기록되어 있지 않아 언제 무슨 일로 받은 것인지는 알 수 없었다. 3년 결사 즈음에 받으신 것이 아닌가 싶어 여기에 기록해 둔다.

현세는 잠깐이요 미래는 영원하다.

잠깐인 현세의 환몽에 사로잡혀

미래의 영원한 행복을 잃게 되면

이보다 더 애통한 일은 없다.

만사를 다 버리고 오직 정진에만 힘쓸지어다.

화두를 깨치면 미래겁이 다하도록

자유자재한 대행복을 얻나니라.

깨치지 못하고 무한히 연속되는 생사고를 받을 적에

후회한들 무슨 소용이 있으리오.

신명을 돌보지 말고 부지런히 참구하라.

용맹정진, 의자에 기대서도 안 된다

　1972년 3년 결사가 끝나고 그해 하안거가 시작되기 사흘 전, 의자에 앉아 잠깐 졸았던 듯한데 심검당에서 마주 보이는 앞산에서 불이 난 것처럼 방광(放光, 빛이 환하게 비침)이 일어나는 것을 보았다. 꿈은 꿈인데 화두가 너무나 성성(惺惺)했다. 자신감과 신심이 충만해졌고, 정말 열심히 용맹정진을 해야겠다는 결심이 섰다.
　무엇보다 은사 스님께서 결사 중 입승을 보셨던 성우스님과 함께 칠불암으로 정진을 떠난 것이 기폭제가 되었다. 예순이 넘은 연세에도 3년 결사를 끝내고 바로 정진하러 가시는 것을 보면서 도저히 누워 잘 수가 없었다.
　심검당에 젊은 수좌들이 다시 모여 하안거 용맹정진을 시작했다. 정진 대중은 청조스님 등 일곱 사람이었고, 내가 입승을 보게 되었다.

입승은 선방 대중의 대표자로서 늘 기도하는 마음으로 대중을 이끌어야 하는 책임이 있다. 정진뿐 아니라 생활 전체를 이끌기 때문에 입승이 열심히 정진하면 대중들에게 힘을 주고 나태하면 힘을 빼앗게 된다.

하안거 100일 동안 공양하는 시간과 화장실 가는 시간 말고는 가사를 벗지 않고 장좌불와를 했다. 이렇게 한 이유는 큰스님으로부터 '농산행(籠山行)' 수행 법문을 들은 후 의지를 더욱 굳게 하기 위한 것이었다. 감동 깊게 들었던 큰스님 법문의 전문이다.

"일본의 비예산(比叡山)은 천태종의 본산인데 연력사(延曆寺)라는 절이 있습니다. 천태종이 최징(最澄) 대사에 의해 그곳에서 개종한 지가 약 1,200년 되었습니다. 1,200년 동안을 내려오면서 12년 동안씩 계속 하는 농산행(籠山行)이라는 것이 있습니다. 누구든 전국에서 가장 영리하고 가장 신심 있고 가장 몸 튼튼한 사람을 골라 12년 동안 비예산 정토원이라는 절에 앉혀두고 공부를 시키는 것입니다. 이것을 농산행이라고 합니다. 12년 만기가 되기 전까지 절대로 나오지 못합니다.

이렇게 하는 것이 1,200년간 계속되어 오는데, 한 번도 끊어지지 않고 12년 뒤에는 다른 사람이 들어가서 대를 잇고, 또 12년이 지나면 다른 사람이 들어가서 대를 잇기를 100명째 농산행을 해온 것입니다. 시작할 때 무엇이 첫 번째 조건이냐 하면 대승계를 받는데, 그때 계는 부처님에게서 받아야 한다는 것입니다. 사람에게서 받아서는 안 됩니다.

부처님에게서? 어떻게? 기도를 하면 부처님이 나타나서 계를 주시는 것입니다. '서상(瑞相)을 본다' 이 말입니다. 농산을 할 때는 반드시 기도를 하여 부처님이 실지로 나타나서 부처님에게서 직접 계를 받아야지, 그렇지 않으면 그 사람은 농산을 못하게 됩니다.

그러면 어떻게 기도를 하는가? 하루 3천 배씩 절을 합니다. 절을 하는데 그냥 하는 것이 아니고《삼천불명경》을 펴놓고 부처님의 명호를 부르면서 오체투지를 합니다. 절한 뒤에는 가루향을 꼭꼭 한 번씩 사르고서 절을 합니다. 아주 천천히 하루 종일, 24시간 하는 식입니다. 아주 시간을 많이 들여서 천천히 하는데 부처님이 직접 나타나서 계를 주기 전에는 못 그칩니다. 기한이 없다 이 말입니다.

3천 배 할 때에는 절만 하고 쉬는 것이 아니라 언제든 가사장삼을 벗지 못합니다. 눕지도 못하고 화장실 갈 때 이외에는 언제나 장좌(長坐), 그대로 앉아서 잠깐 졸 뿐 누워 자지 못합니다. 이태고 3년이고 간에 부처님이 나타나서 계를 줄 때까지는 지속적으로 3천 배를 하면서 그처럼 어려운 고행을 해야 하는 것입니다. 열심히 기도를 합니다. 사람에 따라서 단 몇 달 만에 부처님이 나타나는 수도 있고 또 많이 걸린 사람은 3년이 걸렸습니다.

1,200년 동안 농산에 들어가서 부처님 서상을 안 받고 12년 농산을 안 한 사람은 한 명도 없습니다. 누구나 다 성취했습니다. 농산할 때 스승은 이전에 농산행한 그 사람이 스승이 됩니다. 그리하여 실제 부처님에게서 계를 받았는지, 부처님이 실제 나타났는지, 자기가 체험을 했으니 거짓말할 수 없는 것입니다.

이렇듯 부처님의 서상을 보고 12년 농산행을 한다고 하는 것, 그런데도 부처님이 돌아가셨으니 그만이라고 할 수 있는가, 이 말입니다."

큰스님의 이 법문은 불교의 목적이 생사해탈, 영원한 대자유에 있음을 강조하며 그 실례가 있음을 알려주신 말씀이다. 부처님이 보여주신 영원한 대자유를 믿고 더욱 용맹정진할 것을 독려하셨다.

이번 철에 마치고 말겠다는 결심을 하고 맹렬히 정진하다가 49일이 되었을 때 해인사 백련암으로 갔다. 49일 정도 되면 조금 맥이 빠지기도 하는 때라서 큰스님 법문을 듣고 힘과 용기를 내기 위해서였다.

큰스님께서는 대중을 향해 이런 법문을 해주셨다.

"용맹정진이란 화두 하나만 머릿속에 있어야 한다. 해가 뜨고 밤이 되는 것도 몰라야 되는 것이다. 오직 화두일념이 되어서 귀에 들어오는 것, 눈에 보이는 것이 하나도 없어야 한다. 옛날에 불감스님이 인가를 받은 것도 49일 동안 용맹정진한 후였다. 49일 동안 먹는 것도 입는 것도 잊어버리고 잠자는 것도 잊어버리고 오직 서서 공부만 해서 깨치고 인가를 받았다. 우리가 고불고조(古佛古祖)를 표방해서 오매일여가 되고 영겁불매가 되어 금강불괴심(金剛不壞心)을 성취하여 부사의해탈경계(不思議解脫境界)를 성취하면 억천만겁토록 윤회의 생사고를 받는 것이 완전히 해결되어 버린다. 그리하여 영원히 자유자재한 대해탈인이 되어 32응신(應身)만이 아니고 백천 분신(分身) 화신(化身)을 나투어 미래겁이 다하도록 중생을 제도할 것이다. 그리 하려면 우리의 공부가 실제로 오매일여가 되어 영겁불망이 되도록 죽자고 노력을 해야 한다."

큰스님께서 법문을 끝내고 물으셨다.

"조금도 등을 대지 않고 정진하는가?"

"너무 피로하면 한 번씩 의자에 기댈 때는 있습니다."

"의자에 등을 대서도 안 된다. 용맹정진 중에 의자에 등을 대는 것은 눕는 것과 마찬가지인기라."

백련암에 다녀온 정진 대중은 더욱 신심이 충만해져 정말 죽겠다 싶을 때는 잠깐 앉아 쉬기도 했던 의자를 다락으로 올렸다. 나머지 50일 동안 의자 없이 큰스님 말씀대로 한 치의 어김도 없이 정진했다.

하안거를 할 때 불청객은 단연 모기다. 어스름 해만 지면 살그머니 날아와 대중 곁을 맴돌곤 했다. 심검당 앞마당 한 모퉁이에 모깃불을 피워놓고 포행을 하면 그나마 멀리 달아났다.

밤 10시쯤 되면 졸음이 물밀듯이 밀려온다. 그러면 대중들이 모두 일어나 호롱불을 들고 심검당에서 사슴목장까지 걷다가 새벽 예불 시간에 맞추어 돌아왔다.

그해 여름, 100일 동안 하루도 빠지지 않고 다섯 시간 행선을 했다. 삼십 대 중반, 생각하면 바로 실천할 수 있는 힘이 있었기에 폭풍우가 몰아쳐도 밀고나갔다. 언제든지 할 수 있다는 자신감이 꽉 차 있어서 행선하는 다섯 시간 동안 조는 한이 있어도 앉지 않았다.

출발할 때는 주변이 어둡기 때문에 입승이자 제일 연장자인 내가 앞장섰고, 새벽녘에 돌아올 때는 젊은 수좌들을 앞세우고 내가 제일 뒤에 섰다.

"한번 정진하면 끝을 내야 한다."

나와의 약속이고 큰스님과의 약속이고 부처님과의 약속이니 정진 중에 죽을지언정 멈출 수 없었다. 지금 생각해보면 비가 오나 눈이 오나 어떤 일이 있어도 한번 시작한 일을 끝까지 해낼 수 있었던 데는 젊음의 힘이 크게 작용한 듯하다.

예순이 넘으면서부터 '비가 오는데 오늘은 안 나가면 어떨까' 하

몇 해 전 청와대의 초청을 받고 갔을 때

는 갈등이 일어났고 그때 '아, 이게 바로 늙어가는 것이로구나' 하는 것을 절실히 깨달았다. 원효선사가 "부서진 수레는 달리지 못한다〔破車不行〕"고 말씀하신 심중을 알 수 있었다. 몸을 편안하게 해주고 싶은 마음이 들면 그때는 늙어 정진에 매진할 수 없는 '파거불행'의 나이에 이른 것이다.

참선하는 수좌에게 가장 큰 적은 나이임을 경험해 본 사람은 안다. 그러므로 젊을 때 무엇이든 밀어붙일 수 있어야 하며, 자신감이 하늘을 찌를 때 죽어라고 정진해야 한다. 세속의 일도 그렇다. 무엇을 해도 두렵지 않고 자신감이 넘칠 때 목숨을 걸고 자신의 일에 전념해야 한다. 의심 없이 일심으로 뚫고 나가면 길이 보인다.

오랜 시간 행선 후 새벽 예불을 하고 좌복에 앉으면 누운 것처럼 편안했다. 예불 후에 다시 포행을 나서면 석남사 일주문 옆 석남여관의 주인인 최기윤 거사가 부인과 함께 나와 있다가 커피 공양을 하곤 했다. 커피가 귀하던 시절, 이분들의 커피 공양은 100일 동안 이어졌다. '흉년에 참새 세 마리는 굶어죽어도 스님네는 굶어죽지 않는다'는 옛말이 있듯이, 우리가 밤잠을 안자고 공부하니까 제석천(帝釋天)께서 보내주신 것 같았다. 졸음은 오고 비라도 와서 날이 쓸쓸할 때 마시는 한 잔의 커피는 그대로 감로수였다.

이불도 의자도 없이 100일 동안 서서 살다시피 하며 행선을 하다 보니, 피곤하면 눈에서 잠이 오는 것이 아니라 다리가 졸리는 느낌이었다.

"성인들은 다 자기 육신을 이긴 사람들이다!"

서서 살다시피 한 후회 없는 정진이 있었기에 큰스님께서 자주 하셨던 저 말씀을 이해할 수 있었다. 죽을힘을 다해 애쓰지 않으면 천 년이 가도 만 년이 가도 자기 공부를 이룰 수 없다. '노력이 없는 성공은 없다'란 말은 만고의 진리다.

3년 결사를 끝낸 1972년 봄, 심검당에 두 그루의 보리수를 심었다. 그 중 한 그루가 40여 년이 지난 지금 크고 무성하게 자라 봄이면 꽃향기가 가득하고 여름이면 더위를 식혀준다. 가을에는 열매가 영글어 보리수 염주로 스님네를 반긴다.

여름과 겨울 안거 때마다 심검당에서 정진하다 보면 함께 공부했던 도반들이 그립다. '이번 철이 마지막이며 내일은 없다'는 절박한 심정으로 죽을힘을 다해 용맹정진하던 스님들이었다.

그동안 얼마나 많은 세월이 흘렀는가. 이제 모두 노승이 된 지금 그 젊은 시절을 함께했던 도반 스님들을 떠올리며 이렇게 발원해 본다.

발원하노니
철석같은 바른 신심으로 무루선(無漏禪, 성자가 일으키는 번뇌의

더러움이 없는 선)을 닦아

　크나큰 지혜와 덕, 커다란 용맹심으로

　일체중생을 남김없이 제도하고

　법의 바다 영원히 청정하며 편안하여지이다.

화합을 위한 소임살이

세상을 살아가면서 자신에게 일어나는 모든 일에 감사해야 행복하다. 인생이라는 큰 그림을 그리는 마음 한가운데 감사라는 밑그림이 그려져 있지 않으면 불행하게 살아가는 것이다. 마음이 물결처럼 출렁이며 불안할 때, 가만히 마음의 흐름을 살펴보면 감사하는 마음이 적거나 감사함을 잊고 있는 자신을 발견하게 될 것이다.

좋은 일에만 감사하지 말고 힘든 일, 고통스러운 일에도 감사해야 지혜로운 사람이다. 번뇌 속에서 깨달음을 이룬다. 힘든 가운데 사람이 성숙하고 발전하기 때문에 오히려 고통스러운 일을 감사해야 한다. 누가 뭐라 해도 감사해 버리고 나면 일체 시비가 붙을 것이 없다. 세상일이 다 이 시비 때문에 일어나는 것이 아닌가.

승가에서도 부딪치지 않고 살 수는 없다. 그러나 우리는 부딪침으로 인해 더 성장할 수 있기 때문에 탁 부딪칠 때 '감사하다'고 외친다. 감사하다고 생각해야 감사한 삶이 된다.

처음 절에 간다고 했을 때 큰스님께서는 "항상 대중 속에서 감사하고 살아야 한다" 하시며, 모든 일에 감사하고 마음을 다스릴 수 있게 하는 글을 주셨다.

> 실상은 때가 없어 항상 청정하니
> 귀하거나 천하거나 늙었거나 젊었거나
> 어린아이거나 다 부처님 같이 섬기되
> 아주 나쁜 사람을 지극히 존경하고
> 원한이 깊은 원수를 깊이 사랑하고 보호하라.
> 나를 헐뜯고 욕되게 하는 것은 참 법문이요
> 침해하는 것은 큰 불사니
> 말없이 항상 기쁜 마음으로
> 모든 일에 감사하라.
> 實相無垢常淸淨 貴賤老幼事如佛
> 極重罪人極尊敬 深怨害者深愛護
> 毁辱眞法門 侵害大佛事
> 黙黙常歡喜 一切深感謝

감사하는 마음을 주력(呪力, 진언)처럼 외우고 다니려는 뜻에서 우리는 이 글을 감사 주력이라 불렀고, 대중 생활에서 일어나는 모든 일들에 감사하는 생각을 진언처럼 외웠다.

"감사하는 생활을 수행자의 일상처럼 해야 한다. 감사해야 대중이 화합해서 잘 살게 된다."

큰스님의 가르침처럼 많게는 몇백 명에서 적게는 몇십 명까지 많은 대중들이 모여 사는 도량에서 화합이 되지 않으면 발전이 있을 수 없다. 가정, 나아가 국가도 마찬가지일 것이다.

나는 지금도 이 글을 새로 출가하는 사람과 인연 닿는 신도분들에게 선물하고 있다. 은사 스님은 큰스님이 친히 써주신 이 글을 대중들이 모여 발우공양하고 학인들이 공부하는 강선당의 벽 한가운데 걸어놓으셨다. 대중들 모두의 마음에 새기고 싶으셨을 것이다.

주지 등 행정직은 꿈에도 생각지 않고 공부만 하는 못난 중으로 살겠다는 다짐을 하며 살아왔지만, 출가한 지 20여 년쯤 되었을 무렵 석남사 총무 소임을 맡았다. 절에서 총무는 주지를 대행하는 역할을 하기도 한다.

대중과 함께 하는 단체 생활에서 화합은 전체 규율을 지켜야 하는 승가의 필수 덕목이다. 그러므로 소임을 맡는 것은 불가피한 일이기도 한 것이다. 나는 절 안에서 행자와 학인들의 교육을 책임지는 교무 소임을 거쳐 총무 살림을 했다. 총무 소임을 맡기면서 은사 스님께서 이렇게 말씀하셨다.

"대중 가운데 그래도 네가 제일 복이 많다. 그러니까 복 많은 사람이 불사를 할 때 도와야 한다."

정진과 소임은 둘이 아니라는 생각으로 1년 동안 최선을 다했다. 주지 살림을 살아야 하는 은사 스님에 비하면 아무것도 아니었으나 석남사 불사가 한창인 때라 정말 힘든 기간이기도 했다.

내가 총무를 볼 때 영운스님이 교무 소임을 보았는데, 우리는 소임을 보는 동안 개인적으로 들어오는 돈을 모두 좋은 일에 쓰기로 약속하고 남을 돕는 데 사용했다.

그때 석남사 불사는 말 그대로 대역사였다. 대웅전, 극락전, 조사전을 완전 해체하여 다시 짓고, 정수원(선원), 목욕탕, 방앗간채 등은 신축이었다. 은사 스님을 비롯해 대중 스님들은 대웅전 지붕 위에 올라가 기와도 나르고 못질도 하였다. 석남사 모든 건물에는 대중의 손길이 가지 않은 곳이 없다 해도 과언이 아니었다.

출가한 딸을 보기 위해 석남사에 왔다가 딸이 무거운 지게를 지고 가는 모습을 보기가 안타까워 다시는 석남사를 찾지 않는 부모들도 있었다. 흙냄새도 모르고 대학까지 졸업한 어린 스님들이 지붕 위에서 일을 하니 함께 일하던 와공들도 놀라워했다.

경제 사정이 어려울 때 큰 불사를 하다 보니 모든 것이 부족했다. 어느 날 통도사의 월하 큰스님께서 석남사에 오셨다가 가시는 길에 주차장까지 모시고 가면서 "스님, 불사를 하다 보니 쌀이 없습니다"라고 말씀을 드리자 "통도사에 가서 쌀 20가마를 얻어 가라"고 하셨다.

이런 대불사 와중에 뜻하지 않게 출가 후 처음으로 영화관에 가게 되었다. 은사 스님은 불사에 '청기와'를 쓰기로 하고, 울산에 있는 최상문 사장을 불러 청기와를 만들어보자고 하셨다. 기존의 기와가 추위를 이기지 못하고 동파하는 데 비해 청기와는 추위에 강했다. 이 청기와는 실패를 거듭한 뒤에 완성되었는데, 이후 전국에서 주문이 쇄도하였고 일본에 수출까지 하게 되었다.

기와를 찾으러 공장에 가보니 아직 기와가 준비되어 있지 않았다. 최사장은 미안해 하며 기와는 본인이 직접 가져오겠다고 하고는 우리를 영화관으로 데려갔다. 그래서 함께 간 영운스님과 〈빠삐용〉을 보게 되었는데, 살인죄 누명을 쓰고 종신형을 선고받은 빠삐용이 극한 상황에도 굴하지 않고 끊임없이 탈옥을 시도하는 모습을 그린 영화였다. 저런 강한 집념으로 공부를 했다면 분명 도를 깨쳤겠구나 하는 생각이 들 정도였다.

중학교 시절, 우리 반 학생 모두가 방과 후 진주극장에 가서 연극 '바보온달'을 몰래 보고 나오다 선생님에게 들켜서 야단맞았던 기억이 있다. 그 후 처음 가본 영화관이었는데, 그 〈빠삐용〉이 출가 후 처음 본 영화이자 마지막 영화가 되었다. 출가자가 무슨 영화관을 드나들 일이 있겠는가.

간혹 영운스님과 시장을 보러 갈 때도 있었다. 워낙 대중들도 많고 살림이 크다 보니 한 번 장을 보면 짐이 많았는데 상인들이 짐을 라면 박스에 넣어주었다. 하지만 나는 그것을 차마 들 수가 없었다.

"스님도 버스 타는 데까지 하나 들고 가세요."

"난 못 들어!"

영운스님이 물었다.

"왜요, 스님?"

"중이 라면 먹는다고 욕해!"

영운스님이 기가 차다는 듯 쳐다봐도 나는 라면 박스를 들지 않았다.

그래도 얼마나 손이 큰지 소임을 보는 동안 물품을 충분히 준비해 놓아서 내가 떠난 후에도 국수를 몇 년 동안 먹었다는 이야기를 들었다.

총무를 살 때 은사 스님이 우리에게 석남사를 맡겨놓고 도성암으로 공부하러 가신 적이 있다. 나는 영운스님과 함께 은사 스님이 좋아하는 쑥절편을 준비해서 걸망에 담고 도성암으로 올라갔다. 쑥절편을 보시고 좋아하시던 은사 스님의 얼굴이 올라가는 길가에

핀 찔레꽃처럼 환했던 기억이 잊혀지지 않는다.

  나는 은사 스님을 모시는 시자 역할도 같이 했다. 외출을 하실 때는 따라다니며 심부름도 하고 보살펴드리는 일도 했는데, 나중에 들으니 새로 출가한 사람들은 나를 아난존자라고 불렀다고 한다. 아난존자는 평생 부처님을 시봉한 부처님의 제자다. 그러나 은사 스님의 진짜 아난존자는 사형인 법희스님이다. 출가한 후 한순간도 쉬지 않고 스님 곁에서 손발이 되어주신 분이기 때문이다.

  한창 불사를 돕고 있던 어느 날, 스님께서 함께 외출을 하자고 말씀하셨다. 알고 보니 당시 청와대 비서실장으로 있던 이후락 씨를 만나러 가는 길이었다. 석남사가 있는 울산이 이후락 씨의 고향이었으며 그의 부인이 가끔 석남사를 찾는 인연이 있었다. 그때까지는 십시일반 신도님들의 보시로 불사를 해왔고, 어느 개인을 찾아가 부탁하는 일은 아주 드문 일이어서 발걸음이 무거우셨을 것이다.

  이후락 씨의 집에 도착하니 만나기로 한 그의 부인이 부재중이었다. 조용히 앉아 기다리는 스님의 모습에서 지도자로서의 고뇌가 느껴졌다. 한 시간이 지나자 그의 부인이 나타났다. 기다리시게 해서 미안하다는 부인에게 은사 스님이 호통을 치셨다.

  "어디 이렇게 신도가 스님을 기다리게 합니까?"

은사 스님의 시자 역할을 하던 시절,
해인사에서 은사 스님과 함께

한참이나 야단을 치는 모습이 대중공사에서 제자인 우리들을 야단치시는 모습처럼 당당했다. 찾아간 일을 전하고 돌아오는데 그의 부인이 미안하다고 하면서 비행기표를 예약해 주었다. 비행기를 처음 타보는 상좌를 배려해서 스님은 창가에 앉게 하셨다. 이후락 씨를 두 번째 만나던 날도 스님을 모시고 갔는데, 집무실에서 그를 만나고 나온 스님이 돌아오는 길에 말씀하셨다.

"무엇을 도와주었으면 좋겠느냐고 묻길래 경전 번역하는 일을 도와달라고 했다."

나는 깜짝 놀랐다. 온 대중이 나와서 일을 하고 있고, 일하는 사람들의 노임을 제때 주지 못해 소임자가 자리를 피하는 일이 있을 만큼 어려운 시기였기에 당연히 불사 이야기를 하셨을 줄 알았다.

"얼마 전 종회 때 운허스님에게서 역경(譯經) 사업이 어렵다는 이야기를 들었다. 운허스님은 초대 역경원장을 맡으시면서 한국불교의 중흥이 한글대장경 편찬에 달렸다고 믿고 발간 사업을 시작하지 않으셨느냐. 그런데 종단 내에서 사업을 하기에는 경제적으로 많은 무리가 따라서 진전을 보지 못한다는 말씀이셨다. 가는 길에 그 일이 문득 생각나더라. 기왕 하는 부탁인데 더 중요한 일을 말해야 할 것 같아서 그랬다. 석남사 불사야 부처님 일인데 어떻게든 되지 않겠느냐?"

당시 역경 사업은 대한불교조계종이 포교, 도제 양성과 함께 종단의 3대 사업으로 선정할 만큼 중요한 사안이었다. 부처님 말씀이 새겨져 있는 대장경이 한문이라는 언어의 벽에 가로막혀 제대로 전해지지 않는 상황에서, 대장경을 한글로 번역하는 사업은 무엇보다 긴급했다. 해인사에 한문으로 보존되어 있는 팔만대장경 전부를 번역, 발행할 목적으로 동국역경원이 발족해 있을 때였다.

"이후락 씨가 석남사 불사를 돕고 싶다고 하길래 도량 불사는 부처님 제자인 우리들이 할 테니 더 큰 데 관심을 가져달라고 했지."

그 후 이후락 씨는 역경 사업을 범국가적 사업으로 추진하도록 도와주었다. 문교부에서 역경 사업에 국고를 지원하는 법안이 국회에서 통과됐고, 역경원이 34년 동안 대장경 번역 작업을 계속해서 2000년 9월 드디어 한글대장경 전 318권을 완간했다. 당시 조계종 종정이던 효봉스님은 은사 스님에게 표창장을 수여하면서 "참으로 출격장부(出格丈夫, 격식에서 해탈하여 어디에도 얽매임이 없는 사람)다"라고 하셨다.

돈을 얻으러 갔어도 굽히지 않고 당당할 수 있었던 것은 사심보다는 대의와 공심이 앞섰기 때문이었을 것이다. 나는 그 대의와 공심을 배우려 노력했고 살아오면서 작게나마 그런 가르침들이 풀려나왔다고 생각한다. 어느 스승을 만나 무엇을 배우고 실천하느냐가 그래서 중요한 것 같다.

은사 스님의 복력과 대중 스님들의 협조로 불사가 다 이루어지자 나는 영운스님과 오대산 월정사 지장암에 가서 하안거를 나기로 정했다. 떠날 준비를 하고 있는데, 은사 스님께서 대웅전을 다시 짓느라 누각에 모셔놓은 부처님을 개금불사(改金佛事, 불상에 금칠을 다시 하는 일)하라고 말씀하셨다.

비용도 시간도 없었지만 은사 스님의 말씀은 그대로 법이니 다른 길이 없었다. 그때 마침 대안, 대성 두 스님이 부산여고와 성균관대학을 함께 졸업하고 큰스님의 법문을 들은 후 출가했는데, 부모님들이 딸의 음성이라도 듣고 싶다며 석남사에 전화 공사를 하라고 3천만 원을 내놓았다. 전화가 귀하던 시절, 언양에서 석남사까지 전화선을 끌어오려면 그만한 비용이 필요했다.

스님들의 부모님을 만나 양해를 구하고 그 돈으로 먼저 개금불사를 했다. 그런데 공교롭게도 개금불사가 끝나고 한 달 후 정부에서 전화 공사를 해주어서 10만 원에 전화를 놓을 수 있었다. 그때 '불사란 이렇게 이루어지는구나' 하는 생각이 들었다.

일을 다 마친 후 소임을 물려주고 무엇에도 구애받지 않는 운수납자의 길을 떠나기 위해 걸망을 꾸렸다. 스님네의 사계절에 걸망 하나 말고 무엇이 더 필요하겠는가.

남쪽에 있는 석남사에서 북쪽인 오대산 지장암까지는 워낙 길이 멀어서 예정보다 하루 늦게 도착하니 수행 대중 24명은 상원사 위에 있는 북대 쪽으로 곰취를 뜯으러 가고 없었다. 하루 늦었지만 먼저 온 기분이었다. 이틀이 지나니 대중 스님들이 오대산 깊은 산속의 산나물을 한 짐씩 지고 돌아왔다. 그때의 입승은 지금 석남사의 유나인 현묵스님이었다. 하안거는 3일 후에 시작되었다.

아침 3시에 일어나 밤 11시 잠자리에 들기까지 열한 시간 정진했다. 정해진 시간에는 항상 대중 스님들과 같이 생활하고, 그 외 시간은 자유정진 시간이었다.

나는 밤 11시 방선 후에는 행선을 하기도 했다. 월정사 전나무 숲을 지나 상원사 가는 길을 무서운 줄도 모르고 젊은 스님과 행선했는데, 전나무 숲길의 울창함은 행선하는 납자에게 자연이 주는 아름다운 선물 그 자체였다. 소임 끝에 한 정진이어서 그런지 마음이 그렇게 한가하고 넉넉할 수가 없었다.

오대산이 깊은 산중이라 그런지 지장암 살림은 그리 넉넉해 보이지 않았다. 은사 스님이 출가한 곳이 바로 지장암이었는데 그때가 1940년대 중반이었으니 살림살이는 더 궁핍했을 것이다. 은사 스님께서는 그 시절을 이렇게 회고하시곤 했다.

"겨울에 고춧가루가 없어 반찬이라곤 소금에 절인 김치 하나뿐이었지. 옥수수 잡곡밥에 일본인들이 기름을 짜고 남은 콩깻묵을 배급받아서, 소금을 섞어 시래기국을 끓여 먹었어. 어디 먹는 것뿐이냐. 제대로 된 적삼 하나도 얻어 입기 힘든 때여서 모두들 검은 조각, 붉은 조각을 대어 꿰매 입었는데, 실밥이 드러나서 잘 모르는 사람들은 도인들은 저렇게 옷을 입나 보다 했을 정도였지. 일꾼처럼 밭농사를 짓고 나무를 해들이면서도 정진하는 기쁨 때문에 어려운 줄 몰랐다."

비구니의 위상이 거의 없던 시대에 먼저 길을 걸으며 헌신했던 선배 스님들이 있었기에, 오늘날 그 위상이 바로 서고 정진에 힘을 기울일 수 있는 환경이 마련되었을 것이다. 이 때문에 나는 항상 선배 스님들에 대한 감사한 마음을 잊지 않으려 애쓰고 있다.

정진을 하다 보면 배가 고플 때도 가끔 있었는데, 이를 알고 부엌살림 소임을 맡은 스님이 감자녹말로 송편 떡을 자주 만들어주었다. 남쪽에서는 먹기 어려운 귀한 떡이었다.

안거가 끝날 무렵이 되자 옥수수를 밭에서 바로 따서 가마솥에서 삶아 먹었는데 맛이 정말 일품이었다. 반찬으로는 항상 산나물이 나왔는데 그 중에서도 맛이 으뜸가는 것은 곰취였고, 가을에는 머루와 다래가 풍성했다. 사정이 이러하니 산이 좋아 산에 사는 기쁨을 누리고 사는 출가자에게 더 부러울 것이 없었다.

어른 스님들의 천진한 동심

후학들은 나를 은사 스님을 잘 모시던 사람으로 기억하겠지만 은사 스님께 철없이 굴었던 일도 있다. 지금 생각하면 너무 죄송한 일이지만 그때는 어서 걸망을 지고 공부하러 떠나고 싶은 마음뿐이었기에 그랬던 것 같다.

이십 대 후반, 1년 동안의 교무 소임을 마치고 다음 정진할 곳으로 떠나는 날이었다. 안거가 시작되는 전날이라 마음이 바빴다. 은사 스님께 인사를 드리고 일어서는 순간 스님께서 명하셨다.

"교무 소임을 한 번 더 해라."

책상 앞에 앉아 있다가 만년필을 멀리 던져버리고 그대로 일어섰다. 은사 스님은 기가 막히셨을 테지만 붙들지 않으셨다. 점심 공양 후 언양에서 버스를 타고 지리산 대원사로 가는데, 향곡 큰스님께서도 버스에 타고 계셨다.

그런데 양산을 지나는 순간 버스의 앞바퀴가 빠져버렸다. 사람들이 놀라 소리를 질렀다. 밖을 내다 보니 옆은 산이고 그 아래는 절벽이었다. 아찔한 순간이었다. 향곡 큰스님께서도 걱정이 되셨는지 나에게 말씀하셨다.

"이제 그만 석남사로 들어가지!"

할 수 없이 석남사로 돌아오자 은사 스님은 기다리기라도 한 것처럼 나를 향해 말씀하셨다.

"나가는 문턱은 낮지만 들어오는 문턱은 높은 법이다."

당신 말을 거역하고 나갔으니 이 기회에 상좌의 기를 꺾어보려는 눈치셨다. 스님은 옆에 있던 몽둥이로 나를 내려치셨다. 나도 모르게 어린아이처럼 울면서 소리쳤다.

"말로 하지 때리기는 왜 때리노?"

그리곤 주지실 책상 위에 있던 잉크병을 벽에 던져버렸다. 옆에서 지켜보고 있던 철마스님은 웃고만 있다가 깜짝 놀라 일어섰다. 훗날 철마스님은 그때의 광경을 자주 재현하곤 해서 젊은 날 앞뒤 없이 은사 스님께 불효했던 일을 부끄럽게 했다.

교무를 거쳐 총무 소임을 마친 후 주지 소임은 살지 않았다. 교무와 총무 소임으로 대중과의 화합을 이루기 위한 최소한의 봉사는 다 했다고 생각했고, 무엇보다 못난 중으로 돌아가 공부에 열중

하고 싶었다.

은사 스님은 주지 소임을 끝낸 사람에게 병풍을 하나씩 주셨다. 법희스님은 석주 노스님께서 한글로 쓴 경허스님의 〈참선곡(參禪曲)〉 병풍을 받았다. 평생 선원에서 죽비를 치며 입승을 지낸 현묵스님과 주지를 잘 산 법용스님에게는 석정스님께서 백일기도하면서 쓰신 〈보현행원품(普賢行願品)〉을 하나씩 주셨다.

석남사에는 탄허 큰스님이 오셔서 달마스님의 〈혈맥론(血脈論)〉을 쓰신 병풍이 있었는데, 내가 은사 스님께 〈혈맥론〉을 가지고 싶다 하니 웃으시며 "잘 보관해라" 하시며 병풍을 주셨다. 마음속으로 이미 주지는 하지 않겠다고 다짐했기 때문에 먼저 병풍부터 받았다. 이 병풍은 지금까지 금강굴에 잘 보관하고 있다.

맺고 끊는 게 분명한 성격인 나는 바르다 싶으면 그 자리에서 결정하여 실천하고, 그르다 싶으면 그 자리에서 불같이 열을 내고 뒤도 돌아보지 않는다. 그래서 밖에서 볼 때는 굉장히 과격한 사람으로 비춰질 때가 종종 있다. 친족들에게 냉정하고, 필요 없는 말은 하지 않고, 말을 해야 할 때는 요약해서 간단히 하는 편이다.

그래서 그런지 후학들의 말이, 나는 웃고 있어도 무섭다고 한다. 철저한 원칙주의자이기 때문에 그렇게 비쳐졌을 것이다. 그런 내가 칠십이 넘어 조금씩 풀어졌다. 늙어가면서 상대방을 편하게 해

주는 조화도 필요하겠다 싶어 어디를 갈 때면 차 안에서 "자, 우리 노래 한번 불러봅시다" 하고 노래 잘하는 현묵스님에게 권하곤 한다. 가끔은 나도 노래를 부르는데 내 18번은 '황성옛터'다.

사람은 무장 해제되었을 때 참모습을 보이는 것이 아닌가 싶다. 은사 스님께서 대한불교조계종 종회의원을 역임하실 때의 일이다. 종회의원이신 천성산 내원사 주지 수옥스님, 지리산 대원사 주지 법일스님, 석남사 주지 은사 스님 이렇게 세 분이 내원사에서 만나 이른 아침부터 종회 일로 한양 길을 떠나셨다.

내원사 길은 소금강이라 불릴 정도로 아름다운 산길이고, 길게 뻗은 계곡으로 흐르는 물은 내원사의 자랑이다. 그런데 인적 드문 산길에서 세 분이 갑자기 노래를 부르기 시작했다. 시자로 뒤를 따라 가던 나는 '저분들은 내가 있는 것도 모르나봐' 하면서 미소 짓고 있는데, 갑자기 은사 스님이 "내가 대장이다" 하시면서 "5분간 돌아가면서 대장이 되라"고 명령을 하셨다. 대장의 명령대로 법문을 하라고 하면 법문을 하고, 노래를 하라고 하면 노래를 해야 하는 대장놀이가 시작되었다.

5분 동안 세 분의 장기가 다 나왔다. 세 분이 돌아가면서 시도 읊고 노래도 하고 법문을 하는 모습은 평상시에는 볼 수 없었던 동심의 세계 그대로였다.

수옥스님은 근대 비구니계의 3대 강백 중 한 명이셨던 분이다.

모처럼 가지산을 벗어나
원효선사가 설법한 곳인 천성산 화엄벌에 올랐다.
석남사선원장 스님, 현묵스님, 도문스님과 함께

전쟁으로 인해 황폐해진 천성산 내원사를 크게 일으키고 조계종 종회의원을 역임하면서 종단의 발전에 크게 기여하셨다. 뵐 때마다 학식과 덕을 겸비하신 풍모를 느꼈는데 생전에 머무르시던 내원사는 지금 비구니 스님들의 정진 도량으로 이름을 떨치고 있다.

법일스님은 일제강점기에 보기 드물게 은행원 출신으로 출가하셔서 한국전쟁으로 폐허가 된 대원사를 일으켜 세우셨다. 세간과 출세간을 막론하고 모두 먹고살기 어려웠던 시절, 그렇듯 큰 불사를 이룬다는 것은 보통의 신심과 원력이 아니면 안 되는 일이었다. 법일스님은 대웅전보다 탑전을 먼저 완공하셨는데 성철 큰스님께서 속인의 신분일 때 수행하셨던 곳이었다. 도반인 은사 스님과 수옥스님도 법일스님을 따라 만인동참 정신으로 직접 탁발을 하며 대원사 불사를 도왔다.

그 후 탑전에서는 선원이 열렸고 지금은 제방의 스님들이 모여 수행정진하고 있다. 나도 사십 대 중반에 선방의 대중 스님 20여 명과 함께 탑전에서 동안거에 들어간 적이 있다. 지리산 영봉 천혜의 자연공간에 자리한 탑전은 정진하는 스님들에게 큰 신심을 일깨워주는 곳이었다. 그런데 깊은 골짜기의 찬바람을 쐬다가 그만 감기에 걸리고 말았다. 그러자 법일스님께서는 배숙을 손수 만들어주시고 당신 옆방에서 공부할 수 있도록 배려해 주셨다. 이처럼 자상하고 따뜻하게 보살펴주신 덕분에 동안거 정진을 무사히 마칠 수 있었다.

종회 기간 중 일어난 또 하나의 추억을 떠올려본다. 비구와 대처승 간의 화동(和同)이라는 안건으로 열린 회의가 예상보다 길어졌는데, 비 오는 여름철이라 은사 스님의 삼베옷이 축 처져버렸다. 그래서 은사 스님께 "옷을 벗어놓고 가십시오. 제가 손질하겠습니다" 하고 말씀드렸다.

삼베옷은 물들일 때 참나무에서 나온 숯덩이를 물에 담근 뒤 잿물이 빠진 숯덩이를 말려 가루를 내어 쓰면 고운 회색빛이 나온다. 마침 숯가루가 없어서 부득이 먹물을 사용했는데, 너무 많이 넣는 바람에 스님의 삼베옷은 그만 검은색이 되고 말았다. 그럼에도 불구하고 은사 스님은 아무 말씀 안 하시고 종회 기간 내내 입고 다니셨다.

큰스님들과 많은 스님들이 은사 스님의 옷을 보고 웃으며 지나갔고 자운스님께서도 "홍수좌, 옷이 왜 그래?" 하며 웃으셨지만, 은사 스님은 불편한 내색 한 번 하시지 않았다. 모시고 다니던 나는 그저 죄송한 마음뿐이었다.

종회를 마치고 은사 스님과 함께 법주사 수정암으로 갔다. 《비구니계본(比丘尼戒本)》을 만들라는 자운스님의 지시가 있어서 의논 차 들른 것이었다. 그곳에서도 스님네들이 '인홍스님 옷이 왜 그러느냐'고 물었다. 그런데도 스님은 그저 빙그레 웃으실 뿐이었다.

석남사에 돌아와서 은사 스님의 옷을 빨았는데 아무리 빨아도 검정물이 빠지지 않았다. 잘못한 것은 절대 지나치지 않으셨던 분이 너그럽게 봐주신 그때 일이 세월이 흘렀어도 잊혀지지 않는다. 은사 스님은 잘할 때나 못할 때나 먼저 사람의 마음을 살피신 분이었다. 지금 스님이 계신다면 고운 회색빛 숯물로 옷을 손질해드리고 싶다.

가지산 여름 꽃에 취하다

　가지산 갈대숲에 마음을 빼앗겨 은사 스님의 속을 썩여드린 일도 있다. 석남사가 자리해 있는 가지산은 영취산, 신불산, 천왕산, 운문산, 고헌산, 문복산과 함께 영남의 칠산으로 꼽히고 아름다운 풍광 때문에 '영남의 알프스'라 불리기도 한다. 쌀바위에서 산위를 잇는 능선 일대의 바위들은 얼음골 폭포와 어우러져 신비로운 풍경을 연출해 내고 상봉에는 늦은 봄까지 흰 눈이 장관을 이룬다.
　석남사에서 정진할 때, 나는 가지산의 아름다움에 취해 입선을 놓쳐버린 적이 있었다. 아마도 하안거가 끝날 무렵이었을 것이다. 심검당에서 좌선을 하고 있는데 주지인 법희스님이 아래로 빨리 내려오라는 연락을 해왔다. 석남사 마당에 내려가보니 멋진 신형 차 한 대가 서 있는데 새로 출시된 갤로퍼라고 했다.

사슴목장까지만 한번 가보고 점심 공양 전에 돌아오자며, 입승을 보던 현묵스님과 함께 차에 올라탔다. 사슴목장까지는 자주 가는 행선 길이기에 금방 다녀오리라 생각했던 것이다.

절기는 여름의 문턱에 다다라, 지나는 길가에는 백도라지며 붓꽃들이 무리지어 피어 있고 이름 모를 풀꽃들이 물결을 이루고 있었다. 사자평에 이르니 가슴이 뻥 뚫리는 광야 위에 온갖 꽃들이 황홀한 자태를 뽐냈다.

그동안 정진에만 온 정신을 쏟고 있다가 아름다운 풍광이 눈앞에 펼쳐지자 모두 말을 잊고 탄성을 질렀다. 산에 살면서도 산이 이렇게 아름답다는 것을 처음 발견한 듯 풍경에 도취되어 가다 보니 저만치 표충사가 보이기 시작했다. 그만 돌아가야 한다는 생각이 들었지만 공교롭게도 험한데다가 좁아서 올라갈 수 없는 산길이 나왔다. 어쩔 수 없이 밀양을 지나고 청도를 거쳐 가지산을 한 바퀴 돌아오니 해가 저물고 있었다. 아니나 다를까 일주문 앞에 은사 스님께서 대나무 지팡이를 들고 서 계셨다. 각오는 하고 있었지만 밖에까지 나와서 기다리고 계실 줄은 몰랐다. 저녁을 먹고 은사 스님이 계신 심검당으로 올라갔더니 평상에 앉아 계시던 스님이 들고 있던 지팡이로 인정사정없이 우리들의 어깨를 내리치셨다.

다음 날 선방에 들어가보니 우리들의 좌복이 다락으로 치워지고 없었다.

"불법은 이제 망했다. 입선하고 생사해탈을 구하는 납자가 어찌 자리를 비울 수 있단 말인가?"

은사 스님은 그렇게 호되게 꾸지람을 하며 큰방에 들여보내주지 않으셨다. 3일 동안 매일 올라와 참회를 한 후에야 큰방에 앉을 수 있었다.

안거가 끝난 후 우리는 사자평의 풍경을 요리조리 묘사하면서 은사 스님을 설득했다.

"그렇게 산이 좋은 줄 몰랐어요. 꼭 한 번 가보셔야 합니다."

"그래, 얼마나 좋았으면 입선도 잊었겠느냐. 한 번 가보자."

결국 은사 스님께서도 다녀오시고는 "한 번은 가볼 만한 참 좋은 곳이다" 하시며 웃으셨다. 곁에 살면서도 단 두 번밖에 다녀오지 못한 사자평의 그 아름다움이 지금도 여전한지 궁금하다.

석남사가 품고 있는 아름다운 풍광 중에 빼놓을 수 없는 곳이 옥류동이다. 옥류동은 화강암이 가지산 정상에서 만폭동을 지나면서 10리나 이어진 아름다운 계곡인데, 옥처럼 맑은 물이 흐른다 하여 이런 이름이 붙여졌다.

우리 석남사 대중들에게는 경전을 외우며 다니는 산책길이고, 여름이면 시원하게 쉴 수 있는 쉼터이며, 후학들은 점심을 싸서 소풍을 가는 곳이기도 하다.

송광사 불일암에 사셨던 법정스님은 옥류동을 두고 "태백산이나 설악산 계곡보다 석남사 계곡이 더 좋다"고 하시며, 봄가을 석남사에 오실 때면 김밥을 싸들고 옥류동에 다녀오곤 하셨다. 법정스님은 통도사에서 운허스님을 모시고 불교사전 편찬 일을 거드실 때 지척에 있는 석남사를 자주 찾으셨고, 은사 스님은 법정스님이 올 때마다 각별히 챙기셨다. 칼칼한 성격의 법정스님이 당시 시국에 대한 답답한 심정을 거칠게 토로하셨던 기억이 난다.

나는 젊은 시절 해인사 국일암에서 정진하고 있을 때 법정스님을 처음 뵈었다. 당시 법정스님은 해인사 소소산방(笑笑山房)에 머물고 계셨다. 매월 초하루와 보름마다 대적광전에서 방장 스님의 법문이 있었는데, 법문을 듣고 나오던 어느 날 법정스님이 "차 한 잔 마시고 가세요" 하고 청하셨다.

백졸스님과 함께 남산이 바라다 보이는 소소산방에 앉아 차를 마시다가 내가 물었다.

"스님께선 왜 출가를 하셨습니까?"

법정스님께서 담담한 목소리로 답하셨다.

"자유가 좋아서요."

이번에는 법정스님이 물었다.

"스님들은 왜 출가하셨습니까?"

내가 대답했다.

석남사 옥류동 가는 길.
생전에 법정스님은 '태백산이나 설악산 계곡보다
석남사 계곡이 더 좋다'고 하셨다.

"저도 영원한 대자유인이 되고 싶어서 출가했습니다."

출가한 지 얼마 되지 않은 풋내기 중이었지만 화두를 깨쳐 생사해탈의 영원한 대자유인이 되어야 한다고 내가 주장하자, 법정스님께서는 보시, 지계, 인욕, 정진, 선정, 지혜의 육바라밀(六波羅蜜)을 통한 보살행을 주장하셨다. 법정스님의 말씀에 내가 밀어붙였다.

"화두공부 외에 다른 공부는 송장을 타고 바다를 건너는 것과 같습니다. 대자비심으로 육바라밀, 곧 남을 돕는 큰 불사를 지어 공부를 성취하려는 사람은 송장을 타고 큰 바다를 건너려는 사람과 같다고 조사 스님께서 말씀하시지 않았습니까?"

아닌 것도 맞다고 우기는 뱃심으로 살 때였으니 그렇게 나의 주장을 밀고나갔던 것이다. 법정스님은 그날 우리에게 비구니 스님과 이야기를 하는 것이 처음이라고 하면서 차를 대접해 주셨다.

훗날 법정스님께서는 봉은사 다래헌에 있을 때 출가를 하고 싶은 여자 대학생들이 찾아오면 사람 됨됨이를 보아가며 석남사로 보내주셨다. 그들 중에는 내 상좌가 된 사람도 있다. 송광사 불일암에 계실 때, 법정스님이 보내주신 내 상좌와 함께 찾아간 적이 있었다. 산위로 올라가다 문득 갈림길에서 표지가 없길래 "불일암!" 하고 크게 외쳤더니 법정스님이 내려오셨다. 그때 청빈한 삶의 흔적이 그대로 묻어 있는 불일암의 안쪽을 보았다. 그리고 출간 때마다 석남사로 직접 부쳐주시는 책들을 통해 세상과 소통하시는 스님의 내면을 엿보았다.

불일암을 다시 찾은 것은 그로부터 수십 년 뒤인 몇 해 전 겨울이었다. 은사 스님 일대기의 서문을 부탁드리기 위해서였다. 그때 법정스님은 강원도 오두막에 계시다가 잠깐 불일암에 다니러 오신 참이었다.

석남사선원장 스님, 주지 스님 등 몇 사람과 함께 불일암에 올랐는데 그때는 잠깐 다리가 불편해서 지팡이가 필요했다. 그래도 차마 지팡이를 짚은 모습은 보여드리고 싶지 않아 사립문 앞에 놓고 들어갔다.

어느덧 칠십이 넘은 법정스님과 나는 손을 마주잡고 반가운 마음을 나누었다. 강원도 외따로 떨어진 곳에서 사실 무렵이어서 "물을 떠다 드시기 힘들 텐데 어떻게 지내십니까?" 하고 여쭈었더니 '계곡물이 얼면 얼음을 떼어내 녹여서 먹는다'고 하셨다. 내 건강을 물으시기에 "저는 요즘 다리가 조금 아픕니다"라고 했더니, "몸이 아플 때 하심하게 되죠. 저도 얼마 전 장작을 패다가 다리를 좀 다쳤는데 하심하는 계기가 되었어요" 하셨다.

법정스님은 그날 은사 스님 책의 서문을 기꺼이 써주시겠다고 약속하시고는 사립문 앞까지 배웅을 나오셨다. 그 후 많이 편찮으시다는 소식을 듣고 원택스님 그리고 법정스님께서 보내주신 내 상좌 원욱과 병문안을 갔다.

법정스님이 열반하기 몇 해 전
은사 스님의 책 서문을 부탁하기 위해
석남사선원장 스님, 주지 스님 등과 함께 송광사 불일암을 찾았다.
'무소유' 정신을 세상에 화두처럼 던지고 간 스님은
동시대를 함께한 선지식 중 한 분이었다.

스님께서는 몇 해 사이에 많이 쇠약해 있었다. 몹시 힘들어 보이는 스님께 '쾌차하세요'라는 말을 차마 할 수가 없어 손을 잡아드리는 것으로 병문안을 대신했다. 법정스님께서는 "이런 모습을 보여서 미안합니다" 하시곤 옆에 서 있는 원욱에게 짧게 한 마디 하셨다.

"스님, 잘 모셔라."

다녀오고 사흘 만에 법정스님의 입적 소식을 들었다. 그리고 뉴스를 통해 스님 생전의 삶처럼 검박하게 치러진 송광사에서의 다비식을 보았다.

"사람은 가고 없어도 그 삶의 자취만은 그대로 남아, 뒷사람들에게 교훈과 그리움의 길을 열어 보이고 있다."

법정스님께서 은사 스님의 일대기 《길 찾아 길 떠나다》의 서문 첫머리에서 하신 말씀이다. 저 말씀처럼, 법정스님께서 세상을 떠나시자 너무도 많은 사람들이 스님을 그리워하고 있다고 들었다.

스무 살에 집을 떠나 어느덧 칠십 중반을 넘기고 있다 보니 시대를 함께 했던 선배 스님들이 한 분 두 분 세상을 뜨시고 있다. 그렇게 인생은 잠깐뿐이다.

영원에서

영원으로

7장

해인사

지혜와 자비의 도량에서

처음이자 마지막으로 받은
큰스님의 편지

심검당 3년 결사가 끝난 해(1972년)부터 시작해서 2~3년 사이에 많은 사람들이 석남사로 출가했다. 그즈음인 서른여섯에 첫 상좌를 받은 나는 20여 년 동안 스물네 명의 상좌가 생겼고, 상좌의 상좌인 손상좌까지 합쳐 어느덧 70여 명의 권속을 거느리게 되었다. 대부분의 상좌들이 성철 큰스님의 법문을 듣고 발심 출가했다. 큰스님의 법이 퍼져나갈 때 상좌들이 몰려온 셈이다. 사람들은 묻는다.

"어떻게 하면 큰스님의 법문을 듣고 그렇게 출가들을 할까요?"

대답은 간단하다. 선근(善根)이 있어야 한다. 좋은 과보를 받을 만한 선근이 먼 생으로부터 있었기에 자기 길을 찾고 돌아설 수 있는 것이다. 중노릇은 억지로는 안 된다. 오리는 물에서 살아야 하고 꿩은 산속에서 살아야 하는 것처럼 먼 생으로부터 익혀온 업에 따라 자기 길을 가는 것이다. 그래서 나는 '출가하라'는 소리를 잘 하지 않는다. 스스로 발심해야 그간 살아오던 환경을 버릴 수 있는 힘이 생긴다. 이것이 진발심(眞發心)이다.

나는 상좌가 들어오면 불명을 받을 때와 삭발을 할 때 3천 배를 하게 하고 큰스님의 지도 아래 공부하게 했다.

그간 절을 짓는다는 것은 꿈에도 생각지 않고 있었는데 상좌들이 많이 생기다 보니 함께 공부할 곳이 마땅치 않아 해인사에 금강굴을 짓게 되었다. 해인사에서 소임을 보고 있던 천제스님과 의논해 금강굴을 짓고 난 후 큰스님이 아실까 두려워 3년 동안 인사를 드리지 못했다. 못난 중으로 숨어서 공부만 하겠다는 약속에 상반되는 일을 했기 때문에 갈 수가 없었다.

금강굴을 짓고 생전 처음이자 마지막으로 큰스님으로부터 편지 한 통을 받았다. 호되게 꾸짖는 경책의 편지를 받은 것이다.

    금생에 마음을 밝히지 못하면
    한 방울 물도 소화하기 어려우니라.
    今生未明心　滴水也難消

    공부에 손해되는 일은 일체하지 않아야 한다.
    만사가 인연 따라 되는 것이니

금강굴에서 연정, 연주 두 자매와 함께.
신도분의 아이들인 이들의 이름을 내가 지어주었다.

모든 일은 인연에 맡겨두고
쓸데없는 신경은 필요 없다.

나와 남을 위한 일 착하다 해도
모두 생사윤회의 원인이 되나니
원컨대 소나무 바람 칡넝쿨 달빛 아래에
샘이 없는 조사선을 깊이 관할지어다.
爲他爲己雖微善 皆是輪廻生死因
願入松風蘿月下 長觀無漏祖師禪

  인사를 드리러 갔던 석남사 스님 한 분에게 던져 보낸 이 편지를 받고서야 겨우 인사를 드리러 갈 수 있었다. 큰스님은 지난 일은 묻지 않으시는 성정대로 금강굴에 대해 다시 말씀하지 않으셨다.
  어느 날 금강굴을 짓는 데 큰 힘을 보탠 상좌의 부모가 "저희들 스님(딸)이 시주를 받아 얻어먹으면 빚이 되어 공부하기 힘들지 않겠습니까? 부모가 공양한 것으로 살아가면서 수행하면 어떨까요?" 하면서 논 스무 마지기를 시주할 뜻을 비쳤다.
  그 일을 큰스님께 의논드리자 "여러 사람에게 복을 짓게 해야지 한 사람에게만 복을 지을 기회를 주어서는 안 된다. 주는 거라고 다 받아서는 안 된다"고 하셨다.

큰스님의 말씀을 듣고 시주를 사양했더니 두 번이나 더 간곡히 권고하기에 정중하게 거절했다.

"더 이상은 안 됩니다. 큰스님 말씀입니다. 여러 사람에게 시주를 받아야 복전(福田)이 심어집니다."

큰스님은 평소 돈은 비상과 같다고 하시면서 "거저 얻게 되는 돈을 뿌리치는 사람이 가장 용기 있고 청정한 사람이다"라고 하셨다.

은사이신 인홍스님께서 석남사 회상을 열면서 가장 중요하게 여긴 것은, '하루 일하지 않으면 하루 먹지 않는다'는 백장청규(白丈淸規) 사상을 실천하는 일이었다. 또한 부처님의 법을 실천하는 철저한 계행(戒行)과 정법도량으로 비구니의 위상을 정립하는 원력을 세우셨다.

아침 공양 후 대중공사 자리에서는 후학들을 서릿발 같은 법문으로 경책하셨다. 학인들에게는 때로는 냉엄하게 때로는 자상하게, 깨끗한 그릇에 물을 담으면 깨끗한 물이 되고 더러운 그릇에 물을 담으면 더러운 물이 되듯이 계행을 근본으로 삼으며 인욕 정진하고 하심하며 검소하고 청빈하라고 당부하셨다.

이러한 석남사의 수행 가풍은 그대로 금강굴로 이어졌다. 금강굴에서는 행자가 들어오면 하루 3천 배 기도를 100일 동안 하게 한다. 부처님의 제자로서 출가 공부하겠다는 신심의 입지를 세워주기 위해서다.

"금강굴에 오는 사람은 자질을 본다지요?" 하고 묻는 사람들이 있다. 이것은 사람을 차별해서가 아니다. 부처님의 제자는 천상천하에 제일가는 사람이어야 하는데 어찌 자질을 보지 않을 수 있겠는가. 뚜렷한 목표의식을 보는 것이다. 목표 없이 그저 막연하게 청빈한 삶이 수도생활이라 생각하고 시작하면 백이면 백 중도에서 무너지고 만다.

백일기도를 하고 나면 스스로 출가수행의 입지를 세운다. 천 배를 하면 천 배의 신심 위에서, 만 배를 하면 만 배의 신심 위에서 출가 생활이 이루어진다. 중노릇을 하는 데는 신심이 무기이며 그것이 없으면 허공에 집을 짓는 것과 같다.

백일기도를 회향한 행자들은 그 힘으로 절집 생활을 자연스럽게 익힌다. 처음에는 비질도 못해 마당을 어떻게 쓸어야 할지 허둥대지만, 절 안의 소소한 일들을 익히며 세속의 습관을 떨쳐내고 가장 아랫사람의 위치에서 자신을 낮추면서 청복(淸福)을 쌓는다. 그동안 익은 습관을 하루아침에 떨쳐내고 절집 생활에 적응하기란 쉬운 일이 아니다. 하지만 3천 배 백일기도를 회향한 힘으로 이겨내는 것이다.

금강굴은 새벽 3시, 새벽 예불로 하루를 열고 예불 후에는 능엄주를 독송한다. 그리고 각자 일과로 하는 절을 마치면 6시에 아침 공양을 하는데 죽을 먹는다. 7시가 되면 큰방에서 입선한다.《초발심자경문》등 불가에 입문한 이들이 가져야 할 마음가짐을 새긴 가르침을 통해 대중에 사는 예의범절을 익힌다.

10시에는 사시예불(巳時禮佛)이 있다. 큰스님의 뜻을 받들어 능엄주와 108대예참(大禮懺)을 하고 부처님 전에 밥을 지어 올리는 마지(摩旨) 공양을 올린다. 금강굴 스님들은 염불을 못한다는 소리를 종종 듣지만 그래도 잘하는 이들은 잘한다.

오후 1시에 또 큰방 입선이 있다. 대중에 운력이 있으면 함께 한다. 채소를 직접 가꾸어 먹으면서 씨도 뿌리고 풀도 매고 수확도 한다. 저녁 공양은 5시다. 산속의 해는 짧아서 절집에는 어둠이 빨리 내린다. 7시 저녁 예불을 마치면 그야말로 적막 속이다. 이 시간부터는 각자의 시간이다. 큰방에서 독경을 하기도 하고, 염불을 하기도 하고, 절을 하기도 한다. 9시에는 소등을 한다. 이렇게 6개월 정도 시간을 보내고 나면 기본 소양을 갖춘 어엿한 사미니 스님이 된다.

금강굴에서는 사미니계를 받을 때 3일간 3천 배 불퇴전(不退轉)의 기도를 하게 한다.

이제 이 몸으로 좇아 불신에 이르도록
굳게 부처님 계율을 지켜서 훼범하지 않겠사오니

오직 원컨대 모든 부처님은 증명하시옵소서.
차라리 신명을 버릴지라도 마침내 물러나지 않으리라.
自從今身至佛身　堅持禁戒不毀犯
唯願諸佛作證明　寧捨身命終不退

금강굴의 생활은 자급자족이다. 봄에는 대중 스님들이 밭에 나가 감자와 콩 등 채소를 심고 여름에는 풀을 뽑는다. 하안거가 끝날 무렵이면 무, 배추 등 가을 김장채소를 심는다. 가을밭에서 자라는 배추와 무는 꽃밭의 꽃보다 아름답다.

요즘에는 행자 생활이 끝나면 강원이나 기초 선원 등 본인이 원하는 곳으로 가게 하지만 처음에는 큰스님의 방침에 따라 일본어로 된 《정법안장》을 보게 했다. 그리고 〈신심명〉과 《육조단경》을 읽게 하여 선(禪)에 대한 바른 뜻을 심어주었다. 큰스님이 지으신 《선문정로(禪門正路)》가 간행된 후부터는 그 책을 공부하게 해서 선에 대한 뜻을 세우게 하고 있는데, 《선문정로》는 큰스님이 입적하실 때 "내가 가고 나면 그것을 의지해 공부하라" 하신 책이다. 장경각에서 고경총서가 나오고부터는 《정법안장》으로 교육을 시키지 않고, 강원으로 보내 조계종에서 하는 승가 교육에 따르고 있다.

스승의 역할이 어렵지 않느냐고 묻는데, 내가 키우는 게 아니고 스스로 열심히 걸어가니까 그들 때문에 힘든 것은 없다. 나는 제자들에게 간단히 말한다.

"네 스스로 걸어가라!"

절집은 대장간 같은 곳이다. 수천 도의 뜨거운 불길로 철을 녹이는 용광로 속으로 들어가 단단한 수행자로 거듭나는 곳이다.

나이가 들어가니 곁에 시자들이 있기 마련인데 나는 유독 세세하게 시자를 가르친다. 조금이라도 잘못하면 야단을 치는데 야단을 받은 만큼 성숙하는 것이다. 적어도 내 곁에서 시자를 살았다면 어디를 가서 살아도 반듯한 모습을 보여주었으면 한다.

1976년부터 1989년까지 큰법당인 금강보전, 선원인 문수원, 요사채인 금강굴을 지었다. 금강보전에서는 3천 배 백일기도, 아비라 기도, 능엄주 기도가 끊일 새가 없다. 대중 스님들은 새벽 예불이 끝나면 천 배나 6백 배 일과를 한다. 그리고 문수원에서는 스님들이 모여 참선을 한다.

큰스님이 돌아가신 후, 금강굴에서는 상좌들이 모여 옛날 우리가 했던 식으로 치열하게 3년 결사를 했다. 하도 지독하게 하기에 서서히 하라고 해도 말을 듣지 않았다. 정진하는 그들에게 말했었다.

"눈이 시퍼렇게 떠 있구나. 열심히 살아줘서 고맙다."

큰스님 생전에는 꾸중만 들었는데, 내 상좌 하나가 큰스님이 열반하시기 전에 "큰스님이 가시면 저희들은 어떻게 공부해야 합니까?" 하고 여쭈니 "너희들 스님한테 지도 받아라" 하셨다고 한다.

다른 공부 방법이 있겠는가. 생전에 큰스님이 지도하셨던 방식 그대로 하고 있을 뿐이다. 공부는 스승이 없어서 못 하는 것이 아니다. 스승의 가르침을 실천하는 데 공부의 묘가 있는 것이다.

출가 풍경

하늘을 덮고도 남을 복이 있어야 출가의 길을 걸을 수 있다고 한다. 살아보니 조금도 틀린 말이 아니다. 미국에 다니러 갔을 때, 길 안내를 하던 사람이 곁에 있던 자신의 형수에게 "형수요, 저 스님와 출가했는지 물어봐주소!" 했다는 말을 듣고 이렇게 대답했다.

"나 자신을 너무나 사랑해서, 귀히 여겨서 출가했다고 전하세요."

우주에 단 하나밖에 없는 주인공인 자신을 사랑하지 않고는 출가할 수 없다. 영원한 자유를 성취하는 것이 나를 가장 귀히 여기는 길이라고 생각했기에 이 길을 선택했고, 한평생 일말의 후회도 없이 살아왔다.

출가자들은 생사해탈 영원한 대자유를 그리며 그야말로 청운의 꿈을 안은 채 집을 나온다. 그러나 예나 지금이나 집을 나오는 일이 그리 쉽지만은 않은 모양이다. 자신의 의지를 확고히 하고 왔어도 집에서 부모들, 특히 어머니들이 자식을 데려가겠다고 야단을 떠는 경우가 종종 있다.

봉은사 다래헌에 계시던 법정스님이 출가하고 싶다고 찾아온 한 여교사를 "석남사에 가면 불필스님이 계시니 그리로 찾아가라" 하면서 내게로 보내신 적이 있다. 살펴보니 출가에 대한 의욕도 있고 성정이 맑은데다 자신감까지 있어 보였다. 살아온 과정 이야기를 듣고는 '중노릇 잘하겠구나' 싶어 행자로 받아들였다.

100일 정도 6백 배를 시키며 데리고 있는데, 어느 날 저녁 무렵 어머니가 찾아와서는 높은 목소리로 딸을 데려가겠다고 했다.

"여기는 수행하는 곳이니 큰 소리 내지 말고 당신 딸만 데려가세요. 내가 불러서 온 게 아니고 스스로 알아서 왔으니 조용히 데리고 가세요."

가느니 못 가느니 하지 않고 순순히 나오자 좀 놀랐던 모양이다. 워낙 딸의 출가를 반대해서 법정스님도 두 손 든 사람인데 안 된다고 떠들어봐야 소용없을 것 같았다. 절집에 인연이 있으면 누가 뭐래도 있게 되는 것이고, 인연이 없으면 부처님도 어쩌지 못한다. 가는 사람 잡지 않고 오는 사람 막지 않는다고 하지 않던가.

한 번씩 부모들이 오면 소리소리 지르며 끌고 가기도 하고, 어떤 사람은 때리기도 한다. 그래도 그 어머니는 말을 알아들어서 다행이었다. 그분은 지극히 배타적인 종교관을 갖고 있었는데 돌아갈 때는 결국 목에 염주를 걸고 불교에 귀의했다.

절에 가서 한 번 조용히 살아볼까 하는 게 아니라 내 삶 전부를 걸어 출가의 길을 걷겠다고 결심하고 나온 자식을 이겨낼 부모는 없다. 자식이 가는 곳마다 따라다니며 납치 작전을 펴던 부모도 있었는데, 그 부모는 몇 번 시도하다가 자식이 말을 듣지 않자 자주 볼 수 있게 고향과 가까운 석남사에 와 있으라고 했다.

한번은 점잖게 생긴 할아버지 한 분이 금강굴을 찾아오셔서는 손녀딸을 내놓으라고 한 적이 있었다.

"내놓지 않으면 국보위에 유괴죄로 고발하겠습니다."

당시는 국보위(국가보안위원회)라는 데가 세상을 주름잡고 있던 때였다. 손녀인 내가 출가할 때 눈물을 훔치셨던 할아버지 생각도 나고, 학교를 마치자마자 출가해버린 손녀에 대한 그분의 심정도 이해되어 조용히 말씀드렸다.

"국보위에 물어보지 마시고 손녀한테 먼저 물어보세요. 그리고 설득해서 데려가세요."

물론 손녀는 산을 내려가지 않겠다고 했고 할아버지는 그대로 돌아가셨다.

"너, 국보위에 끌려가지 않으려면 수행 잘해라."

할아버지의 국보위 발언 때문에 상좌와 함께 한참을 웃었다.

그런가 하면 기품 있게 출가를 잘 받아들여준 부모도 있다. 소아과 의사로 인술을 펼치다가 출가한 선호의 아버지는 대학병원 의사이자 교수였는데, 내가 본 부모 중에서 가장 신사다운 분이었다. 의사인 딸이 출가하자 찾아와서는 "하고 싶은 의대 공부도 했고, 졸업해서 의사 노릇도 해봤고, 이제 자기가 가고 싶은 길을 가겠다고 하니 밀어주고 싶습니다. 부모로서 할 일은 다한 것 같습니다"라고 하셨다.

물리학을 전공한 상좌 도명은 대학 졸업 후 출가를 하겠다고 하니 어머니가 말려서 큰스님께 이렇게 말씀드렸다고 한다.

"저희 어머니가 세상에 살면서 부처님 법을 믿으면 되지 왜 굳이 출가를 하려고 하느냐고 합니다."

그러자 큰스님께서 이렇게 말씀하셨다는 것이다.

"그라믄 대학에 전공이 와 있노? 세상에 살믄 한 길로 갈 수 없는기라. 공부를 하려면 머리를 깎아야제!"

도명은 그 한 말씀에 의심이 떨어져 출가했다. 아버지에게는 출가한다는 이야기를 하지 못한 채 집을 떠나온 도명이 행자 시절을 보내던 중 백련암에 갔을 때 큰스님께서 물으셨다고 한다.

"너 아베는 뭐라 카노?"

"아직도 절에서 기도를 하고 있는 줄 아십니다."

"그럼 너는 60년 기도한다 캐라."

뒤에 도명의 부모님은 딸의 출가 생활을 적극 지원해 주었다.

부모가 자식의 출가를 환영하며 직접 데리고 와서 출가시킨 경우도 있다. 상좌 지광은 딸의 출가를 기쁜 마음으로 받아들였던 부모님이 직접 나에게 데리고 왔다. 지광의 아버지는 창원의 한 고등학교의 이사장이었는데, 큰스님의 법문을 듣고 발심해 딸의 출가를 흔쾌히 받아들일 수 있었다. 지광의 남동생도 출가를 했으니, 아들 딸 모두 부처님의 제자가 된 것이다. 지광의 고모, 외삼촌, 이모도 출가해서 한 집안에 스님이 다섯 명이나 나왔으니 집안 자체가 절집을 이루었다고 말할 수 있을 듯하다.

대안과 대성은 친구 사이로 큰스님 앞에서 함께 출가한 경우다. 그들은 부산여중고와 성균관대 동창생으로 대안은 나의 상좌, 대성은 법용스님의 상좌가 되었다. 외동딸을 데리고 모녀가 함께 출가한 경우도 있다. 내 첫 상좌 도륭네의 경우는 세 자매가 출가했다.

큰스님의 가르침 속에서 신심을 내고 출가한 상좌들은 어디에 던져놓아도 반듯하게 살아 신도들에게 존경받으며 정진에 열중했다. 그들 중에서 벌써 여럿이 예순을 넘겼다. 나는 입산하는 그들에게 이렇게 일렀다.

"남이 장에 간다고 따라서 장에 가지 마라. 스스로 자기 길을 갈 수 있는 힘을 길러야 한다. 출가의 목표는 생사해탈에 있다. 오로지 화두 하나만 염두에 두고 열심히 정진해라!"

어느덧 나도 큰스님이 내게 해주셨던 말을 그대로 하고 있다.

"초심을 잃지 말고 죽을 때까지 열심히 정진해라. 이 공부는 숨어 사는 공부다. 얼굴 내놓고 살려면 세간에 있지 왜 산중에 들어왔나. 절대 나서지 마라."

지금 보면 나의 상좌들은 모두 바보 같다. 항상 남한테 지고 산다. 어떤 때는 내가 잘못 가르쳤나 하는 생각도 든다. 강원이나 다른 곳에서는 조금 바보스럽다 싶으면 "금강굴 출신인가?" 하고 묻는다고 한다. 휩쓸리지 않고 규율에 맞추어 살다 보니 너무 보수적이고 답답하게 느껴지기도 하나 보다. 하지만 출가자는 수행 없이는 당당할 수 없으니 현실 앞에서는 답답해도 정진은 잘하는 수행자가 되게 하고 싶다.

내가 하고 싶은 말은 오직 이렇다.

"성불을 위해서는 일체를 희생하라. 출가 수행으로써 세속을 끊으며 청빈으로 근본을 삼고 모든 사람을 부처님처럼 존경하라. 생사해탈의 영원한 대자유인이 되기 위해서 필사의 노력으로 정진해야 한다."

절하다 죽는 사람은 없다

나를 보고 절을 시키는 선수라고 하는 분들이 더러 있다. 남녀노소 지위고하를 막론하고 나와 인연이 있는 사람들에게 절 수행을 권하다 보니 그런 소리를 듣는 듯하다.

신심과 원력을 바탕으로 수행해야 수승한 지혜를 얻을 수 있다. 내가 무한한 능력을 가진 부처임을 믿는 마음을 신심이라 한다. 그리고 수행을 해서 얻어진 그 힘으로 일체중생을 이롭게 해야 되겠다는 서원을 원력이라 한다. 절 수행도 이 두 가지 신심과 원력을 가지고 해야 수승한 지혜를 얻을 수 있고, 지혜를 얻어야 그것을 삶에 응용해서 후회 없는 삶을 살 수 있다.

큰스님께서는 출가자는 물론 일반 신도들에게도 3천 배를 통해 신심과 원력을 심어주셨는데, 그로 인해 얻어진 지혜의 힘으로 운명을 바꾼 사람이 헤아릴 수 없이 많다. 큰스님께서 신도들에게 절을 처음 시킨 곳은 1950년대 초반 안정사 천제굴이다. 그 후로 지금까지 수십 년 동안 절은 백련암의 수행 가풍이 되었고, 큰스님께서 돌아가신 지 20년이 지난 지금까지 백련암에는 3천 배, 만 배 등 절 수행하는 사람들의 걸음이 끊이지 않고 있다.

"절하다가 죽은 사람 없다. 누구든 참회의 절을 해야 한다."

큰스님으로부터 많은 사람들이 들은 말이다. 큰스님께서는 절하는 모든 사람들에게 일체중생을 위해 참회하라고 하셨다.

내 상좌들은 예순이 넘었어도 하루 일과로 6백 배는 기본이고 천 배, 3천 배까지 하는 이들이 많다. 출가해서 수십 년 동안 지금까지 천 배씩 절하는 상좌들도 여럿 있다. 다른 것은 몰라도 절 기도 하나만큼은 금강굴이 최고가 아닐까 생각한다.

큰스님의 법문을 듣고 출가한 사람은 발심의 깊이가 다르다. 그리고 그들은 절을 하면서 신심을 키운다. 각각 다른 곳에서 흘러들어온 개울물도 바다에 이르면 한 맛인 짠물이 되는 것처럼 절을 하고 나면 누구나 이치가 서고 목표가 뚜렷해진다.

기도 가운데 제일 큰 기도가 절이다. 절을 해보면 밑바닥부터 낱낱이 자기가 지은 허물이 드러나 참회가 안 될 수 없다. 그리고 무릎과 머리와 마음이 땅에 닿으면 무한한 힘과 지혜가 생긴다.

108배, 1080배, 3천 배, 만 배 모두 고비가 있다. 스님네 다리라고 쇠다리가 아니다. 나와의 약속이고 부처님과의 약속이기 때문에 이겨내는 것이다. 만 배를 해보면 3천 배는 그냥 지나가고 7천 배쯤에서 죽겠다는 소리가 나온다. 그래도 해야 한다. 그러다 보면 어느 순간 골인 지점에 와 있다.

상좌 한 사람이 출가하기 전 언니와 함께 백련암에서 3천 배 기도를 하고 있는데 큰스님이 다가오셔서 두 사람에게 물었다고 한다.

"너거들 이 세상에서 제일 큰 병이 무엇인 줄 아나?"

"암입니다."

"아이다."

"마음병입니다."

"그것도 아이다."

"그럼 뭐라예?"

"게으름 병이 제일 큰 병이다."

지당한 말씀이다. 모든 죄악과 실패는 게으름으로부터 비롯된다. 해야지 할 때 바로 하고, 일어나야지 할 때 바로 일어나야 한다. 모든 일은 미루지 않으면 순조롭다. 오늘은 쉬고 내일 하지 하면 그것은 자신한테 지는 것이다. 그것만 다스리면 3천 배고 만 배고 할 수 있다.

큰스님은 또 절을 지속적으로 할 것을 권하셨다. 나의 상좌 한 사람이 여쭈었다고 한다.

"한꺼번에 절을 많이 해서 업장 소멸을 해놓으면 공부가 잘되지 않을까요?"

"그리 하는 게 아이다. 100일 동안 만 배씩 하고 끝내는 것보다 평생 지속하는 게 중요한기라."

나도 처음 108배를 하던 때가 있었다. 처음 할 때는 다리가 후들거렸다. 그렇게 시작한 절이 3천 배, 만 배가 되곤 했다. 해보니, 천 배를 하는 신심과 만 배를 하는 신심은 하늘과 땅 차이다. 정진하다 보면 피로하고, 잘 먹지 못해 영양실조에 걸리기도 했다. 그렇게 아파도 법당에 가서 3천 배 하는 것으로 이겨내곤 했다. 절을 할 때는 이마가 온전히 땅에 닿도록 해야 하는데, 부처님의 명호를 부르면서 절을 하면 부처님께서 깨달음을 약속하시는 수기(授記)를 받을 수 있다.

이 세상의 모든 것은 자신으로부터 이루어진다. 내가 마음먹고 실천하기만 하면 모든 것이 가능하다. 3천 배, 만 배를 하고 나면 자신감이 생기고, 거기서 지혜를 얻을 수 있는 가피가 생긴다.

큰스님은 처음 3천 배를 시킬 때 움직이지 않고 선 자리에서 단번에 3천 배를 하게 하셨다. 물을 마시거나 앉아서 쉬거나 화장실에 가는 등의 일은 일체 하지 못한 채 절을 하게 했다. 그만큼 정성을 들여 집중하라는 뜻이었을 것이다.

이와 관련된 일화 하나가 기억이 난다. 지금으로부터 30여 년 전

성철 큰스님이 주석하셨던 해인사에서.
많은 신도분들이 백련암에서 큰스님을 친견하고
3천 배를 했던 곳이다.

어느 날, 젊은 부인 한 사람이 가족과 함께 금강굴을 찾아왔는데 큰스님께 불명을 받고 싶어서 백련암에 가는 길에 금강굴에 들렀다고 했다. 이야기를 나누어보니 처녀 적부터 신심이 깊었고 근기가 있어 보여 "하루에 천 배씩 천일기도를 해보라"고 말해주고 백련암에 올라가게 했다.

백련암에 올라가 큰스님을 뵙고 도향선이라는 법명을 받은 그 보살은 스스로 하루 3천 배씩 천일기도를 해야겠다고 결심했다. 그래서 집에서 가장 큰 방을 기도실로 만들어놓고 선 자리에서 한꺼번에 하루 3천 배씩 천일기도를 했는데, 얼마나 절을 지독하게 했는지 3백 배를 남겨놓고 볼일이 급해 화장실에 가게 되면 처음부터 다시 3천 배를 시작했다고 한다.

3천 배를 하려면 빨리 해도 일고여덟 시간은 걸린다. 일상생활을 하면서 그 시간을 할애한다는 것은 보통 신심과 정성이 아니면 어렵다.

보살은 집에서 매일 3천 배를 하면서, 한 달에 두세 번 백련암에 와서 큰스님을 친견하고 3천 배 혹은 만 배를 하고 갔다. 백련암에 갈 때마다 금강굴에 들렀는데, 금강굴에 와서도 늘 절하는 모습만 보여주었다. 어느 날 아침에는 절을 하던 보살과 법당 밖에 있던 나의 눈이 마주쳤다. 볕이 따스하게 느껴지던 봄날이었다. 나중에 "절을 하다가 왜 밖을 봤어요?" 하고 물으니 대답이 이랬다.

"절을 하다가 밖을 한 번 돌아보면 저 산에 파릇파릇 돋아나는 새싹들이 다 꽃으로 보여요. 그거 한 번 보고 절하려고 밖을 쳐다보는데 스님이 서 계시던 걸요."

보살은 백련암이나 금강굴에 올 때면 항상 세 남매를 데리고 와서 함께 절을 했다. 절하는 게 좋은 것을 아니까 아이들한테 시키지 않을 수 없다고 했다. 아침에 눈뜨면 밥은 먹여 보내지 못해도 천 배를 하고 나서 학교에 보냈더니 주위에서 계모냐고 물었다고 한다.

백련암에 올라갔다가 여섯 살 어린아이가 절을 하는 모습이 하도 예쁘고 기특해서 "어디 한번 보자" 하고 손을 내밀었더니 그 아들 녀석이 그랬다.

"스님, 저 못 봐요."

"이리 와봐. 스님이 손 한 번 잡아 보고 싶어서 그런다."

"3천 배 하려면 아직 5백 배 더 남았단 말이에요."

보살은 아이들이 방학 때가 되면 21일 동안 꼭 3천 배를 시켰다. 남편도 매일 108배를 했고, 해외 출장 때도 《백팔참회문》을 가지고 가서 빼놓지 않고 했다고 한다.

절을 하다 보면 누구든 힘든 상황이 온다. 몸이 아프다거나 절을 하게 되지 못하는 상황이 반드시 오는데, 이 보살은 심지어 시어머니가 돌아가셔서 상을 치를 때에도 병원 옆에 방을 얻어놓고 절을 하고 나왔다고 한다.

"부처님과의 약속이고 큰스님과의 약속이잖아요. 그리고 저 자신과의 약속이니까요. 1,000일 동안만이라도 철저하게 하고 싶었어요. 아이들에게 미안할 때가 많아서 어린애들을 붙들고 '엄마가 왜 이러는 줄 모르겠지만 큰스님 말씀대로 해봐야겠다. 너희들이 이해해줘' 하고 눈물도 많이 흘렸어요. 다른 엄마들처럼 아이들을 챙겨주지는 않고 만날 절만 시킨다고 계모냐는 소리까지 들을 때는 저도 흔들려서 큰스님께 가서 '이렇게 해도 되는 겁니까' 하고 여쭈었어요. 그랬더니 '그래 잘 하고 있는 거다' 하시데요. 그 한 말씀에 흔들림 없이 끝까지 할 수 있었어요."

큰스님은 유난히 아이들을 좋아하셨는데 그 집 아이들도 예외는 아니어서 아이들이 백련암에 올라오면 일부러 꼬집고 잡아당기고 울리면서 사진을 찍기도 하셨다.

3천 배 천일기도를 무사히 끝내고 와서 보살이 한 말이 인상적이었다.

"스님! 저는 깨진 사발을 완성품으로 만들 수 있는 힘이 있다는 것을 알았어요."

만사가 자기 생각대로 이루어졌다는 말이다. 그것은 기도하면서 이 세상을 다스리는 마음의 힘을 얻었다는 뜻이기도 하다.

"스님, 저는 인간에게는 무한한 힘이 있다는 큰스님의 말씀을 깨

큰스님은 유난히 아이들을 좋아하셔서 아이들이 백련암에 올라오면 함께 놀아주다가 사진을 찍기도 했다. 사진 속의 아이들은 여섯 살 때부터 3천 배를 하기 시작한 세 남매, 형록, 나연, 나정이다.

달았어요. 만 배를 할 땐 죽을 것 같아도 안 죽더라고요. 누구나 힘들어도 해볼 필요가 있다 싶어요."

"하루도 안 빼고 하는 게 힘들지 않아요?"

"아니요, 스님. 텔레비전 안 보고 친구들 좀 안 만나면 되요. '이 참뜻을 알면 밥도 안 먹고 잠을 자지 않고 한다'고 큰스님께서 그러셨거든요. 절을 하면 저절로 하심하게 되고 복과 지혜를 함께 얻게 되는데, 어떻게 안 해요. 세상 사람들 누구나 다 절을 했으면 좋겠어요. 전 다음 생에도 할 거예요."

보살이 3천 배 천일기도를 끝내고 나자 백련암에는 3천 배 천일기도를 하는 팀이 생겼다. 그 전에는 백일기도, 21일기도 등이 있었지만 1,000일 동안 한 사람은 아마 이 보살이 처음이지 싶다.

보살은 그 후 쉰 살까지 20년 가까이 하루 3천 배 기도를 계속했다. 기도를 하면 지혜가 열려 모든 일이 원만히 이루어진다는 것을 체험했으니 자연히 절을 멈출 수 없었을 것이다. 그동안 아이들은 어디에 내놓아도 손색이 없을 정도로 잘 성장했고, 사업을 하는 남편의 일도 번창했다. 자식들의 친구도 제 자식처럼 여겨 어려운 경우는 어려운 대로 돕고, 유학을 가는 친구의 자식들에게 장학금을 대주기도 했다.

"쓸데없는 것에 마음과 시간을 낭비하지 않게 되니 좋죠. 기도하면서 내면은 차분하고 여유로워졌고, 세속에서의 생활에는 더 적극적이고 열정적으로 되었어요. 지혜는 하심에서 온다는 것도 알게 되었죠."

삼십 대 초반이던 이 보살이 어느덧 예순을 넘겼다. 쉰 살까지 일과로 3천 배를 한 다음 그 후부터 매일 천 배씩 하고 있다. 이제는 나이도 있으니 6백 배만 하라고 해도 듣지 않는다. 일흔 살까지는 체력적으로 될 것 같으니 그때까지는 해보겠단다.

큰스님께서는 무심하신 것 같아도 오가면서 세심히 보시고 참회의 절이 필요한 사람에게는 각별히 더 절을 시키셨다. 중생으로서의 아픔을 알고 품어주려 하셨던 것이다. 밖에서는 무서운 분이라고 알려져 있었지만 속으로는 중생을 사랑하는 마음이 한량 없으셨다.

수많은 사람들이 와서 절을 하고 갔으니 사연들도 많았다. 그 중 노보살님 한 분의 이야기는 큰스님이 사람 하나하나를 얼마나 세심히 배려해서 참회기도를 하게 했는지 알게 한다.

하루는 보살님 한 분이 큰스님이 큰 도인이라는 소문을 듣고 백련암에 찾아와 뵙기를 청했다. 시골에서 농사를 짓느라 손에 굳은살이 박이고 얼굴에 주름살이 가득했던 보살님은 큰스님께 사연을 털어놓으며 도움을 구했다.

"시님, 제 아들이 월남전에 나가 있십니다. 만날 군인들이 총밭에서 죽어간다는 뉴스를 들으면 잠이 안 오는기라요. 시님이 지 아들 좀 살려주이소."

"그래요? 그라믄 집에 쌀 있지요?"

"예, 시님! 쌀이사 있지요."

"그라믄 그 쌀 좀 퍼가지고 와서 밥을 해가지고 부처님 전에 올리시오."

그 말씀에 보살님은 쌀을 이고 먼 길을 걸어 백련암에 올라와 정성스레 밥을 지어 부처님 전에 올려놓은 후 다시 큰스님을 찾았다.

"시님, 시키는 대로 했십니다. 인자 부처님께서 우리 아들 살려주시능기요?"

"공짜로 아들을 살리라고 하시오? 저기 저 법당에 가서 3천 배 하소."

불자도 아닌 그분은 3천 배를 하라는 소리에 앞이 까마득했지만, 아들을 살린다는 데 무슨 일인들 못하겠는가 싶어 말씀이 끝나기가 무섭게 법당으로 올라가 3천 배를 시작했다. 처음 하는 절이 얼마나 힘들었던지 보살님이 절을 마치고 설설 기어서 나오자 큰스님께서는 시자에게 "저 보살, 고마 차타는 데까지 던져뿌리라" 하셨다고 한다.

시자가 그분을 정류장까지 데려다주고 왔는데, 보살님은 그 다음부터는 알아서 백련암을 다니면서 절을 했다. 백련암에 오면 남들이 다 하는 능엄주를 하고 싶은데 한글을 읽을 줄 몰라 고민하다가 시골집으로 돌아가서는 동네 아이들을 불러 사탕을 사주면서 능엄주를 읽게 하고 한 줄 한 줄 외웠다고 한다.

그러는 사이에 아들이 월남에서 무사히 돌아와 이런 이야기를 들려주었다고 한다.

"총탄이 빗발처럼 날리는 속에서 적군과 싸우는데 엄마가 '애야 이리로 와라' 하고 저를 막 부르시는 거예요. 저도 모르게 엄마 목소리를 따라갔는데 정신을 차려보니 시체가 산을 이루고 있었어요. 둘러보니 저 혼자만 살았어요."

참회와 감사와 발원으로 이루어진 것이 기도다. 그런데 감사와 발원은 참회 없이는 이루어지지 않는다. 우리 중생이 어디 이 한 생만을 살았겠는가. 수많은 생을 살면서 쌓아온 허물과 무지에서 나온 지금 생의 허물을 바로보고 참회해야만 진정한 기도가 된다.

참회기도의 으뜸은 3천 배다. 몸을 엎드리면 마음도 엎드려진다. 몸과 마음은 하나이기 때문이다. 내 몸을 상대방의 발 아래로 낮출 때 진정 참회가 되는 것이고, 그 참회 위에 세상과 사람에 대한 감사 그리고 부처로 살아가겠다는 발원이 선다. 큰스님께서는 내가 잘했다는 생각이 조금도 없어야 진정한 참회가 이루어진다고 하셨다.

20여 년 전쯤 일이다. 어느 날, 합천 성당의 한 신부님이 서울에서 온 수녀님을 데리고 나를 찾아왔다. 어찌 왔느냐 물으니 선(禪)을 지도받으러 왔다고 했다.

"합천하면 해인사인데 합천에 사는 신부님이 스님들의 생활을 몰라서야 되겠습니까? 선을 지도받으려면 먼저 화두를 받아야 합니다. 화두를 받기 위해서는 3천 배를 해야 합니다."

그리고는 두 사람 모두 법당에 가서 3천 배를 하게 했는데, 수녀님의 옷차림으로는 절하기가 어려워 머리에 쓴 베일만 빼고는 회색 승복으로 갈아입게 했다.

수녀님은 절을 잘 하는데, 신부님이 1,700배를 하고는 도저히 못하겠다고 했다.

"스님과 신부님의 약속인데 자존심도 없습니까? 약속을 어겼으니 성당에 가셔서 하루에 108배를 한 달만 하고 오세요."

분명히 하겠다고 대답을 하고 갔는데 다시는 오지 않았다. 그 후 부산에 있는 한 신도분이 와서는 이렇게 말했다.

"최신부님이 금강굴에서 3천 배를 하다가 못했다면서 스님들 생활이 그렇게 어려운 줄 몰랐다고 하시던데요?"

그때에서야 그분이 최신부인 줄 알았다. 큰스님이 계셨던 백련암에서도 많은 타종교인들이 3천 배를 하고 화두를 받은 것으로 알고 있다.

가족이 함께하는 기도

많은 어머니들이 자식을 위해 기도한다. 입시철이 되면 절하는 사람이 더 늘어나는 것도 이 때문이다. 부모와 자식의 인연은 천생만생의 인연 속에서 부모도 되고 자식도 되었으니, 큰바닷물보다 많은 어머니의 젖을 먹었고 태산보다 높은 뼈를 버렸다. 그만큼 자식과 부모 간의 인연은 지중하다.

돈을 들여 과외를 시킨다고 부모 노릇을 다 하는 것이 아니다. 부모가 돈주머니 역할만 하면 아이들은 갈지자로 걸으면서 살게 된다.

생명 있는 모든 것이 본능적으로 빛을 향하는 것처럼, 부모가 기도하는 모습을 보고 자란 아이들은 누가 시키지 않아도 따라 하게 된다. 부모를 따라 절을 한 아이들은 심성이 저절로 반듯해져 빛나가기 쉬운 사춘기도 수월하게 넘기고, 공부하라는 잔소리를 할 일도 적다. 아이들은 본능적으로 부모를 믿으니까 잘 이끌어주기만 하면 된다. 많이 말하지 말고 하루 한 마디씩만 하는 게 좋다. 자식의 눈빛만 보아도 어떤 생각을 하고 있는지 알아야 한다. 회초리와 칭찬을 균형 있게 주어야 지혜로운 부모다.

무엇이든 강요하면 역으로 간다. 그러니 스스로 걸어갈 수 있는 길을 열어주어야 한다. 아니다 싶으면 회초리를 들고 맞다 싶으면 칭찬해 주어야 한다. 이렇게 해서 이런 결과가 나왔다고 가르쳐야 한다. 아끼고 사랑하는 사람에게 칭찬은 보약이다. '너의 그런 모습이 참 아름답더구나' 하고 칭찬하고 설득하고 회유해야지 윽박지르면 안 된다. 전생에 무슨 복을 그리 많이 지었다고 처음부터 잘되겠는가. 부모가 기도하고 저희들이 기도하는 속에서 자라다 보면 큰 나무가 되는 것이다.

자식에게 부모는 영원한 선생님이다. 낮은 곳으로 흘러 흘러서 만물을 이롭게 하는 물처럼, 부모는 낮은 곳에 서야 한다. '네가 잘 성장해서 남을 이롭게 하는 사람이 되거라' 하고 기도해야 한다.

지성이면 감천이다. 지극정성으로 기도해서 만들어보든가 욕심을 버리든가 둘 중에서 하나를 선택해야 한다. 절대가 아닌 상대로 보면 결국 욕심이 생길 수밖에 없다. 자식을 대할 때 '우리 집 부처님' 하라. 부처로 보면 섬기게 되니 꾸짖을 수 있겠는가. '너는 왜 그러니?' 할 때는 '그런 나는?' 하고 자신을 돌아봐야 한다. 반성해야 할 사람은 자기 자신이다. 그리고 자식이 무사한 것에 대해 감사해야 한다. 억지로라도 감사하게 되면 나중에는 자연히 감사하게 된다.

큰스님께서는 "사람 사람이 금덩어리 아님이 없는데, 눈을 감고 있기 때문에 자신을 똥덩어리로 착각하고 산다. 수행을 해서 눈을 뜨면 자신이 본래 금덩어리인 줄 안다"는 말씀을 자주 하셨다. 수행을 하다 보면 이 말씀을 이해할 수 있다.

대구에 있는 홍익한의원은 가족 모두가 절을 하는 집으로 유명하다. 큰스님께서 부부에게 직접 절을 시켰는데 설해심 보살은 10년 동안 매일 3천 배를 했고, 백운거사는 하루 천 배를 했다. 치유가 어려운 병을 앓았던 백운거사의 어머니는 100일 동안 3천 배를 해서 나았는데 돌아가실 때까지 2천 배를 빼놓지 않고 했다.

백운거사는 지금도 진료실 한쪽에 좌복을 깔아놓고 하루 천 배씩 하고 있다. 그는 평소 기운 옷에 검은 고무신 차림으로 지낸다. 베풀고 사는 사람은 자신에게는 인색하고 남에게는 후하다. 큰스님께서는 대구 사람들은 부산 사람들에 비해 신심이 약하다고 하셨는데, 두 부부가 기도를 마치고 나자 "이제 대구 불교는 동이 텄다"고 하셨다. 한 가족이 기도를 잘한 탓에 대구에 불심이 들불처럼 일어났던 것이다.

"부모님이 우리를 위해서 정성껏 기도하셨으니 우리도 자식을 위해 기도해야 한다." 10년 동안 3천 배를 하는 어머니와 진료로 바쁜 와중에도 하루 천 배 수행을 하는 아버지를 보고 자란 자식들이 하는 말이다. 아들딸뿐만 아니라 며느리들도 절 수행을 하고 있는데, 이 가족을 보면 모두 심성이 수행자 이상이다.

하늘을 마음껏 자유롭게 날아다니는 솔개의 수명은 80년이다. 그런데 솔개가 40년쯤 되면 산정에 올라가 반년에 걸쳐 고행을 한다고 한다. 길어져 쓸모없게 된 부리는 바위에 쪼아 부수고 무딘 발톱도 새로 난 부리로 뽑아버린다는 것이다. 그리고 무거워진 깃털마저 뽑아 정리한 후, 새로운 부리와 발톱과 깃털로 새롭게 40년을 산다고 한다.

짐승도 지혜가 있어 낡은 것을 스스로 부수고 새롭게 태어나는데, 하물며 사람이 자신이 낡은 것을 인식하지 못한 채 그럭저럭 무딘 채 살아가서야 되겠는가. 사람은 자신을 변화시킬 줄 알아야 한다. 기도는 낡고 잘못 살아온 자신을 바로 보게 하고 새롭게 태어나게 한다. 지금 바로 시작하라!

8장

영원한 시간들

열반의 종소리

　가야산 단풍이 빨갛게 타오르던 1993년 늦가을 창밖이 환해질 무렵이었다. 큰스님께서 해인사 퇴설당에서 11월 4일(음력 9월 21일) 열반에 드셨다.

　　일생 동안 남녀의 무리를 속여서
　　하늘에 넘치는 죄업은 수미산을 지나친다.
　　산 채로 무간지옥에 떨어져서 그 한이 만 갈래나 되는데
　　둥근 한 수레바퀴 붉음을 내뿜으며 푸른 산에 걸렸도다.
　　生平欺誑男女群　彌天罪業過須彌
　　活陷阿鼻恨萬端　一輪吐紅掛碧山

"참선 잘 하그래이" 하시고는 앞의 열반송을 남기셨다.

옆에서 지켜보고 있던 문도 스님 중 원융스님이 "스님이 가시면 누구를 의지해야 합니까?"라고 여쭈니 《선문정로》가 있다"고 하셨다.

법랍 58세, 세수 82세로 열반의 종소리와 함께 가야산 해인사는 큰 침묵으로 빠져들었다. 영결식은 1993년 11월 10일.

큰스님께서 열반하시고 영단도 채 만들기 전부터 문상객이 모여들었다. 처음에는 가야산에 올랐던 등산객들이 문상하겠다며 모여들었고, 시간이 지나면서 인근 지역의 신도들이 모여들었다. 오후부터는 추모 기사가 신문 지면을 덮기 시작했다. 그날 밤과 다음 날부터는 기자들이 많이 모여들었다.

전국의 비구 비구니 스님들이 찾아와, 가신 큰스님을 위해 정성을 다하고 간절한 마음으로 애도했다. 산중의 대중 스님들은 영정을 모신 궁현당에서 《금강경》을 독송했다. 조문 오신 스님들과 신도님들은 큰스님을 그리는 한마음으로 해인사를 가득 메웠다.

아침부터 비가 부슬부슬 내리기 시작했다. 궂은 날씨에도 불구하고 큰스님의 마지막을 애도하기 위하여 신도들이 모이기 시작했다.

오전 11시 해인사 구광루 앞마당에서 다섯 번의 범종 소리와 함께 시작된 영결식은 두 시간 만에 끝났다. 큰스님께서 58년간의 수행처인 산문을 떠날 시간이 되었다. 스님의 법구(法軀)는 노란 국화로 뒤덮인 법구차에 모셔졌다. 다비장으로 가는 법구를 대열을 지어 따라갔다. 인로왕번(引路王幡, 운구 행렬을 이끄는 깃발)을 따라 큰스님의 영정이 앞서고, 그 뒤를 문도 스님 이하 여러 스님들과 신도들이 1,000개가 넘는 만장을 들고 따랐다. 산길을 가득 메운 신도들은 하나같이 오열했고 주변의 언덕 나무 사이까지 사람들로 가득해 말 그대로 인산인해였다.

다비장 한가운데 있는 연화대는 거대한 연꽃봉오리로 장엄되었다. 비구니 스님들이 열과 정성을 다해 연꽃 모양의 종잇조각으로 연화대를 장식해 놓은 것이다.

법구를 연화대의 거푸집에 밀어 넣고, 맏상좌인 천제스님과 원택스님이 마지막으로 장작을 집어 거푸집 입구를 막았다.

스님들의 염불 의식이 끝나고 종단의 대표 스님들과 문도의 대표 스님들이 솜방망이에 불을 붙였다. 이어서 '거화'라는 구령에 맞추어 일제히 연화대에 불을 지폈다. 그리고는 동시에 다비를 지켜보던 스님들이 외쳤다.

"스님! 집에 불 들어갑니다. 나오십시오."
"스님! 집에 불 들어갑니다. 나오십시오."
"스님! 집에 불 들어갑니다. 나오십시오."

큰스님의 다비장 연화대에서 하늘로 치솟는 불꽃은 붉은 빛을 내뿜으며 푸른 산에 걸렸다. 스님께서 마지막으로 남기신 열반송 그대로였다.

큰스님의 영결식도 다비장으로 가는 행렬도 염불 소리도 점점 사라지고, 가을의 아름답던 단풍들은 그 빛을 잃은 듯, 그날따라 온 산중의 나뭇잎이 우수수 떨어졌다.

앞의 글은 원택스님이 쓴 《성철스님 시봉이야기》에서 빌렸다. 내가 큰스님의 영결식과 다비장에 참석하지 못했기 때문이다. 큰스님이 가신 후 '불필(不必)'이라는 이름에 대한 기사를 종종 보게 되어서, 영결식이 끝날 때까지 나는 한 번도 사람들 앞에 모습을 드러내지 않았다. 나는 큰스님에게 가장 가까이 있어야 하면서도 또한 가장 멀리 있어야 하는 존재였다.

금강굴 위로 산등성이를 둘 넘어 올라가니 큰스님의 연화대가 보였다. 큰스님의 마지막 모습인 연화대를 산위에서 바라보면서 3배가 아닌 9배를 올렸다. 과거, 현재, 미래 삼세를 다 합해서 다시 만나 뵐 것을 약속하는 9배였다.

"이번 생에 잘못 모셨으니 다시 다음 생에 만나 뵙겠습니다."

큰스님께서 떠나시기 얼마 전 나를 바라보며 말씀하셨다.

"니는 내가 가면 내 같은 사람 만날 줄 아느냐?"

그 말씀이 연화대에서 내뿜는 푸른 불빛 속에서 가슴속 깊이 다가오고 있었다. 하루 일만 생각해도 가슴이 찢어지고 창자가 끊어지는데, 천생만생의 기나긴 인연을 생각하면 한숨이 바람이 되고 눈물이 바다가 되어도 오히려 남을 것이었다.

"생사의 바다에서 마음의 눈을 바로 떠서, 영원한 대자유인으로서 스님을 다시 만날 것입니다. 스님, 뵙고 싶습니다. 어디에 계십니까?"

수많은 이들이 슬퍼하던 7일 상중에 퇴설당과 백련암 뒷산에 일곱 차례나 방광이 일어나서 그 이적에 사부대중은 모두 놀라워하고 감격했다. 다비식에는 30여 만 명이 운집하여 30리 밖까지 인산인해를 이루었는데 그 장엄함은 말로 표현할 수 없었다.

다비 후 100여 과의 사리를 모아 사십구재가 치러지는 동안 사리친견법회를 열자 종교를 초월한 100만 명의 대중이 모여들어 찬탄했으니 불교사에 드물고 드문 일이었다.

나의 원력은 움직이지 않을 것입니다

큰스님께서 돌아가시고 많은 사람들이 물었다.

"큰스님은 어떤 분이셨습니까?"

이러한 질문을 받을 때마다 큰스님께서 젊은 날에 쓴 발원문을 떠올린다. 큰스님께서 쓰신 글이 많지만, 이 발원문에 큰스님이 살아오신 모습이 가장 잘 드러나 있다고 생각하기 때문이다. 나는 이 발원문을 심검당 처소에 걸어놓고 수시로 읽어본다.

부처님이시여, 나는 굳고 단단한 강철 같은 마음으로
세세생생 무루선을 닦고자 발원합니다.
크나큰 지혜와 공덕 대용맹심으로
겹겹이 쌓인 번뇌를 순식간에 없애고자 합니다.

다리를 들어 결코 여자의 그림자도 밟지 않을 것이며,

어찌 자비중생으로 중생의 살점을 입에 대겠습니까.

청정한 신도들의 시주는 화살과 같이 피할 것이며,

부귀와 영화는 원수같이 볼 것입니다.

일거에 단단히 얽힌 번뇌의 고리를 끊어

훌쩍 비로의 정상을 뛰어넘어 갈 것입니다.

청정하게 장엄된 보리 대도량에서

미래겁이 다하도록 항상 자재하여,

항하사 모래알 수와 같은 법계, 한량없는 국토에

천 가지 유형 만 가지 모습으로 시현하여 중생의 부름에 응할 것입니다.

높이 금강의 보왕검을 들어,

향상일로 비밀 미묘한 여래의 법장을 열어

일체중생을 남김없이 제도하고,

영원히 그들로 하여금 부처님 법의 바다에서 맑은 평온을 누리도록 하겠습니다.

허공을 부순다 할지라도

나의 원력은 미래제(未來際)가 다하도록 움직이거나 옮기지 않을 것입니다.

시방삼세에서 더할 나위 없이 존귀하신 분이시여,

특별한 대자대비의 은밀하신 가피를 내리어,

일체 모든 장애를 소멸시키시고,

빠르게 이 대원력을 원만 성취토록 하여 주소서.

-소림 산문의 후손 성철은 합장 예배하고 삼가 아뢰다-

願我堅凝鐵石心 世世恒修無漏禪

大智大德大勇猛 萬重障惑頓蕩盡

擅脚不踏女身影 下口那咬衆生肉

淸淨信施避似箭 豪貴榮譽視如仇

一擧直衝金鎖關 驀踊毘盧頂上行

淨嚴菩提大道場 盡未來劫常自在

塵沙法界無邊刹 千類萬形示應現

高提金剛寶王劍 廓開向上秘妙藏

一切含靈度無餘 永使法海得淸晏

虛空雖然有可壞 我願終當不動移

十方三世無上尊 特垂慈哀密加護

消滅一切諸障碍 疾速圓滿是大願

-少林門孫 性徹 和南謹啓-

큰스님께서는 이런 원을 세워놓고 철두철미 조금도 벗어나지 않고 발원문 그대로 일평생을 사신 분이다. 도를 닦고자 하는 철석같은 의지를 가지고 칼날처럼 예리하게 자신을 지키고 사신 분이다. 어떤 말로도 대신할 수 없다.

큰스님은 자신과의 약속에 철저하신 분이셨다. 선을 한번 그어 놓으면 하늘이 무너져도 흔들림이 없었다. 그렇게 자기와의 약속에 철저하셨기 때문에 한평생 곧게 자신을 지킬 수 있었을 것이다.

금강굴에 잠시 계실 때 평소 큰스님을 부모처럼 모시던 분이 문안을 드리러 왔다. 마침 큰스님께서 포행 중이셔서 말씀드렸다.

"밖에서라도 인사를 받으셨으면 좋겠습니다."

큰스님께서 소리를 지르며 말씀하셨다.

"자기와의 약속은 자기가 지켜야 되는기라."

누구도 만나지 않겠다고 선을 그어놓고 계실 때였다.

'저렇게 철저해서 누구에게도 사정을 두시지 않았구나.'

야단 속에 매질과 교훈이 느껴졌다.

큰스님께서 조계종 종정이자 해인사 방장으로 계실 때였다. 맏상좌인 천제스님이 주지를 하겠다는 의사를 내비치자, "내가 방장이고 너는 내 상좌다. 방장이 자기 상좌를 주지로 만들면 대중들이 내 말을 듣겠느냐? 주지 안 할 수 없느냐?" 하고 물으셨다. 그 말씀 앞에서 천제스님은 주지에 대한 꿈을 아예 접었다고 한다. 천제스님의 행자 시절 10년의 수행 노트에는 큰스님의 철저함을 엿볼 수 있는 가르침이 이렇게 적혀 있다.

어려움 가운데 가장 큰 어려움은 알고도 모르는 체 함이요.

용맹 가운데 가장 큰 용맹은 옳고도 지는 것이다.

공부 가운데 가장 어려운 것은 남의 허물을 대신하는 것이다.

세상에서 가장 위대한 인물은 모든 사람을 존경하는 사람이다.

공양을 드실 때도 김 한 장, 당근 한 조각, 밥 한 공기를 드셨다. 시자에게 "콩도 크고 작은 게 있으니 달아서 음식을 만들라"고 가르쳤던 분이다. 평생 무염식을 하셨는데 단 한 번의 예외가 없으셨다.

한번은 좌복을 하나 해드렸더니 "방이 이리 좁은데 뭘 가져다놓느냐"고 야단하셔서 그대로 가지고 내려왔다. 연세가 많이 드셨을 때 가볍고 좋은 이불을 하나 해드렸다가 또 야단을 맞고 말았다.

"내가 이런 비단 이불을 덮고 자야 되겠나?"

"가져가라!"고 거절하시던 그 서늘한 눈빛을 잊을 수 없다.

메모를 하는 공책도 따로 없으셨다. 한의원 일력 뒷장에 메모를 해두셨다. 긴 글을 쓸 때도 어쩌다 원고지에 썼고 보통은 일력 뒷면이나 빈 종이에 쓰셨다.

버리는 물건도 아무렇게나 버리지 않으셨다. 쓰고 난 면봉은 보관했다가 쓰지 못할 때까지 썼으며, 쓰레기통에 들어갈 것도 모두 정리해서 넣었다. 큰스님을 생각할 때마다 이리 살아도 되는가 돌아보지 않을 수 없다.

한번은 올라갔더니 시자가 야단을 맞고 있었다. 쓰시던 이쑤시개를 버렸기 때문이라고 해서 내가 변명해 주었다.

"쓰신 걸 또 쓰면 추접스럽지 않습니까?"

"뭐라꼬? 니는 왜 숟깔을 씻었다가 다시 먹노? 그거와 이게 뭐가 다르노?"

조그마한 이쑤시개 하나도 손에 잡히지 않을 때까지 깎아 쓰셨던 것이다. 인도 성지 순례를 처음 가서 상아로 만든 부처님상을 사드렸더니 "니는 자비가 없구나. 코끼리 뼈로 만든 부처님 아이가?" 하시면서 받지 않으셨다. 이렇게 철저한 분은 세상에 없을 것이고, 그러니 공부도 그렇게 지독히 하셨을 것이다. 젊으셨을 때는 한번 참선에 들어가면 일어나지 않아서 좌복이 썩어서 나왔다고 들었다.

눕는 것을 잊어버려 앉아 있는 것보다 눕는 것이 더 힘들었던 분이다. 김호석 씨의 성철 큰스님 초상화 전시회에 갔다가 기대어 누워 있는 모습의 그림을 보고 "평생 장좌불와를 하신 분인데 저 그림이 맞느냐?" 하고 묻고는 그림을 떼게 한 일이 있다.

보살 한 사람이 수박을 먹고 나서는 붉은 색이 도는 조각을 쓰레기통에 버리는 것을 보고 다시 주워 먹게 했다는 일화는 장안의 화젯거리였다. 승속을 막론하고 그렇게 철저하셨다. 처음 절에 오는 여신도들이 귀걸이와 목걸이를 주렁주렁 달고 있을 때 "중 꼬시러

오니?" 하고 호통을 치셨는데, 이후 백련암에는 먹물 옷을 입은 사람만 드나들 수 있었다.

언젠가는 친필을 하나 얻고 싶어서 "저도 하나 주세요" 하고 말씀드렸더니 "남이 가지지 않는 걸 가지면 안 된다" 하시곤 주지 않으셔서 내게는 큰스님이 마음먹고 써주신 친필 하나 없다.

장서를 넣어두었던 장경각을 부수고 새로 짓는 공사 때문에 큰스님께서 금강굴로 오시게 되었다. 금강굴을 지은 지 10년이 지나도록 옆에도 지나가지 않으셨던 분이다. 계실 곳이 마땅치 않기도 했지만 무엇보다 큰스님께서 아끼던 장서를 옮기게 되자 잠시 금강굴로 오시게 된 것이다.

6개월 정도 계시다가 퇴설당으로 돌아가셨다. 그러고 보니 태어나서 큰스님과 한 공간에 있었던 기간은 그 몇 달이 전부였다. 한 공간이라고는 하지만 큰스님께서는 금강굴의 선방인 문수원에서 시자 스님 네 분과 백련암에서처럼 지내셨고, 나는 큰스님께서 찾기 전에는 문수원에 가지 못했다.

시공을 떠난 곳 겁외사

큰스님의 고가(古家)는 허물어진 지 오래되고 집터만 보존되어 왔는데, 열반하신 지 3년 후인 1996년 9월 19일 생가를 복원하는 기공식이 있었다. 스님들과 신도님들, 산청 군민들이 운집한 가운데 성대히 거행되었다.

해인사에 사리탑을 세우는 일은 원택스님이 맡았고, 생가를 복원하는 일은 내가 인연이 있는 곳이기에 원을 세워보았다. 생가 복원이라는 숙제를 안은 나는 석남사 스님들과 함께 석남사에서 가까운 밀양의 사명대사 생가에 가보았다. 사명대사의 생가는 1년 전에 복원했는데 사람이 살지 않고 군에서 관리하다 보니 마땅치 않아 보이는 곳이 군데군데 있었다. 생가 복원이라는 당면 과제가 있었기 때문에 예사롭게 보이지 않았다.

유적지로 유명한 윤선도 생가와 정철 생가를 둘러보면서는 어깨가 무거워지는 걸 느꼈다. 세월이 많이 흘렀는데도 규모가 잘 짜여 있었고 보존 상태가 좋았다. 긴 역사를 가지고 있는 유적은 역시 본받을 만한 데가 있었다.

옛 집터를 찾으니 고가가 허물어진 것은 물론이고 아름답던 경호강변의 숲이 남강댐 건설로 강바닥으로 변해 있었다. 봄이면 진달래가 피던 앞산과 뒷산은 새로 뚫린 고속도로 때문에 옛 모습을 찾아볼 수 없었다. 상전벽해라는 말 그대로였다. 고향을 떠난 지 수십 년이 되었으니 무슨 말을 하겠는가.

큰스님의 고향, 그리고 내 고향이기도 한 곳에 와보니 불법을 아는 사람이 거의 없었다. 등잔 밑이 어둡다는 말이 떠올라 심히 부끄러웠다. 집도 절도 없는 곳에서 우두커니 서서 생각해보니 앞으로 해야 할 일들이 많았다.

일단은 생가를 복원하는 것이 급선무였다. 무슨 소리를 들었는지 일하는 현장에 서 있는 나를 보고 "성철 큰스님 따님인 불필스님이 있다는데 어디 있나요?" 하고 묻는 사람이 있길래 '해인사에 있다'고 대답해 주었다.

열두 평짜리 컨테이너에서 묵으면서 나무 한 그루 없는 땡볕에서 일했다. 구봉거사님은 백송 등 큰스님께서 좋아하셨던 나무들을 많이 보내왔다. 그 허허벌판에 나무를 심는 일은 규모가 큰 작업이었다. 돌아가신 할아버지께서 내 앞으로 해놓으신 문전옥답 2,000평을 메우는 데는 자갈과 모래 수천 대가 들어갔다.

나는 일을 시작하면 누가 뭐래도 끝을 내는 성격이다. 돌을 쌓을 때는 돌만 생각하고 조경할 때는 나무만 보인다. 담을 쌓을 때는 우리나라의 좋은 담이 모두 있다는 희원(熙園)에도 가보았다.

일은 할 때 해야 한다. 본디 내 일처리 방식이 급행열차 아닌가. 무엇이든 결정한 것은 해놓고 손을 터는 사람이다 보니 생가 복원 공사를 3년 만에 마쳤다. 한 비구 스님이 와보고는 "보통사람은 10년을 해도 못했을 일을 3년 안에 마치다니 대단하십니다" 하고 인사를 했다.

생가 터는 옛 모습 그대로 한가운데에 안채가 있고 동쪽에는 사랑채, 서쪽에는 유물 전시관인 포영각, 앞쪽 중앙에는 솟을대문을 중심으로 담장이 이어져 있다. 안채는 할아버지의 호를 따서 '율은고거(栗隱故居)'라 이름 지었고 사랑채는 '율은재'라 했다.

불가에서 겁(劫)이란 길고 긴 시간을 말한다. 100년에 한 번 선녀가 내려와 사방 40리 되는 바위를 옷자락으로 스쳐서 모두 닳아 없어지는 시간을 일겁(一劫)이라 하는데, 그것이 얼마나 될지는 상상하기 어렵다. 겁외(劫外)란 그 기나긴 시간 밖이라는 뜻이니 시공

겁외사 전경.
100년에 한 번 선녀가 내려와 사방 40리 되는 바위를
옷자락으로 스쳐 모두 닳아 없어지는 시간을 일겁이라 하는데,
겁외란 그 기나긴 시간 밖이라는 뜻이니
시공을 초월한 절대적인 세계를 의미한다.

을 초월한 절대적인 세계를 의미한다.

겁외사에는 대웅전 중앙에 부처님을 모시고 서쪽에는 큰스님의 영정을 모셨으며 앞마당 중앙에는 큰스님의 존상을 모셨다. 동쪽에는 선방인 쌍금당과 요사채인 정오당, 정문에는 벽해루를 지었다.

생가와 겁외사를 지으면서 느낀 것은 모든 불사가 큰스님의 법력과 복력으로 물 흘러가듯이 흘러간다는 것이다. 일이 난관에 봉착할 때마다 도움을 주시는 분들은 언제나 큰스님이 살아 계실 때 따르고 존경한 사람들이었다.

구봉 현승훈 거사님은 성철 큰스님을 부모처럼 모신 분이다. 해인사 백련암에서 아버님의 사십구재를 지내면서 큰스님을 친견한 후 32년 간 정행인 보살님과 함께 하루도 빠지지 않고 5백 배를 하고 능엄주를 독송하셨는데, 고희를 넘긴 지금도 108배를 하고 있다.

구봉거사님은 노인이 지내기에는 백련암이 춥다는 말을 듣고, 부산 선동에 있는 화승원 안에 큰스님이 조용히 지낼 수 있는 처소를 마련했다. 큰스님께서 그 처소 이름을 '겁외사'라 지으셨는데, 11월이면 그곳으로 내려갔다가 5월이면 백련암으로 오기를 반복하셨다. 지금 겁외사라는 절 이름은 그때 큰스님의 처소 이름에서 따온 것이다.

모든 불사를 회향하기 한 달 전 산청, 함양, 진주, 합천 문화원장님들과 교수님들을 모시고 생가에서 고유제를 지냈다. 100여 명의 선비님들이 함께하셨는데 그분들은 "불필스님은 할아버지께도 효도하고 성철스님께도 효도를 다했으니 김대건 신부보다 훌륭하다"고 극찬을 해주셨다.

혹자는 참선만 하는 사람이 집 짓는 일에 어찌 그리 일가견이 있느냐고 묻는데, 그것은 익혀서 된 것이 아니다. 나는 일을 할 때 직관적으로 저것이다 싶으면 그냥 밀고나간다. 은사 스님은 상좌들 중 제일 일 못하는 사람으로 나를 꼽으셨는데, 금강굴을 짓고 난 뒤 보시고는 매우 놀라는 눈치셨다. 심검당을 수리했을 때도 올라와 보시고는 "누구든 나무를 칠 수는 있지만 이렇게 정돈할 수 있는 사람은 불필뿐이다"라고 말씀해주셨다.

겁외사에 큰스님의 유물들이 들어올 때 '여긴 내가 살 곳이 아니다'라는 판단이 섰다. 큰스님의 상좌가 절을 지켜야 한다는 생각에 바로 원택스님에게 연락해 회향 전에 인수하라고 했더니 "그렇게 힘들게 해놓으셨는데 어떻게 받습니까?" 하면서 사양하셨다. 거듭 세 차례나 사양하기에 "그러면 겁외사를 큰스님 딸의 절로 남게 할 겁니까?" 했더니 그제야 다른 말씀이 없으셨다.

2001년 3월 30일 봄날이었다.
종정 스님과 사부대중, 그 밖의 귀빈들을 모시고 회향식을 진행하는 데 난데없이 폭설이 내려 주위의 경치는 일시에 설경으로 변화하였다.

　갑자기 추워진 날씨와 눈보라 때문에 행사에 참석하신 내외 귀빈들과 사부대중의 고생이 이만저만 아니었다. 일부에서는 행사를 성스러운 모습으로 보여준 서설(瑞雪)이라고도 하고, 그날 모인 귀빈석에서는 누군가가 "큰스님의 존상을 모시고 생가를 복원해서 세상을 시끄럽게 하니 큰스님께서 서설을 내려 경책하시는 게지" 하였다. 그리고 행사가 끝나고 날씨가 좋아지자 "큰스님의 노여움이 풀어졌나 보네" 하였다.

　큰스님의 생가 불사 회향을 다 마치도록 협조해 주신 지역 주민, 산청군과 권순영 군수님과 이재근 님께 감사드린다. 그리고 신심으로 불사에 정성을 다해주신 신도님들께 감사드린다. (후략)

　생가와 겁외사 건립 회향식을 마치고 금강굴에 돌아와 쓴 글이다. 겁외사에 관한 일은 회향식이 있던 다음 날부터 완전히 손을 떼서 일체 관여하지 않고 있고, 지금은 내가 했다는 생각조차 없다. 하지만 그 뒤로 "스님, 왜 이렇게 늙으셨어요?" 하는 소리를 많이 들었으니 아마도 그때 한 고생 덕분인 듯하다.

　원택스님은 해인사에 큰스님 사리탑을 봉안했다. 생전에 나의 은사인 인홍스님께서는 원택스님을 두고 이렇게 말씀하셨다.

"한 번도 큰스님의 곁을 떠나지 않고 큰스님을 향한 원력과 신심으로 생전과 사후까지 잘 모신 효상좌이며, 큰스님을 위해 태어난 사람이다."

은사 스님만 그렇게 생각하신 게 아닐 것이다. 연세대 정외과를 졸업하고 스물여덟에 큰스님을 은사로 출가해서 20년 동안 곁에서 모셨고, 열반하시고 난 후에도 책 출간, 사리탑 건립, 백련문화재단 일 등으로 20년째 애를 쓰고 있으니 큰스님을 위해서 태어난 사람이라는 말은 백번 옳은 말이다.

상좌와 함께 백련암에 올라간 적이 있었다. 면회 허락이 떨어질 때까지 기다릴 데가 마땅치 않아 원택스님이 거처하는 방에 들어가 있었는데, 시자 생활을 하며 큰스님의 원고를 정리할 때라 방이 어질러져 있었다. 상좌에게 "네가 좀 정리해 봐라" 하고 치우게 했는데 나중에 원택스님이 보고는 "제 방에는 무질서 속에 질서가 있습니다"라고 말씀하셨다. 그때 겉으로는 순해 보이지만 내면은 굉장히 무서운 사람이구나 하는 생각이 들었다.

원택스님이 큰절 총무 소임을 볼 때 큰스님께서는 "니는 니 방처럼 살믄 된다"고 말씀하셨다. 남들과 똑같이 하지 말고 '네가 세워놓은 질서 속에서 살라'는 당부셨을 것이다. 그러면서 "절대 큰절 돈은 쓰지 말고 백련암 돈 가져다 써라" 하고 딱 한마디 하셨다.

원택스님은 귀가 멍멍해질 때까지 법문 테이프를 듣고 원고를 정리하는 수행을 했기에, 그토록 아름답게 '성철스님 시봉이야기'를 쓸 수 있었을 것이다. 만약 이러한 자기 경계가 없었다면 큰스님의 깊숙한 면모를 그토록 잘 살릴 수는 없었을 것이다. 지금도 원택스님은 다음과 같은 말로 스승에 대한 존경심과 그리움을 전한다.

"마음을 다해 시봉한다고 했지만, 돌아보니 큰스님을 보아도 보지 못한 것 같고 만나도 만나지 못한 것 같습니다."

오랜 세월 동안 큰스님 밑에서 숱한 꾸지람을 견디고 지금 이 순간까지 큰스님 탄생 100주년을 맞아 밤낮없이 바쁘게 뛰어다니고 있는 원택스님. 그 지극한 효와 정성을 어떻게 말로 다 표현할 수 있겠는가.

1997년 음력 3월 꽃피는 봄날

　큰스님의 열반을 보면서 일체를 버리고 깊은 산중으로 들어가 공부해야겠다고 마음을 먹은 후 심검당으로 돌아왔다. 젊은 시절 어른 스님들, 그리고 도반들과 용맹정진했던 그때로부터 20여 년의 세월이 흘렀지만 심검당은 옛 모습 그대로였다.
　어느덧 구순을 바라보는 은사 스님께 심검당에서 정진하겠다고 말씀드리자 이렇게 말씀하시며 반겨주었다.
　"너는 가야산 호랑이는 안 되어도 가지산 호랑이는 되어야지. 정진 잘해라."
　그 이후 나는 매년 하안거와 동안거를 심검당에서 나고 있다. 안거 때면 항상 별당에 들러 은사 스님께 인사를 드렸다.
　"스님, 화두가 있습니까?"

은사 스님은 기력이 있고 기분이 좋을 때에는 엄지손가락을 세우며 웃으셨지만, 기운이 없고 불편할 때에는 이렇게 물으셨다.

"내가 화두가 없어 보이느냐?"

1996년 음력 섣달 그믐날 아침, 그날따라 기운이 없어 보이셨다.

"생사가 둘이 아니니 몸과 마음이 편할 때 떠나고 싶구나."

그 말씀을 듣고 법희스님, 현묵스님, 법용스님, 도문스님을 불렀다. 주지인 혜정스님도 연락을 받고 왔다. 다 모인 자리에서 은사 스님이 말씀하셨다.

"준비해라. 오래 살았다."

세상과의 인연이 다하고 있음을 느끼신 것이었다. 홍제사로 출가한 후 은사 스님을 그림자처럼 따르고 모셔온 효상좌인 법희스님을 비롯한 우리 모두는 아무 말도 못하고 지켜볼 뿐이었다.

법희스님은 애원하는 심정으로 "스님, 오늘만 지나면 구순입니다. 꽃피고 따뜻한 춘삼월 봄날에 가십시오" 했다. 우리는 항상 하던 대로 스님을 기쁘게 해드리기 위해 '황성옛터'를 불렀다. 스님께서는 웃으시며 손을 흔들어 보였다.

도량 구석구석 다니면서 큰소리로 경책하시던 호랑이 같은 모습은 간데없고 모든 상이 다 떨어진 어린아이처럼 해맑고 천진한 모습이었다. 스님께서는 천천히 주위를 살펴보셨다.

"스님이 가시면 저희들은 어떻게 해야 합니까?" 하고 여쭈니

"대중이 화합하여 석남사를 잘 지켜라" 하셨다.

"수행자가 화두 말고 할 게 있는가? 죽을 때도 화두 들고 가야 한다."

은사 스님은 일흔둘의 연세에 지리산 상무주암의 그 추운 곳에서 시자 한 사람만 데리고 마지막 열정을 불태우면서 정진하셨다. 별당에 머물면서 새벽 예불에 빠지지 않으셨고 팔순이 넘어서도 저녁 예불에는 108배를 하셨다. 용맹정진 때는 장군죽비를 들어 호랑이처럼 경책했고 칠십이 넘어서까지도 3천 배 정진을 함께하셨다. '누워 편안할 때 지옥고를 받는 중생을 생각하라'는 좌우명을 평생 생활에서 실천했던 분이셨다.

은사 스님은 노년에도 항상 큰스님의 법문을 듣고 계셨다. 책꽂이에는 큰스님의 법문집과 녹음테이프가 꽂혀 있었는데, 〈증도가〉와 《육조단경》을 즐겨 들으셨다.

"독살이하지 말고 함께 모여 살며 참선하라."

은사 스님께서 늘 하신 말씀이다.

1997년 음력 3월 8일 꽃피는 봄날이었다.

스님께서는 상좌들이 지켜보는 가운데 조용히 열반에 드셨다. 세수는 90세요 법랍은 56세였다.

삼세제불(三世諸佛) 가신 길을 나도 가야지

구순생애(九旬生涯) 사바의 길 몽환(夢幻) 아님이 없다.

일엽편주(一葉片舟) 두둥실 떠나는 곳

공중에 둥근달 밝을 뿐이네.

은사 스님께서 이 열반송을 남기고 가신 지 어언 15년이 흘렀다. 나의 스승! 자신에게는 누구보다 엄격했고 정진과 계율에는 누구보다 철저했던 분. 비구니의 존재가 미비하던 시절, 그 위상을 세우고 출가 정신을 확고히 세우기 위해 부단히 애쓰며 후학들의 교육을 위해 헌신했던 분. 항상 검약하는 무소유의 수행자로서 유품이라고는 평생 모시던 불상과 경책, 그리고 목에 걸고 계시던 염주가 전부였던 분.

은사 스님께서 차를 드실 때 즐겨 쓰던 찻잔에서 스님의 모습을 그려본다. 떠나신 지금, 스님의 모습은 종이 위에 사진뿐이다.

"열심히 정진하여 가지산 호랑이는 되어야 하지 않겠는가."

서릿발처럼 냉엄했던 그 경책과 기상이 그립다. '대중과 화합해서 석남사를 잘 지키라'시던 스님의 마지막 말씀이 귓가에 맴돈다.

온 산천이 생기를 머금고 연초록 잎사귀가 가지산에 봄소식을 전해주던 10주기 때 은사 스님의 삶이 고스란히 담긴 일대기《길 찾아 길 떠나다》가 출간되었다. 뵙고 싶다.

은사 스님이 열반하시고 오랜 시간이 흘렀지만 석남사는 여전히 정진 수행 도량으로서의 명성을 이어가고 있다. 석남사의 주역인 선원장 법희스님, 유나 현묵스님, 전 주지 법용스님, 도문스님, 현주지 도수스님 등은 언제나 수행자로서 자신의 모습을 점검하고 대중의 의견을 존중하여 화합하고 있다. 심검당, 정수원, 금당에는 제방의 눈 푸른 납자들이 모여들고 안거 동안에는 결사를 방불케 하는 정진이 이어지고 있다.

새벽 예불에는 한 사람도 빠짐없이 참석하여 수행자로서의 신심을 드높이고, 공양 시간에는 대중이 모두 모여 발우공양을 여법하게 하는 것도 여전하다. "정진하지 않으면 수행자가 아니다"라시던 은사 스님의 가르침을 받들어 금당은 일 년 내내 결사 도량으로 존재하고 있으며 대중은 부처님의 혜명(慧命, 지혜의 생명)을 잇고자 열심히 살아가고 있다.

1957년 후학 양성을 위해 회상을 연 후 석남사 도량으로 출가한 상좌와 손상좌, 증손자는 모두 300여 명이고 심검당, 정수원, 금당을 거쳐 간 운수납자는 1,500명에 이른다. 그리고 은사 스님은 석남사 창건 이래 비구니로서는 가장 큰 중창불사를 하시고 가장 많은 후학을 길러내신 분으로 한국불교사에 기록되고 있다.

영원에서 영원으로

나는 겨울 산이 좋다.

아침에 해가 떠오르고 바람이 불면 대나무와 잡목이 흔들려 천지를 뒤흔드는 것 같다. 그 밑으로 햇살이 비치면서 산 밑에 깔린 산죽들을 바라보고 있으면 마음 저 깊은 곳까지 뚫고 들어오는 그 싸늘한 겨울 햇살이 좋다.

아침에 차를 한 잔 마시고 창밖을 바라보면 동쪽에서 붉은 해가 뜨고 잔디밭 위에서는 자태를 뽐내는 수꿩이 참선이라도 하듯 30분이고 쉬어간다. 산까치, 비둘기들도 줄지어 잔디밭에서 싱그러운 아침을 만끽하고 있다. 심검당이 아니면 볼 수 없는 풍경이다.

한 해가 다르게 주위가 조용한 심검당. 바깥 사람들의 발길이 끊어져 있어 겁 밖의 세상과 같은 곳이다. 이곳에서 젊은 시절 푸르른 눈빛으로 3년 결사를 했고 100일 동안 용맹정진을 했다. 그때 함께 정진하시던 스님들 어디에 계신가. 영영 볼 수 없는 분도 있고 아직 살아 계신 분도 있다.

"견성할 때까지 평생 좌복에 앉아 있다 죽는 사람이 가장 행복한 사람이다."

평소 큰스님께서 자주 하셨던 말씀이다. 걸어 다닐 수 있을 만큼 건강이 허락하는 동안은 심검당에서 안거를 날 것이다. 그리고 이곳에서 조용히 마치고 싶다.

지난 해 동안거 기간 중에 묘엄스님의 부음을 접했다. 스님이 계시던 봉녕사로 올라가 영구(靈柩, 시신이 담긴 관)가 놓인 법당에서 영정에 차 한 잔을 올리고 돌아서는데 나도 모르게 눈물이 흘러내렸다. 돌아가시기 한 달 전 문병을 갔을 때, 스님께서는 우리를 반갑게 맞아주시고 행복해 하셨다. 봄에는 석남사에 가겠다고 하시며 너무도 좋아하시더니 한 줌의 흙으로 돌아가셨다.

그날 심검당으로 돌아오는데, 열세 살 때 스님을 처음 만났던 일부터 내가 살아온 날들이 파노라마처럼 스쳐지나갔다.

"영원에서 영원으로 이어지는 이 삶에서 부끄럼 없이 공부에 충실했는가?"

생전에 청담스님, 자운스님 등 어른 스님들께서는 나를 보시면서 "네가 머스마였으면 얼마나 좋았겠노?" 하시는 말씀을 종종 하

스무 살에 출가해 칠십 중반에 이른 지금,
조용히 자문해 본다.
"영원에서 영원으로 이어지는 이 삶에서
부끄럼 없이 공부에 충실했는가?"

셨다. 해인사 삼선암에 계시던 정행 노스님도 문안을 드리러 가면 "네가 그만 머스마였으면 얼마나 좋았을꼬?"라고 하시며 못내 아쉬워했다. 어른 스님들의 말씀처럼 '머스마였으면' 뭐가 달라졌을까, 가끔 생각해본다. 여러 가지를 생각해볼 때 나는 전생에 비구였음이 틀림없다. 그런데 왜 비구니가 되었을까?

삼십 대 젊은 시절, 큰스님과 함께 퇴설당 뜰에서 멀리 남산을 바라보며 내가 말씀드린 적이 있다.

"다음 생엔 대장부로 태어나 해인사 방장이 되겠습니다."

"한 총림의 방장이 되려면 보통 공부해가지고는 안 되는기라."

꾸중을 하지 않고 격려해 주셨던 큰스님의 그 말씀을 늘 가슴에 간직하며 살아왔다. 남은 생, 남은 시간 그리고 세세생생 사력을 다해 영원한 대자유인이 되는 길을 갈 것이다.

여기에 큰스님의 시비를 세웁니다

"자기를 바로 봅시다."

생전에 큰스님이 가장 좋아한 말씀이었다. 열반하시기 전에 시비(詩碑)를 하나 세워드리고 싶었는데 그렇게 하지 못했다. 못 세운 시비를 세우는 마음으로 이 책의 말미에 이 글을 실어본다.

큰스님은 1981년 대한불교조계종 제7대 종정에 추대된 뒤, 첫 부처님 오신 날을 맞아 한글 법어를 내놓으셨다. 그 후 매해 신년 초나 연말에 내놓는 종정의 법어도 한글로 바뀌었다. '자기를 바로 봅시다'는 1982년 부처님 오신 날의 법어이다.

자성을 바로 보는 것 말고 더 무엇이 있는가? 이 책을 읽는 사람들에게 큰스님의 말씀으로 마지막 메시지를 전하고 싶다.

자기를 바로 봅시다.

자기는 원래 구원되어 있습니다.

자기가 본래 부처입니다.

자기는 항상 행복과 영광에 넘쳐 있습니다. 극락과 천당은 꿈 속의 잠꼬대입니다.

자기를 바로 봅시다.

자기는 시간과 공간을 초월하여 영원하고 무한합니다. 설사 허공이 무너지고 땅이 없어져도 자기는 항상 변함이 없습니다. 유형, 무형 할 것 없이 우주의 삼라만상이 모두 자기입니다. 그러므로 반짝이는 별, 춤추는 나비 등등이 모두 자기입니다.

자기를 바로 봅시다.

모든 진리는 자기 속에 구비되어 있습니다. 만약 자기 밖에서 자기를 구하면, 이는 바다 밖에서 물을 구함과 같습니다.

자기를 바로 봅시다.

자기는 영원하므로 종말이 없습니다. 자기를 모르는 사람은 세상의 종말을 걱정하며 두려워하여 헤매고 있습니다.

자기를 바로 봅시다.

자기는 본래 순금입니다. 욕심이 마음의 눈을 가려 순금을 잡철로 착각하고 있습니다. 나만을 위하는 생각은 버리고 힘을 다하여 남을 도웁시다. 욕심이 자취를 감추면 마음의 눈이 열려서 순금인 자기를 바로 보게 됩니다.

자기를 바로 봅시다.

아무리 헐벗고 굶주린 상대라도 그것은 겉보기일 뿐, 본모습은 거룩하고 숭고합니다. 겉모습만 보고 불쌍히 여기면, 이는 상대를 크게 모욕하는 것입니다. 모든 상대를 존경하며 받들어 모셔야 합니다.

자기를 바로 봅시다.

현대는 물질만능에 휘말리어 자기를 상실하고 있습니다. 자기는 큰 바다와 같고 물질은 거품과 같습니다. 바다를 봐야지 거품은 따라가지 않아야 합니다.

자기를 바로 봅시다.

부처님은 이 세상을 구원하러 오신 것이 아니요, 이 세상이 본래 구원되어 있음을 가르쳐주려고 오셨습니다.

이렇듯 크나큰 진리 속에서 살고 있는 우리는 참으로 행복합니다.

다 함께 길이길이 축복합시다.